MW01711948

J'ai tourné le dos au flirt

Joshua Harris

J'ai tourné le dos au flirt

La Maison de la Bible

Titre original en anglais: *I Kissed Dating Goodbye*,
Joshua Harris

Originally published in English under the title:
I Kissed Dating Goodbye by **Joshua Harris**

Published by Multnomah Books
a division of Random House, Inc.
12265 Oracle Boulevard, Suite 200
Colorado Springs, Colorado 80921, USA

Les textes bibliques sont tirés de la Bible Segond revue,
Nouvelle Edition de Genève, 1979

Traduction: Johanne Forns-Gauthier et Suzanne Baltazard

BP 151, Chemin de Praz-Roussy 4bis
CH-1032 Romanel-sur-Lausanne
info@bible.ch

Diffusion en France:
La Maison de la Bible, 255 rue de Vendôme
FR-69003 Lyon
diffusion@maisonbible.net

www.maisonbible.net

ISBN 978-2-8260-3486-5
Imprimé en UE

A mes parents,
Gregg et Sono Harris

Remerciements

Merci à Apple pour mon ordinateur PowerBook G3.
Merci à toutes les personnes qui ont rendu possible la première édition de cet ouvrage. Je pense particulièrement à Randy Alcorn et Stéphanie Storey, qui m'ont introduit chez Multnomah Publishers. Grâce à vous, j'ai pu, en tant qu'auteur inconnu, trouver une maison qui accepte de me donner une chance. Merci à Don Jacobson d'avoir été prêt à prendre ce risque.

Merci à ma mère et mon père, qui étaient, et qui seront toujours, les premiers lecteurs de mon manuscrit. Merci de m'avoir soutenu durant les moments où je ne savais plus comment continuer, et de vous être réjouis avec moi à chaque chapitre achevé. Ma victoire est la vôtre. Je vous aime.

Merci à ceux qui ont collaboré à cette deuxième édition revue.

Merci à Sam Torode, pour sa préface,

à C.J. Mahaney pour toutes ses remarques sur le contenu de ce livre, et pour les précieux conseils qu'il m'a donnés alors que je me formais pour devenir pasteur.

Merci à Corby Megorden qui m'a fidèlement secondé et permis de trouver le temps d'écrire.

Merci à Jennifer Gott, mon éditeur, qui m'a appris à faire des recherches dans Word. Merci pour toute ton aide.

Merci à Nicole Whitacre, dont les précieuses suggestions m'ont permis de publier cette deuxième édition améliorée, et merci à Doug Gabbert, qui m'a beaucoup soutenu dans sa mise au point.

Merci à Kevin Marks, qui m'a toujours encouragé à écrire ce que Dieu me mettait sur le cœur. Merci pour ta fidèle amitié tout au long de ces années.

Merci à Shannon. Dieu savait, alors que j'écrivais chaque mot de la première édition de cet ouvrage, qu'il te donnerait un jour à moi. Je trouve ça formidable!

Enfin et, avant quiconque, j'aimerais remercier Jésus-Christ, mon Sauveur et Seigneur. Je suis reconnaissant de pouvoir dire qu'aujourd'hui, je te connais mieux qu'il y a cinq ans en arrière. J'ai pu expérimenter davantage ta miséricorde, ta bonté et ta puissance. Merci de m'avoir sauvé!

Table des matières

Préface

J'ai laissé une chance à Josh Harris

Un soir, alors que j'étais en dernière année d'université, je me baladais avec des amis dans un centre commercial, quand tout à coup, mes yeux ont été attirés par un livre dans une vitrine. En couverture, une photo noir et blanc d'un type séduisant, genre Cary Grant, le chapeau incliné devant le visage. Je me suis immédiatement procuré le bouquin et j'ai commencé à lire le résumé au dos.

«Hé, a dit un de mes copains, c'est le gars dont parlent toutes les filles, celui qui dit qu'il ne faut pas flirter!»

Une fois, une fille m'a remis en place parce que je l'avais invitée à sortir sans avoir d'abord demandé la permission à son père. J'en ai conclu que ce livre était probablement la source de ce «délire» parmi les filles de notre campus.

«Il ne veut pas qu'on drague, parce qu'il veut se garder toutes les nanas pour lui. Quel crétin! Il se prend pour qui?!»

J'étais à cent lieues de penser qu'au même moment, à 800 kilomètres de là, une ravissante jeune fille – du genre que j'espérais épouser un jour – était suspendue à chaque mot de ce livre. Après l'avoir lu, elle s'est promis de garder son premier baiser pour le jour du mariage. Quelques années plus tard, elle a même écrit un article intitulé «(Ne m') Embrasse (pas)». C'est par hasard que je l'ai lu. Encore bien contrarié que toutes ces filles aient été induites en erreur par Josh Harris, j'ai écrit à Bethany, auteur de l'article, que je trouvais très excessif de ne pas s'embrasser avant le mariage. (Je n'avais encore moi-même jamais embrassé personne, mais j'espérais bien n'avoir pas à attendre des années.) Ne semblant pas prête à me laisser avoir le dernier mot, elle m'a répondu. De fil en aiguille, nous en sommes arrivés à nous rencontrer, quelques mois plus tard, par une froide journée de janvier. Même si je détestais toujours autant le livre de Joshua Harris, que je n'avais en fait pas lu, j'admirais la manière avec laquelle Bethany envisageait toute relation amoureuse. Quelques mois après, alors que j'étais en visite dans sa famille, je me suis retrouvé seul pendant une heure et, dans un moment d'ennui profond, je suis tombé sur *J'ai tourné le dos au flirt*. J'ai alors commencé à le parcourir. Je m'attendais à trouver une longue liste de règles sur la façon de «vivre des fréquentations qui honorent Dieu». Après avoir lu quelques chapitres, je me suis mis à feuilleter le reste du livre à la recherche de ces règles qui, me disais-je, devaient bien être quelque part. A ma grande surprise, j'ai découvert qu'il ne traitait pas tant du flirt, mais qu'il indiquait surtout comment suivre Christ et montrait ce que cela impliquait pour toutes nos relations, amoureuses ou non.

Joshua écrit: «Si nous sommes chrétiens, toute relation est l'occasion d'aimer quelqu'un comme Dieu nous a aimés.» Voilà qui résume le message du livre. Dès lors que l'on a embrassé ce principe, le reste n'est que détails. Et en effet, ma propre histoire prouve que renoncer aux relations amoureuses dénuées de tout engagement (et même au baiser) peut être justement ce qui rapproche deux êtres faits pour se rencontrer. Au moment où l'autre livre de Joshua sortait, *Jeune homme rencontre jeune fille*, Bethany et moi échangions notre premier baiser… à l'église. Finalement, par des chemins détournés, Josh nous a conduits l'un vers l'autre, ma femme et moi. Et maintenant que j'ai lu ses livres, je les admire et les recommande.

Merci, Josh, et chapeau!

Sam Torode

Introduction

Merci d'avoir ouvert ce livre. Certains se sont arrêtés au titre. «Mes amis ne le toucheront même pas, m'a dit une fille. Dès qu'ils verront ce titre, ils diront: 'Ça, c'est pas pour moi, hors de question!'» Un jeune que je connais a voulu me convaincre de changer de titre, pensant que le livre se vendrait davantage. Peut-être avait-il raison. A ce qu'on m'a raconté, un jour, quelqu'un qui voulait l'acheter a écorché un mot du titre en le demandant au libraire, ce qui a donné quelque chose comme: «Est-ce que vous auriez *J'ai plaqué ma petite amie*?»[1] Voilà un livre que les gens liraient certainement…

Mais si j'ai décidé de l'intituler *J'ai tourné le dos au flirt*, c'est pour annoncer d'emblée la couleur. La plupart des ouvrages sur le flirt vous donneront des conseils sur la façon de plaire à celle que vous aimez, mais celui-ci contient des réflexions qui remettent en question. Il cherche à montrer au lecteur le chemin d'une vie agréable à Dieu, même si ce chemin implique de faire une croix sur le flirt.

Puis-je vous demander quelque chose? Lisez simplement le premier chapitre. Si rien ne vous interpelle, alors, d'accord. Mais je

[1] En anglais: *I Kissed my Date Goodbye*, le titre original en anglais étant: *I Kissed Dating Goodbye* («J'ai tourné le dos au flirt»). (N.d.T.)

crois quand même que vous découvrirez dans ce livre certaines choses qui pourront vous aider.

Je ne veux pas discuter avec vous du bien-fondé du flirt. J'ai simplement à cœur de dénoncer honnêtement les problèmes que je constate aujourd'hui dans ce domaine. En réalité, mon but n'est pas de vous convaincre d'en finir avec le flirt. J'aimerais surtout vous aider à réfléchir aux conséquences qu'il entraîne dans votre vie: en ce qui concerne vos relations avec les autres, la façon dont vous vous préparez pour votre futur(e) époux(se) et votre pureté personnelle; et vous aider à vivre en conformité avec la Parole de Dieu dans ces domaines. Si, dans un sens, ce livre porte sur le flirt, ce thème n'est, en fait, pas essentiel. Ce qui compte, c'est la volonté de Dieu. Se demander s'il est juste de flirter, ou discuter de la bonne façon de le faire n'est pas un but en soi. Parler de cette question n'a de sens que si nous envisageons le problème en relation avec le plan général de Dieu pour nos vies. Peut-être ne serez-vous pas toujours d'accord avec moi. Ce n'est pas grave. Mon espoir est que vous lisiez ces pages pour savoir ce que j'ai à dire. Si, au moins, vous fermez ce livre en ayant acquis un peu plus de sagesse, ma mission sera accomplie, et peut-être en retirerez-vous quelque chose d'utile. Je demande à Dieu que les pensées partagées ici vous rapprochent un peu de ce qu'il désire pour votre vie.

Merci encore d'avoir ouvert ce livre. Merci d'accepter d'en lire plus que le titre.

Joshua Harris

Première partie

Y a-t-il une meilleure voie?

Chapitre 1

Alors, c'est ça l'amour?

Renoncer à ce qui semble bien pour revenir à ce qui est bien

Le grand jour était enfin arrivé pour Anna, celui de son mariage, ce jour dont elle rêvait et pour lequel elle s'était préparée depuis des mois. La petite église pittoresque était bondée d'amis et de membres de la famille. Le soleil pénétrait à flot par les vitraux, et le quatuor à cordes faisait retentir sa douce musique. Anna s'est engagée dans l'allée vers David. En cet instant tant attendu, elle tressaillait de joie. Délicatement, il a pris sa main, et ils se sont avancés tous deux dans l'église.

Cependant, comme le pasteur les invitait à prononcer leurs vœux, il s'est produit quelque chose d'inconcevable. Une fille s'est levée du milieu de l'assemblée et s'est avancée doucement vers les mariés pour prendre l'autre main de David. Une deuxième s'est approchée et s'est rangée à côté d'elle, puis une autre encore. En peu de temps, six filles se tenaient à côté de David, alors qu'il faisait ses promesses à Anna.

Celle-ci a senti ses lèvres se mettre à trembler.

– C'est une plaisanterie? a-t-elle dit à David en chuchotant, les yeux gagnés par les larmes.

– Je... je suis désolé, Anna, a-t-il répondu en baissant les yeux vers le plancher.

– Qui sont ces filles, David? Que se passe-t-il?! a-t-elle balbutié, le souffle court.

– Ce sont les filles de mon passé, a-t-il répondu tristement. Anna, elles ne comptent plus du tout pour moi à présent... mais je leur ai toutes donné une partie de mon cœur.

– Je croyais que ton cœur m'appartenait, a-t-elle dit.

– Il t'appartient, il est à toi! a-t-il répliqué en implorant son pardon. Tout ce qui en reste est à toi.

Une larme a roulé sur la joue d'Anna. C'est alors qu'elle s'est réveillée.

La trahison

Anna m'a fait part de ce rêve dans une lettre. «A mon réveil, je me sentais trahie, m'a-t-elle écrit. Mais alors, une terrible pensée m'est venue à l'esprit: combien d'hommes pourraient s'aligner à *mes* côtés le jour de mon mariage? Combien de fois ai-je donné une partie de *mon* cœur à un garçon sans désirer m'engager véritablement? Me restera-t-il quelque chose à offrir à mon mari?»

Je repense souvent à ce rêve, et cette image discordante me hante. Car il y a aussi des filles dans mon passé. Et, à supposer qu'elles se présentent le jour de mon mariage, que me diraient-elles au moment des félicitations?

«Bonjour, Josh. Tu lui as fait de bien nobles déclarations tout à l'heure! J'espère que tu tiens mieux tes promesses aujourd'hui qu'à l'époque où je t'ai connu.»

«Tiens, comme tu es chic dans ce smoking. Et quelle ravissante épouse! Est-ce qu'elle a entendu parler de moi? Lui as-tu dit toutes les douces paroles que tu *me* chuchotais à l'oreille autrefois?»

J'ai bien des remords quand je repense à certaines relations du passé. Je fais mon possible pour les oublier et tente parfois de tourner cela en plaisanterie, me disant que cela fait partie du «jeu de l'amour», auquel tout le monde joue. Je sais que Dieu m'a pardonné, car je lui ai demandé pardon. Je sais que les filles en question m'ont aussi pardonné, car je leur ai également demandé pardon.

Mais malgré cela, j'ai encore du chagrin lorsque je repense à ces trop nombreuses filles auxquelles j'ai donné une partie de mon cœur. Car je leur ai pris ce qui ne m'appartenait pas.

Vivre pour soi-même

C'est assez jeune que j'ai commencé à développer cette conception égocentriste de l'amour. Tout en ayant grandi dans une famille chrétienne, j'avais déjà adopté, à mon arrivée au lycée, une attitude tout à fait injuste dans mes relations avec les filles. Je ne craignais pas Dieu. Malgré les exhortations de mes parents et leur témoignage d'une vie qui l'honorait, je vivais pour le péché et mon propre plaisir.

Dans mon club de gym, les plus âgés se vantaient d'avoir déjà couché avec plusieurs filles. J'étais fasciné par leurs histoires. Le péché semblait si attirant. Un jour, avec un copain, j'ai volé des revues pornographiques dans un magasin et je m'y suis plongé, alimentant le feu de l'impureté en moi. J'étais esclave de la convoitise, et les filles n'étaient rien d'autre que des objets qui me permettaient de la satisfaire. Un soir, ayant donné rendez-vous à trois filles, je me suis glissé hors de la maison et je suis sorti avec les trois à la suite.

Quand j'y repense, ces souvenirs me dégoûtent, mais à cette époque, j'en voulais toujours plus. Le fait que je sois resté vierge pendant ces années est franchement un miracle. Ce n'est pas le résultat d'un quelconque self-control de ma part. Dieu, dans sa miséricorde, m'a gardé, et je n'y suis pour rien. Les larmes me viennent facilement quand je pense à la situation dans laquelle je me trouverais aujourd'hui s'il n'était pas intervenu.

C'est par un message de Randy Alcorn que le Seigneur m'a convaincu de ma désobéissance. J'étais en première année de lycée et je participais à un camp. Ce jour-là, Randy a parlé du ciel. Il a aussi parlé de la mort de Jésus pour mes péchés. Même si je me disais chrétien, en l'écoutant, j'ai compris que je ne vivais pas pour Dieu; il fallait que les choses changent.

Je me suis repenti de mes péchés, et lorsque je suis rentré chez moi, une fois le camp terminé, j'ai jeté les revues pornographiques que j'avais volées, et j'ai remboursé le magasin (comme j'avais trop honte pour le faire de façon directe, j'ai laissé une note sur le comptoir avec l'argent). A la même période, j'ai arrêté la gym, et je me suis engagé dans le groupe de jeunes de mon Eglise. Ma petite amie suivante était chrétienne, et nous ne nous sommes même pas embrassés. J'ai commencé à prendre des responsabilités au sein du groupe biblique lycéen, et j'ai acquis la réputation de quelqu'un de sérieux dans la foi. Je supposais que ma vie affective était maintenant agréable à Dieu. Mais j'avais encore beaucoup à apprendre...

Pour toujours?

Même si je suis reconnaissant pour les changements intervenus alors dans ma vie, je réalise maintenant qu'ils étaient, pour la plupart, superficiels. Je ne filais plus au milieu de la nuit pour retrouver des filles, mais la majorité de mes mauvais comportements étaient restés les mêmes. En réalité, ce qui m'importait le plus, c'était le plaisir et l'amusement que m'apportaient ces relations. J'aimais cette sensation d'être aimé par une fille, et cette émotion quand je flirtais, ou quand j'exprimais mes sentiments. J'étais encore bien immature et égoïste.

A l'église, mes amis et moi «jouions au flirt» avec passion. Je regrette de devoir dire que nous y mettions même plus de zèle que pour l'adoration ou les prédications. Pendant le culte du dimanche matin, nous nous écrivions des petits mots pour dire qui aimait Untel, qui sortait avec Unetelle et qui venait de rompre avec telle autre.

C'est durant ma deuxième année de lycée que je suis devenu un peu plus sérieux dans ce domaine. Cet été-là, j'ai rencontré Kelly. Elle venait juste de se convertir et d'arriver dans notre église. Elle était jolie, avait des cheveux blonds et mesurait cinq centimètres de plus que moi. Cela ne me gênait pas. Elle avait du succès, et tous les garçons l'aimaient bien. Etant donné que j'étais le seul dans le groupe de jeunes qui avait l'audace de lui parler, elle a fini par bien vouloir m'aimer. Lors d'un camp de ski nautique, je lui ai demandé si elle voulait sortir avec moi. Sur ce, nous nous sommes embrassés.

Kelly était ma première petite amie sérieuse. Tout le monde, dans le groupe de jeunes, nous considérait comme un couple.

Nous célébrions notre «anniversaire» chaque mois. Et Kelly me connaissait mieux que quiconque. Le soir, dès que mes parents étaient au lit, nous passions ensemble des heures au téléphone, à parler de tout et de rien. Nous parlions parfois même jusqu'au petit matin. Convaincus d'être faits l'un pour l'autre, nous évoquions l'idée de nous marier un jour. J'ai même fait la promesse de l'aimer pour toujours.

Mes parents ne voulaient pas que je m'engage, à ce moment-là, dans une relation sérieuse. Mais ils aimaient beaucoup Kelly et appréciaient qu'elle passe du temps chez nous. Leur amour pour nous deux les a empêchés de voir que nous allions dans une direction dangereuse. Ils n'avaient aucune idée de la nature pécheresse de notre relation physique.

Comme bien d'autres relations entre adolescents, notre histoire d'amour était prématurée. Nous allions trop vite, et trop loin. Notre lutte contre le péché sexuel était une bataille perdue d'avance. Même si nous n'avons jamais couché ensemble, nous déshonorions Dieu. Nous nous violions notre pureté et, en conséquence, notre vie spirituelle en pâtissait.

Après un camp missionnaire qui nous avait séparés pendant deux mois, j'ai mis un terme à notre relation.

– Il faut qu'on arrête, lui ai-je dit un soir après un film.

Nous savions tous deux que cela arriverait.

– Est-ce qu'il y a des chances qu'on se retrouve plus tard? a-t-elle demandé.

– Non, ai-je répondu en essayant de paraître résolu. Non, c'est terminé.

Nous avons rompu deux ans après nous être rencontrés. N'avais-je pas pourtant promis de l'aimer «pour toujours»?

Un cœur transformé

J'avais 17 ans lorsque ma relation avec Kelly a pris fin. A ce moment-là, je me suis demandé: «Faut-il vraiment que les choses soient ainsi?» Je me sentais découragé et troublé. J'avais désespérément besoin de trouver une alternative à ce cycle de relations de courte durée dans lequel je me trouvais.

Pour la première fois, j'ai vraiment commencé à me demander dans quelle mesure ma vie affective devait être soumise à ma vie spirituelle. Cette question n'était pas réglée avec des «Restez vierges» et «Ne sortez qu'avec des chrétien(ne)s». Comment pouvais-je avoir véritablement égard aux filles que je côtoyais? En quoi cela consistait-il? Comment pouvais-je rester vraiment pur dans mon corps, comme dans mon cœur? Et comment Dieu voulait-il que je passe mes années de célibat? Etait-ce vraiment une période pour «tester sentimentalement» différentes filles? Le flirt était-il vraiment une bonne chose?

Des livres comme *Passion et Pureté*[1], d'Elisabeth Elliot, et de longues discussions avec mes parents ont commencé à changer ma vision des choses. Lentement, et malgré ma résistance, Dieu me débarrassait, les uns après les autres, de mes jugements erronés, de mes mauvais désirs et de mes idées fausses.

Certains, en apprenant ma décision de renoncer aux relations amoureuses dénuées de tout engagement, ont conclu que j'avais dû avoir le cœur brisé. Mais non, mon cœur avait été transformé par mon Sauveur. J'avais changé d'attitude, parce que j'avais réalisé ce qu'impliquait le fait de *lui* appartenir. Le Fils de Dieu est mort pour moi! Il est venu pour me libérer de la vanité d'une vie égoïste. Il fallait bien que cela transforme tout, y compris ma vie amoureuse. Avoir une petite amie n'était donc plus mon besoin essentiel. Ce qui m'importait, c'était de le connaître lui et de lui obéir. Je voulais lui plaire dans mes relations, même si cela impliquait de paraître extrême et fou aux yeux des autres, même si cela voulait dire de renoncer au flirt.

Le véritable amour

J'en suis venu ainsi à réaliser que l'autorité de Dieu sur ma vie ne m'avait pas simplement conduit à changer d'attitude envers les

[1] Editions Farel, 1995.

filles, mais qu'elle avait littéralement transformé ma façon de penser. Le Seigneur ne voulait pas seulement que j'agisse différemment; il voulait aussi que je *pense* différemment. Son désir était que je considère l'amour, la pureté et le célibat avec son regard, et que j'adopte une manière de vivre et une attitude nouvelles.

Le fondement de cette nouvelle attitude, c'est l'amour de Dieu pour nous. Dans sa première épître, Jean montre que cet amour du Seigneur et notre attitude envers les autres sont étroitement liés:

> Et cet amour consiste, non point en ce que nous avons aimé Dieu, mais en ce qu'il nous a aimés et a envoyé son Fils comme victime expiatoire pour nos péchés. Bien-aimés, si Dieu nous a ainsi aimés, nous devons aussi nous aimer les uns les autres. 1 Jean 4:10-11

Saisissons-nous ce que Jean dit? Cet amour extraordinaire de Dieu à la croix est pour nous un *exemple*, mais il nous donne aussi la *force* de nous aimer les uns les autres. Ceux dont les péchés ont été pardonnés par la foi en la mort de Jésus sur la croix ne vivent ni n'aiment plus comme auparavant. Nous avons été libérés de notre ancienne vie centrée sur nous-mêmes. Autrefois guidés par le plaisir, en tant que nouvelles créatures, nous sommes désormais conduits par l'amour de Dieu. En 2 Corinthiens 5:14-15, Paul écrit:

> Car l'amour de Christ nous presse, parce que nous estimons que si un seul est mort pour tous, tous donc sont morts; et qu'il est mort pour tous, afin que ceux qui vivent ne vivent plus pour eux-mêmes, mais pour celui qui est mort et ressuscité pour eux.

La Bible nous enseigne que, si nous croyons véritablement en Jésus-Christ, nous mourons à notre ancienne manière de vivre. Nous ne vivons donc plus pour nous-mêmes, mais pour Dieu et pour le bien de notre prochain.

Par conséquent, le but des relations avec le sexe opposé n'est plus de «passer un bon moment» ou de «comprendre ce que je recherche vraiment dans une relation». Il ne s'agit plus de recevoir, mais de donner. Si nous sommes croyants, toute relation est pour nous une occasion d'aimer comme Dieu nous a aimés, de renoncer à nos désirs pour chercher l'intérêt de l'autre, de prendre soin de lui ou d'elle, même si nous n'avons rien à en retirer, de vouloir sa pureté et sa sainteté, car tel est le désir du Seigneur, et de le ou la protéger.

Ainsi, que nous renoncions ou non au flirt, si notre relation est contrôlée par l'amour de Christ, elle paraîtra radicalement différente de ce qui se fait autour de nous, et nous ne pourrons que souhaiter lui donner un autre nom!

Ces dernières années, j'ai essayé de laisser cet amour de Dieu, manifesté à la croix, définir ma façon d'aimer les filles. Cette sorte d'amour provoque des changements très concrets dans les relations, et j'en suis arrivé à des conclusions assez fortes pour ma vie personnelle. Non seulement j'ai réalisé que l'amitié avec les personnes du sexe opposé est quelque chose de merveilleux, mais j'ai aussi compris que je n'ai aucun droit de prétendre au cœur d'une fille si je ne suis pas prêt à l'épouser. Tant que je ne peux envisager le mariage, je ne fais qu'utiliser la fille pour satisfaire mes besoins à court terme, sans chercher son bien à long terme. Cela me plairait-il d'avoir une petite amie *maintenant*? Evidemment! Mais je sais que je ne serais pas en mesure de l'aimer véritablement et de me soucier en priorité de son bien.

Depuis que j'ai saisi ce que Dieu voulait pour ma vie, j'ai découvert qu'aujourd'hui, une relation amoureuse n'est pas ce qu'il y aurait de mieux, ni pour moi, ni pour la fille que je pourrais fréquenter. En revanche, en m'éloignant de l'amour passion et des relations exclusives tant que le mariage n'est pas le plan de Dieu pour moi, je peux mieux servir les filles comme un simple ami et librement placer le Seigneur au centre de ma vie.

Ainsi, même si je ne suis lié à personne en particulier, j'aime les filles plus que jamais auparavant; non pas avec cet amour égoïste que je vivais dans le passé, mais sur la base de ce que Dieu dit du véritable amour.

L'amour véritable ne s'exprime pas seulement par des mots murmurés avec passion, des baisers langoureux ou des enlacements. Tant qu'on n'est pas marié, il s'exprime par la maîtrise de soi, la patience et, même, par les mots que l'on ne prononce pas.

Discerner les choses les meilleures

J'ai donc appris à attendre d'être prêt à m'engager avant de me lancer dans une aventure amoureuse. Mais ce n'est là qu'un exemple de ce qu'impliquent des relations avec le sexe opposé, contrôlées par l'amour de Dieu. Chacun devrait examiner sa propre vie et se demander comment aimer les autres à la manière de Christ. Je ne prétends pas qu'il soit facile de résister quotidiennement à l'attirance, ni de se contenir dans le cadre de l'amitié (nous en reparlerons plus tard). Mais j'apprends à me laisser conduire par la Parole de Dieu, et non par mes sentiments. C'est ainsi que mon amour devient plus noble. Car la Bible nous enseigne en effet que notre amour peut, et doit, grandir dans la connaissance. Voici ce que Paul écrit en Philippiens 1:9-10:

> Et ce que je demande dans mes prières, c'est que votre amour augmente de plus en plus en connaissance et en pleine intelligence pour le discernement des choses les meilleures, afin que vous soyez purs et irréprochables pour le jour de Christ.

Notre amour pour les autres ne devrait cesser de croître en connaissance et en sagesse. C'est ainsi que nous devenons davantage aptes à discerner ce qui est le mieux pour notre vie. N'avons-nous pas tous désespérément besoin de ce discernement?

En réalité, en matière de relations amoureuses, on ne choisit pas toujours entre ce qui est parfaitement bon et franchement mauvais. Souvent, on est amené à choisir entre ce qui est bien et ce qui est *le mieux*.

Par exemple, même si j'ai décidé de «tourner le dos» au flirt, je ne pense pas pour autant que le flirt soit un péché en soi. En effet, il n'y a aucun commandement biblique qui stipule de ne pas «flirter». Dans ce domaine, il convient d'envisager les choses à la lumière de la maturité spirituelle et des motivations qui nous sont propres, et en fonction de l'autre personne impliquée. Une telle décision exige donc de la sagesse.

Voilà pourquoi il est si important que notre amour pour les autres soit façonné par celui de Dieu à notre égard. Ce type d'amour voit au-delà des désirs personnels et du plaisir de l'instant. Son objectif est infiniment plus grand: servir les autres et glorifier le Seigneur.

«Et moi, dans tout ça? vous demandez-vous peut-être. Qu'en est-il de mes besoins?» C'est justement cela qui est formidable: lorsque la gloire de Dieu et les besoins des autres sont notre priorité, nous devenons capables de recevoir le meilleur de Dieu pour nous. Je m'explique...

Dans le passé, lorsque je commençais une relation, je recherchais la satisfaction de mes désirs et non la volonté du Seigneur. Je m'occupais de mes propres besoins, et ceux des autres ne me préoccupaient pas beaucoup. Ai-je trouvé la plénitude? Non. Cette manière de faire ne m'a conduit que dans le compromis et m'a valu des maux de tête. Mais je ne me suis pas seulement fait du mal à moi-même, j'ai blessé les autres, et, plus grave encore, j'ai péché contre Dieu.

Toutefois, quand j'ai changé d'attitude, quand j'ai décidé de plaire au Seigneur et de faire du bien aux autres avant tout, j'ai trouvé une paix et une joie réelles. Lorsque j'ai cessé de regarder les filles comme des petites amies potentielles et que je me suis mis à les traiter comme des sœurs dans le Seigneur, j'ai découvert la richesse de la véritable amitié. Quand j'ai cessé de chercher à savoir qui j'allais épouser et que j'ai accepté d'attendre le moment choisi par Dieu, j'ai découvert la joie de servir le Seigneur en tant que célibataire. Et quand j'ai cessé de «jouer avec la tentation» dans des relations intimes, et que je me suis mis à rechercher la droiture, j'ai découvert la paix et la force que procure la pureté. J'ai tourné le dos au flirt, car j'ai découvert que Dieu avait pour moi des choses bien meilleures en réserve!

Pur et irréprochable

Ce n'est pas pour fuir la souffrance que j'ai fait ce choix. Ce n'est pas par peur d'une nouvelle rupture. Je suis conscient que, même dans une relation soumise à l'autorité de Dieu, je serai peut-être confronté à des déceptions. Non, la raison pour laquelle je veux aimer comme Christ, c'est que je veux pouvoir un jour me présenter pur et irréprochable devant Dieu. Cela va donc bien au-delà de la pureté sexuelle. Même si la pureté physique est très importante, le Seigneur désire que nous recherchions la pureté et la sainteté aussi dans notre conduite, nos pensées et nos émotions.

Cela signifie-t-il que nous ne péchons plus jamais? Bien sûr que non! Ce n'est que par la grâce de Dieu et à cause du sacrifice de son Fils Jésus-Christ que nous pouvons nous tenir devant lui. Mais cette grâce ne nous autorise pas à nous relâcher dans notre recherche de la droiture. Au contraire, elle devrait nous pousser à désirer encore plus la pureté et la sainteté.

Ben a commencé à sortir avec Alyssa au cours de sa dernière année d'université. Pendant longtemps, il a envisagé de se marier avec elle dès qu'il aurait son diplôme. Etant donné qu'ils étaient profondément attirés l'un vers l'autre, il pensait que c'était bien la femme de sa vie.

Ben m'a écrit un jour qu'il avait toujours respecté des valeurs très élevées dans ses relations amoureuses. Mais pour Alyssa, il en était tout autrement. Tandis que Ben n'avait que rarement embrassé une fille, embrasser un garçon était presque un «sport» pour elle. Malheureusement, ce sont les valeurs d'Alyssa qui ont eu le dessus. «Quand elle m'a regardé avec ses grands yeux bruns, comme si je la privais de quelque chose, j'ai cédé», écrivait Ben. Leur relation est vite devenue presque entièrement axée sur le côté physique. Ils sont demeurés vierges, mais seulement dans le sens technique du mot.

Quelques mois plus tard, Alyssa a commencé à prendre des cours particuliers de chimie avec un autre jeune chrétien que Ben n'avait jamais rencontré. «C'était une grave erreur, écrivait Ben avec colère. Ils étudiaient la chimie, c'est sûr, mais la chimie 'physique'!» Alyssa a rompu avec Ben, et dès le lendemain, elle se promenait au bras de son nouveau copain.

«J'étais accablé, m'a raconté Ben. J'avais agi à l'encontre de mes valeurs et, pire encore, j'avais trahi celles de Dieu. De plus, il s'avérait que ce n'était même pas la femme que j'allais épouser.» Ben est resté plusieurs mois terrassé par la culpabilité, mais finalement, il a apporté celle-ci au pied de la croix, et il a tourné la page, déterminé à ne pas refaire la même erreur. Mais qu'en est-il d'Alyssa? Oui, Dieu désire lui pardonner aussi. Mais je me demande toutefois si elle a vraiment fini par réaliser un jour qu'elle avait besoin de ce pardon. A quoi pense-t-elle lorsqu'elle croise Ben à l'université ou qu'elle le voit à la cafétéria? Réalise-t-elle qu'elle a participé à démolir la pureté de ce jeune homme? Ressent-elle des remords de conscience après avoir brisé son cœur? Ou ne s'en préoccupe-t-elle nullement?

Je crois que le temps est venu pour nous chrétiens, hommes et femmes, de reconnaître le gâchis qui résulte de notre tendance égoïste à vivre des relations amoureuses de courte durée. Quelle excuse aurons-nous lorsque Dieu nous demandera des comptes quant à nos actes et nos attitudes dans ce domaine? S'il ne permet pas à un passereau de tomber à terre sans sa volonté (Matthieu 10:29), pensez-vous qu'il peut ignorer les cœurs brisés par notre faute et les blessures dues à notre égoïsme?

Même si, peut-être, tout le monde autour de nous agit ainsi, à la fin de notre vie, nous n'aurons pas des comptes à rendre devant tout le monde, mais devant Dieu.

La manière dont nous avons agi jusqu'à aujourd'hui dans le domaine relationnel n'est pas passée inaperçue aux yeux du Seigneur. Mais il y a une bonne nouvelle: lui qui voit tous nos péchés est prêt à nous pardonner si nous nous repentons et si nous nous en détournons.

Grâce au sacrifice de Christ, je sais que Dieu m'a pardonné les péchés que j'ai commis contre lui et contre les petites amies que j'ai eues. Je n'ai pas à vivre terrassé par le remords ou la peur de l'avenir. Parce que le Dieu que nous servons fait toutes choses nouvelles, nous n'avons pas besoin d'être hantés par ce cauchemar de mon amie Anna, peu importe les erreurs que nous avons faites par le passé.

Cette grâce et cette miséricorde du Père doivent nous pousser à vivre autrement pour le reste de notre vie.

Je suis un pécheur indigne que Dieu a choisi afin de le sauver et de lui pardonner.

C'est cela, l'amour.

C'est parce que j'ai expérimenté cela, parce que Jésus est mort pour moi, que j'ai soumis ma vie sentimentale à son autorité. J'aimerais vous encourager à faire de même. A la lumière de l'amour qu'il nous a manifesté, faisons de la pureté et de la sainteté notre priorité.

Chapitre 2

Petit principe
(qui suscite de grands changements)
pour des relations amoureuses saines

La joie de l'intimité: la récompense de l'engagement

L'émission avait commencé depuis trois minutes. Des coulisses, je pouvais entendre applaudir le public. Un assistant de production, un casque avec écouteurs sur la tête, m'a conduit dans une petite pièce, derrière le décor, et m'a demandé d'attendre jusqu'à ce qu'il m'appelle. Puis, il a disparu.

Dans ce lieu exigu, un autre invité était déjà installé, un acteur nommé Ben Affleck. Il regardait, sur un petit téléviseur, le monologue d'introduction du présentateur.

– Ça va? m'a-t-il demandé, alors que je prenais place à côté de lui.

– Oui. Enfin, j'espère. En fait, c'est la première fois que je fais un truc de ce genre, alors je suis un peu nerveux, ai-je répondu.

Il a approuvé d'un signe de tête, et m'a dit:

– Pour moi, c'est loin d'être la première fois, mais j'ai toujours le trac! Alors, c'est bien normal que tu l'aies.

Le type au casque a passé sa tête par la porte: «Vous pouvez venir, c'est votre tour dans trente secondes!»

Un «militant anti-flirt»

Je me trouvais sur le plateau de *Politically incorrect*[1], une émission diffusée tard dans la soirée aux Etats-Unis. Bill Maher, son pré-

[1] Signifie: «Politiquement incorrect». (N.d.E.)

sentateur, est un ancien comique, caustique et particulièrement moqueur. Tous les soirs, il rassemble un groupe très varié d'invités et discute avec eux de politique ou d'autres sujets d'actualité.

Ses invités appartiennent aux catégories habituelles: ce sont des acteurs, des politiciens, des stars du rock, des comédiens ou des extrémistes aux idées loufoques. En tant qu'auteur d'un livre intitulé *J'ai tourné le dos au flirt*, je me trouvais classé dans cette dernière catégorie.

A cause du style enlevé de l'émission et de son côté sarcastique, je savais que j'aurais du mal à faire passer mon message, mais cela s'est avéré encore plus dur que prévu. J'ai eu un moment de recul en pénétrant sur scène, lorsque je me suis entendu présenter comme «un militant anti-flirt».

Les autres invités, ce soir-là, étaient Steven Wright, un comédien connu pour son humour glacial; Christine O'Donnell, une chrétienne très habituée aux médias, qui avait déjà participé une quinzaine de fois à l'émission; et Ben Affleck, un acteur qui, en raison de son physique attrayant et de sa célébrité croissante, allait très certainement attirer des milliers d'adolescentes devant leur poste.

Les caméras étaient lancées. *Seigneur, je t'en supplie, ne me laisse rien dire d'idiot*, ai-je supplié Dieu. Puis, Bill Maher s'est tourné vers moi:

– Parlons un peu de votre livre, a-t-il dit en le montrant. C'est très provocant, très intéressant. En gros, vous dites que le meilleur moyen de trouver la personne de vos rêves, c'est de ne plus draguer.

Avant que je ne puisse répondre, Ben Affleck a pris la parole:

– Comment voulez-vous trouver la personne de vos rêves si vous ne draguez pas?

– Il ne s'agit pas seulement «d'arrêter de draguer», ai-je répondu. L'idée est que, aujourd'hui, nos relations sont principalement motivées par l'égoïsme. Nous nous lançons dans des choses que nous ne pourrons pas mener à terme, nous nous livrons à un amour passion sans aucune envie de nous engager. Et donc, le défi que je nous lance à chacun est de repenser complètement notre façon de considérer les relations et d'attendre jusqu'à…

– Pourquoi est-ce que l'engagement devrait être un but? m'a interrompu Bill.

– Quelles sont les autres alternatives? Si ce n'est pas pour s'engager, alors, c'est juste histoire de rigoler, non? ai-je répliqué.

– Donc, c'est égoïste, a dit Christine, prenant ma défense.

– Non, c'est juste pour essayer un coup, si tu vois ce que je veux dire, a dit Ben avec un sourire en coin.

Le public a applaudi d'une façon approbatrice.

– Pourquoi est-ce que les chrétiens veulent toujours qu'on fasse les choses comme eux? a-t-il ajouté avec irritation. Et si ni l'homme, ni la femme ne veulent s'engager et qu'ils sortent ensemble juste pour le plaisir?

Dans quel but?

Que répondre aux questions de Bill? Aujourd'hui, la plupart des relations amoureuses sont exactement comme celles qu'il décrit: deux personnes sortent ensemble sans aucun autre motif que de passer du bon temps. En quoi est-ce un problème? L'engagement doit-il obligatoirement être le but de toute vie sentimentale?

La réponse que l'on donne à cette question est capitale. Je crois que le problème fondamental, dans ce domaine, est que nous avons dissocié amour et engagement.

Jayme était en seconde et Troy, son petit ami, en terminale. Troy était pour elle le garçon idéal, celui dont elle avait toujours rêvé, et pendant huit mois, ils ont été inséparables. Mais deux mois avant d'entrer à l'université, Troy a brusquement annoncé à Jayme qu'il ne voulait plus la voir.

«Quand nous avons rompu, ça a vraiment été pour moi le plus grand choc de ma vie», m'a raconté Jayme par la suite. Même si, physiquement, ils n'avaient jamais fait plus que s'embrasser, elle avait complètement donné son cœur et ses sentiments à Troy. Celui-ci avait apprécié cette intimité tant qu'elle répondait à ses besoins, mais il avait ensuite abandonné Jayme pour passer à autre chose.

Cette histoire vous rappelle-t-elle quelque chose? Peut-être avez-vous vous-même vécu une telle situation, ou peut-être connaissez-vous un ami qui est passé par là. Comme beaucoup, Jayme et Troy sont entrés dans une intimité en ne pensant que très peu à l'engagement, ou même sans y penser du tout. Ils ne se sont pas souciés de ce que l'un et l'autre subiraient en cas de rupture. On peut toujours accuser Troy d'avoir été «vache», mais il vaut mieux se poser la question suivante: Quel est le but de la plupart des relations amoureuses? Souvent, nous recherchons l'intimité pour elle-même, pour le plaisir d'être proches, sans réelle intention de nous engager à long terme.

Mais réfléchissons à ceci: avancer dans l'intimité sans définir clairement les termes de l'engagement est dangereux. C'est comme faire de l'alpinisme avec un compagnon de cordée qui n'est pas sûr de vouloir assumer sa responsabilité. Ce n'est pas quand vous aurez escaladé 600 mètres de rochers que vous aurez envie d'entendre qu'il se sent trop «lié» à vous. De même, beaucoup se retrouvent profondément blessés après s'être donnés émotionnellement et physiquement à quelqu'un qui a fini par les abandonner en prétendant n'être pas prêt pour un engagement sérieux.

Un petit principe

La relation intime qui peut unir un homme et une femme est quelque chose de merveilleux que Dieu nous a donné pour notre joie. Après tout, n'a-t-il pas dit qu'il n'était pas bon pour l'homme d'être seul, et n'a-t-il pas créé la femme pour le compléter parfaitement et l'aider (Genèse 2:18)? Mais le Créateur a voulu que l'acte sexuel soit le fruit d'un amour basé sur l'engagement. Si nous désirons entrer dans son plan et expérimenter sa bonté, nous devons raccorder notre recherche d'intimité physique à celle de l'engagement. C'est ce que j'appelle le «petit principe pour des relations amoureuses saines»: *L'intimité est la récompense de l'engagement.*

Nous aspirons tous à connaître cette intimité avec un(e) bien-aimé(e). L'intimité, c'est se sentir proche de quelqu'un, être vulnérable, ouvert, dépendant. C'est partager avec l'autre ce qu'il y a au plus profond de nous-mêmes: nos espoirs, nos peurs, nos secrets, nos affections. Cette relation intime par laquelle nous apprenons à nous connaître mutuellement est une des choses les plus précieuses et les plus épanouissantes de la vie; c'est un cadeau de Dieu.

Il y a plusieurs sortes de relations intimes: nous pouvons être proches d'un ami, d'un membre de la famille, ou d'un collègue de travail, mais la relation la plus étroite et profonde (hormis celle d'un chrétien avec Dieu) est celle qui existe entre un mari et sa femme. Car ils partagent non seulement leur cœur, mais aussi leur corps; dans l'intimité sexuelle, deux personnes se connaissent l'une l'autre profondément.

Ce que ces relations ont en commun, c'est la confiance. Nous sommes intimement liés à ceux qui nous ont prouvé leur fidélité, qui ont montré, au cours du temps, qu'ils gardaient avec soin ce que nous leur donnions de nous-mêmes, et qui se sont engagés à notre égard.

Peut-être direz-vous que l'intimité entre un homme et une femme est comme «la cerise sur le gâteau» d'une relation orientée vers le mariage. Si nous voyons les choses ainsi, il devient évident que, dans la plupart de nos relations, nous n'avons que «la cerise». Il nous manque généralement un objectif ou une direction clairs. Dans la majorité des cas, surtout pour les plus jeunes, le flirt se vit à court terme, pour répondre aux besoins du moment. Nous voulons jouir du plaisir émotionnel et physique de l'intimité sans prendre la responsabilité d'un véritable engagement.

De l'entrée d'honneur à la banquette arrière

Voyons maintenant en quoi a consisté la révolution du flirt. Il faut bien comprendre que le flirt est un concept relativement récent, qui n'a pas toujours été dans les mœurs. A mon avis, c'est le fruit de la culture du divertissement et du «tout tout de suite» de notre société occidentale.

Au début du XXe siècle, le lien entre intimité et engagement était beaucoup plus fort qu'aujourd'hui. Généralement, garçons et filles ne s'impliquaient affectivement que s'ils songeaient au mariage. Si un jeune homme passait du temps chez une jeune fille, famille et amis s'attendaient à ce qu'il la demande en mariage. Mais l'évolution culturelle des comportements et l'arrivée de l'automobile ont apporté de grands changements. Les nouvelles «règles» ont autorisé chacun à s'adonner à l'amour passion en dehors de toute intention de mariage. Beth Bailey illustre ces changements dans son livre *From Front Porch to Backseat*[2], titre qui dénonce clairement l'évolution des comportements depuis que le flirt est devenu la norme. L'intimité n'était plus indissociable d'obligations ou de responsabilités croissantes à l'égard de la personne aimée. L'amour et le sexe sont devenus des choses dont il est possible de jouir pour leur seul caractère récréatif.

Depuis les années 20, le fossé entre intimité et engagement n'a fait que se creuser davantage. Dans son livre *A Return to Modesty*[3], Wendy Shalit, auteur laïque, montre comment notre génération a fait du plaisir sexuel une fin en soi. L'engagement appartient au passé. Au lieu de cela, écrit-elle, on «s'envoie quelqu'un»:

> «S'envoyer quelqu'un» est une expression utilisée aujourd'hui pour désigner les rapports sexuels (ou bucco-génitaux). Cela évoque vraiment le côté superficiel des liaisons... On entend facilement des échanges du genre: «Je me suis envoyé une fille la nuit dernière. – Ah ouais? Moi aussi.» Cet acte n'a plus rien de spécial: coucher avec quelqu'un est si banal et les partenaires sont si interchangeables qu'il est parfois difficile de dire quelles sont les personnes les plus concernées par cette pratique. Cela semble presque arbitraire.

«S'envoyer quelqu'un» est vraiment une expression qui montre que les relations sexuelles de ce genre sont dénuées de tout enga-

---

[2] Signifie: «De l'entrée d'honneur à la banquette arrière». (N.d.E.)

[3] Signifie: «Retour à la pudeur». Wendy Shalit, *A Return to Modesty*, New York, Free Press, 1999. (N.d.E.)

gement: on sort ensemble pour passer du bon temps et on recherche le plaisir sexuel sans vouloir assumer aucune des responsabilités inhérentes à une relation de ce type. De façon assez ironique, W. Shalit fait remarquer que, pour beaucoup de célibataires, même la plus brève des aventures représente déjà plus d'obligations qu'ils ne veulent bien en assumer. Ils «tournent le dos au flirt», mais pour les *mauvaises* raisons. Ils ne renoncent pas au flirt parce qu'ils se réservent pour une relation vécue dans la perspective d'un véritable engagement, mais parce que le flirt lui-même représente pour eux de trop grandes contraintes.

Une version «chrétienne»?

Les chrétiens s'accordent sur le fait que l'intimité sexuelle en dehors de l'engagement pour la vie qu'est le mariage est péché. Mais, alors que nous désapprouvons l'idée de «s'envoyer quelqu'un», nous avons notre version chrétienne de la jouissance dans le flirt récréatif.

En réalité, nous nous sommes laissé influencer par l'état d'esprit de notre société égocentrique. Nous n'avons peut-être pas mené nos principes à leur aboutissement logique, à l'instar de nos voisins non croyants, mais comme eux, notre pensée est faussée. Et finalement, nous ne sommes qu'à quelques pas derrière eux, sur le même sentier. Nous nous lançons dans des liaisons amoureuses juste pour le plaisir de l'instant, pour l'expérience, et pour mieux cerner ce qu'il nous faudra rechercher lorsque nous serons prêts au véritable engagement.

Comme je l'ai partagé dans le chapitre précédent, ma vie est un exemple de ce raisonnement bancal. Car même lorsque j'ai cessé de pratiquer le péché sexuel flagrant, j'avais toujours cette mentalité du plaisir de l'instant. J'avais simplement troqué des jouissances sexuelles pour des jouissances émotionnelles. Ce que je voulais, c'était ne pas attendre le mariage pour connaître «l'amour» et l'intimité avec qui j'en avais envie; l'engagement, je n'y pensais même pas.

L'amour et la fidélité

Ce dont nous n'avons pas conscience, c'est que l'intimité que nous expérimentons dans les jouissances émotionnelles auxquelles nous nous adonnons n'est autre qu'une contrefaçon. Pourtant, l'amour est plus doux lorsqu'il est le fruit d'une relation qui s'approfondit petit à petit.

La joie procurée par l'acte conjugal est la récompense de l'engagement.

Tout au long de la Bible, «ce petit principe pour des relations amoureuses saines» nous apparaît comme un aspect important du véritable amour. Dans l'Ancien Testament, nous voyons que Dieu conclut une alliance, qu'il s'engage, avec les enfants d'Israël, afin qu'ils puissent le connaître intimement. L'institution du mariage est fondée sur le même principe. Un homme et une femme deviennent une seule chair, jouissant de la plus profonde intimité qui soit, seulement après s'être engagés publiquement à s'aimer l'un l'autre pour la vie.

Dans Proverbes 3:3, il est écrit: «Que la bonté et la fidélité ne t'abandonnent pas; lie-les à ton cou, écris-les sur la table de ton cœur.» Pour Dieu, amour et fidélité sont indissociables. Cela fait partie de son plan. Pour jouir des plaisirs d'une relation intime – sentimentale ou sexuelle –, il faut être prêt à aimer de façon désintéressée et à s'engager de façon durable à rechercher le bien de l'autre.

Le péché veut séparer ces deux vertus. Le chapitre 7 des Proverbes nous parle de la séductrice, qui attire sa victime en lui faisant miroiter des plaisirs sensuels et sexuels dénués de toute responsabilité: «Viens, enivrons-nous d'amour jusqu'au matin, livrons-nous joyeusement à la volupté» (v. 18). C'est ainsi qu'œuvre le péché. Il nous invite à «nous enivrer d'amour» sans nous soucier du bien d'autrui. Il offre l'intimité sans l'engagement.

Désirer l'intimité sans vouloir s'engager éveille des désirs, émotionnels et physiques, qu'aucun des partenaires ne peut, évidemment, satisfaire véritablement. Dans 1 Thessaloniciens 4:6, la Bible appelle cela la «fraude». User de fraude, c'est tromper quelqu'un en suscitant en lui des désirs, sans tenir aucune promesse. Voici ce que Stephen Olford, pasteur, dit à ce sujet: «Cette attitude consiste à susciter en l'autre une soif que l'on ne sera pas capable de satisfaire.»[4] Cela revient donc à promettre quelque chose que l'on ne pourra, ou que l'on ne voudra, pas fournir.

L'intimité sans l'engagement, comme la cerise sans le gâteau, est peut-être une douceur, mais elle finira par nous rendre malades.

Comment appliquer ce principe

Comme vous pouvez le constater, l'amour qui consiste à rechercher l'intimité sans l'engagement va à l'encontre de ce que la Bible définit comme l'amour véritable. Au lieu d'être désintéressé, il est égoïste; au lieu d'être patient, il est impatient; au lieu de rechercher sans cesse le bien de l'autre, il ne se préoccupe que de ses besoins du moment.

Voilà pourquoi il est si important de se rappeler que *l'intimité est la récompense de l'engagement.* Ce «petit principe» est un moyen pratique d'appliquer la règle d'or de l'amour: rechercher ce qu'il y a de mieux pour l'autre, sans jamais réclamer l'intimité que l'on n'est pas capable d'associer à un engagement véritable.

Voilà la raison pour laquelle j'ai renoncé au flirt. Ce n'est pas parce que je ne désire pas me marier, ni parce que je n'aime pas les histoires d'amour. C'est parce que j'ai compris que, avant de m'engager dans une relation, j'avais besoin d'attendre jusqu'à ce que je sois capable d'assumer la responsabilité inhérente à l'intimité.

Cela ne veut pas dire que je n'ai aucun contact avec le sexe opposé et que je ne suis proche d'aucune fille, mais plutôt que ces relations et ces amitiés restent dans la mesure de ce qui est convenable. Les relations d'amitié que j'entretiens avec des filles sont dynamiques et enrichissantes.

En tant que chrétiens, nous ne devrions jamais négliger ou éviter les contacts avec le sexe opposé. Savez-vous pourquoi? Parce que Dieu nous dit que nous devons nous exhorter les uns les autres

---

4 Stephen Olford, «Social Relationships», prédication enregistrée à l'Institut Moody.

comme des «frères et sœurs en Christ» (1 Timothée 5:1-2). Nous faisons partie d'une famille. Et si, dans l'amitié, la proximité entre hommes et femmes a ses limites, nous ne pouvons nous dérober à notre devoir, celui de prendre soin les uns des autres, de nous encourager et de nous exhorter mutuellement.

Mais jusqu'où peut-on aller dans l'amitié sans qu'il faille pour autant reconsidérer la relation, sans que le cœur ne s'emballe? Le «petit principe» évoqué plus haut nous aide à y voir clair dans ces questions difficiles. N'exigeons pas une intimité et une fidélité sur le plan sentimental qui aillent au-delà de ce à quoi nous nous sommes véritablement engagés. Si nous ne nous sentons pas capables de nous engager davantage et d'envisager le mariage, nous ne devrions pas dépasser le stade de l'amitié.

J'espère que vous avez bien compris qu'il ne s'agit pas avant tout de savoir si vous fréquentez officiellement ou si vous ne faites que «sortir ensemble». Il est évident que si vous multipliez les moments à deux et favorisez les ambiances romantiques, l'intimité de votre relation grandira plus vite que cela n'est bon. Cependant, même sans cela, l'intimité peut naître prématurément: vous pouvez la susciter par le biais du téléphone, par des échanges de mails, ou lors de sorties en groupe. Le problème, ce n'est pas de se retrouver ensemble pour déjeuner, mais c'est de permettre à l'intimité d'aller au-delà de l'engagement.

Nos choix ont des conséquences

L'amour le plus profond est celui qui unit deux personnes dont la préoccupation principale n'est pas le plaisir de l'instant mais le bien de l'autre.

Le «petit principe à appliquer pour des relations amoureuses saines» n'est pas une protection absolue contre les difficultés que nous pourrions rencontrer ou les erreurs que nous pourrions commettre, mais il peut nous aider à vivre des relations saines et agréables à Dieu. Et il peut aussi nous aider à obéir au second grand commandement qui est d'aimer notre prochain comme nous-mêmes (Matthieu 22:39).

Mais, dirons-nous peut-être, ne passe-t-on pas à côté de joies et de plaisirs lorsqu'on attend d'être apte à associer romantisme et engagement? Je ne crois pas que l'on rate grand-chose. Car le plaisir de nos aventures est éphémère.

Lorsque je me trouvais sur le plateau de *Politically incorrect*, le présentateur m'a demandé pourquoi je pensais que l'engagement devait être le but de toute relation amoureuse.

– Et si les deux ne sont ensemble que pour le plaisir? a-t-il dit.

– C'est comme ça que fonctionnent une bonne partie des couples, ai-je répondu, et je sais bien qu'ils ne changeront pas juste parce que j'ai écrit un livre. Mais ce que je voudrais leur montrer, c'est la beauté d'une relation fondée sur l'engagement. Car beaucoup vivent comme vous le décrivez et, lorsqu'ils sont vieux, ils se rendent compte du vide de leur vie.

Avons-nous ressenti ce vide dans nos relations amoureuses? Sommes-nous prêts à reconsidérer le lien entre intimité et engagement? Peut-être que, finalement, ce que nous appelons des «essais», sans désir d'engagement véritable, est réellement égoïste. Peut-être qu'après tout, le plaisir «innocent» que nous recherchons dans ces liaisons passagères n'est pas si inoffensif que cela.

J'ai appris récemment que Ben Affleck a dû suivre une cure de désintoxication pour alcoolisme. Cela m'a attristé. Selon ses amis, ainsi que le disait l'article, il avait commencé à boire beaucoup lorsque l'actrice célèbre qu'il fréquentait l'avait quitté. C'était sa façon d'étouffer la douleur. Je suppose donc que même les acteurs peuvent avoir le cœur brisé…

Je me rappelle quelque chose qu'il a dit peu avant le début de l'émission, lorsque je lui ai demandé quel effet cela lui faisait de décrocher un oscar, d'être célèbre et de voir sa carrière décoller.

– Est-ce que c'est ce dont vous avez toujours rêvé? lui ai-je demandé.

– Je crois que oui, a-t-il répondu. Mais ça a un prix.

La célébrité a changé sa vie relationnelle et affective.

– Il faut savoir que nos choix ont des conséquences, a-t-il conclu.

Cet exemple est tout à fait caractéristique de notre génération et de sa recherche de satisfaction personnelle dans les relations amoureuses. Nous voulions l'intimité sans l'engagement. Nous voulions des relations sexuelles sans responsabilités. Nous voulions le plaisir de l'amour sans l'effort, la fidélité et le sacrifice qu'il requiert.

Et nous avons obtenu ce que nous voulions.

Mais les résultats ne sont pas ceux escomptés, et le vide de notre cœur n'en est que plus grand. L'intimité est superficielle. La sexualité nous laisse insatisfaits et assoiffés de quelque chose de réel, d'authentique.

Où est la vraie joie? Elle se trouve dans la marque de l'amour divin, cet amour fondé sur la fidélité et enraciné dans l'engagement.

La joie de l'intimité est la récompense de l'engagement.

Chapitre 3

Les sept mauvaises habitudes qui caractérisent le flirt

Comment discerner les tendances négatives des relations amoureuses passagères

Quand j'étais petit, ma mère m'a appris deux règles sur l'art de faire les courses: premièrement, ne jamais les faire quand on a faim, car dans ce cas, tout a l'air bon, et on dépense beaucoup trop d'argent; deuxièmement, s'arranger pour trouver un bon chariot.

J'arrive à bien respecter la première règle, mais je ne m'en sors pas toujours très bien avec la deuxième. J'ai l'impression d'avoir le don de systématiquement choisir des chariots rouillés, qui font un bruit terrible, ou dont les roues émettent un grincement aigu particulièrement irritant, comme un grincement d'ongles sur un tableau noir.

Mais, le pire, c'est le chariot qui refuse de rouler droit. Vous connaissez? Ce type de chariot sait ce qu'il veut: vous voulez avancer en ligne droite, mais il persiste à vouloir s'écarter vers la gauche pour rentrer dans la gondole de nourriture pour chats. (Et trop souvent, il y parvient, à notre grand désarroi et à notre grand embarras!) Le pauvre consommateur qui fait ses courses avec un tel chariot n'a pas la paix. Quand le moment vient de tourner dans l'allée des céréales, de longer le rayon des viandes, ou de faire quelque autre manœuvre, cela devient une vraie bataille: c'est la volonté de celui qui fait ses courses contre celle du chariot.

Vous vous demandez peut-être pourquoi je vous parle de chariots alors que notre sujet est le flirt! Eh bien, si je repense à ces ennuis avec les chariots, c'est parce que, bien souvent, j'ai vécu des combats semblables dans le cadre de mes relations amoureuses. Je ne parle pas de conflits entre les filles avec lesquelles je suis sorti et moi. En fait, c'était plutôt avec le flirt en général que j'avais du mal. De plus, suite à mes expériences et à l'étude de l'Ecriture, j'en ai conclu que, pour les chrétiens, le flirt tel qu'il est pratiqué par la plupart est comme un chariot qui dévie, une attitude qui veut nous entraîner à l'opposé du chemin de Dieu pour nous.

Une partie du problème

Comme nous l'avons vu dans les deux premiers chapitres, le flirt n'est pas, en soi, la cause des problèmes rencontrés dans les relations amoureuses. L'origine des relations égoïstes et souillées par le péché, ce sont les cœurs égoïstes et souillés par le péché, ce sont nos valeurs et nos comportements erronés.

Mais, si le flirt n'est pas forcément condamnable, nous devons être bien conscients que sa mentalité, telle que nous la connaissons, est celle d'une société qui prône l'égocentrisme et l'immoralité. Si un bar ne force personne à boire de l'alcool et n'est pas la cause directe de l'alcoolisme, il offre aux gens un endroit où boire et se saouler. Nous ne pouvons en conclure que la fermeture des bars mettrait un terme à l'alcoolisme, ou que quiconque entre dans un bar a un problème avec l'alcool, mais nous n'encouragerions pas pour autant un ami qui essaie d'arrêter de boire à traîner dans les bars. Cet environnement ne ferait que le pousser à succomber à la tentation. De la même façon, la mentalité du flirt peut encourager les désirs pécheurs de notre cœur.

Non, le flirt en soi ne nous fait pas pécher, et s'en détourner ne réglerait pas tous les problèmes dans nos relations sentimentales. Mais il serait fou de prétendre qu'il ne participe en rien au problème.

La maîtrise de soi ne suffit pas

Un jour, j'ai entendu un responsable de groupe de jeunes parler au sujet de l'amour et de la sexualité. Il nous a raconté une histoire navrante, celle d'Eric et Jenny, deux chrétiens fermes dans la foi, qui étaient très engagés dans le groupe de jeunes autrefois. Leur relation avait commencé innocemment: des vendredis soir au cinéma et de petites parties de mini-golf... Mais, avec le temps, leur relation physique s'était intensifiée, et ils avaient fini par coucher ensemble. Peu de temps après, découragés et blessés, ils avaient rompu.

Le responsable qui a raconté cette histoire les a revus quelques années plus tard, dans un rassemblement. Jenny était mariée et avait un enfant. Eric était toujours célibataire. Mais tous deux sont venus le voir séparément pour lui dire à quel point ils étaient troublés émotionnellement et remplis de culpabilité par ces souvenirs du passé.

«Quand je le vois, tout me revient si clairement en mémoire», disait Jenny en pleurant. Eric exprimait des sentiments semblables. «Quand je la vois, la douleur revient, disait-il à son ancien responsable de groupe de jeunes. Les blessures ne sont toujours pas guéries.»

Le silence régnait dans la salle. Après avoir entendu cette histoire, nous étions tous assis là, souhaitant qu'elle ait un genre de dénouement. Mais nous savions par expérience combien tout cela était vrai. Certains d'entre nous avaient fait la même erreur, ou ils l'avaient vu se produire dans la vie de leurs amis. Nous souhaitions connaître quelque chose de mieux. Nous voulions que ce pasteur nous dise quoi faire à la place.

Cependant, cet après-midi-là, il ne nous a exposé aucune alternative. Apparemment, il ne voyait qu'une *seule* erreur chez ce couple, celle d'avoir succombé à la tentation. Il semblait penser qu'Eric et Jenny auraient dû avoir plus de respect l'un pour l'autre et mieux se contenir. Il nous a bien encouragés à ne pas faire comme eux (donc à réserver les relations sexuelles pour le mariage), mais il ne nous a pas montré d'autre manière d'agir.

Est-ce bien cela la solution? Vous lancer sur la même route que ceux qui sont tombés en espérant qu'au moment critique, vous serez en mesure d'avoir le contrôle de la situation? Donner des conseils de ce genre aux jeunes, c'est comme donner à quelqu'un un chariot qui ne roule pas droit et l'envoyer dans un magasin de porcelaine de luxe: comment pourra-t-il avancer dans des allées étroites, entre des objets de grande valeur, tout en poussant un chariot qui va de travers?

C'est toutefois ce que nous tentons trop souvent de faire. Nous voyons les problèmes autour de nous, mais nous refusons de laisser de côté ce chariot défectueux qu'est le flirt tel qu'il est vécu aujourd'hui. Nous souhaitons demeurer sur le chemin étroit et servir Dieu, mais nous n'abandonnons pas cette pratique qui nous entraîne si vite dans la mauvaise direction.

Ce qui est mauvais dans le flirt

Ce livre aborde principalement la question de nos attitudes et de ce qui, dans notre cœur, détermine notre contact avec autrui. Toutefois, dans ce chapitre, j'aimerais parler des problèmes qui sont, à mon avis, dus à la mentalité du flirt. Que vous décidiez ou non d'y renoncer, je pense que cela vous aidera à éviter les relations qui ne sont pas bonnes.

Si nous continuons à entretenir des relations amoureuses en accord avec l'air du temps, nous allons très certainement au devant de problèmes. Les bonnes intentions ne suffisent pas. Ben et Lisa avaient probablement pris de bonnes résolutions, mais, comme c'est le cas de nombreux couples chrétiens aujourd'hui, leur relation était basée sur les comportements et schémas erronés de notre société. Malheureusement, même à l'âge adulte, ils continuent à en subir les conséquences.

Les «sept mauvaises habitudes qui caractérisent le flirt», évoquées ci-dessous, font partie des «dérapages» qu'engendrent parfois les relations amoureuses. Peut-être l'une ou l'autre vous rappellera-t-elle quelque chose... (du moins, c'est mon cas!)

1. Le flirt a tendance à nous faire sauter l'étape de la simple amitié

Jack et Libby se sont rencontrés lors d'un week-end d'étudiants organisé par une Eglise. Libby était une fille très sympathique, qui avait la réputation d'être quelqu'un de sérieux dans sa marche avec Dieu. Durant une partie de volley, Jack et Libby se sont retrouvés à bavarder, et ils semblaient bien s'entendre. Jack ne souhaitait pas s'engager dans une relation étroite avec Libby, mais il désirait tout de même mieux la connaître. Deux jours après la fin du week-end, il lui a téléphoné pour l'inviter au cinéma le samedi suivant. Elle a accepté.

Jack a-t-il pris une bonne décision? S'il souhaitait simplement sortir avec cette fille, oui, mais s'il désirait réellement construire une amitié, non. Les sorties en tête-à-tête ont tendance à pousser trop rapidement un gars et une fille au-delà de l'amitié vers une relation sentimentale.

Avez-vous déjà connu une jeune fille qui hésitait à sortir avec un ami de longue date? Dans ce cas, elle vous a probablement dit quelque chose comme: «Il m'a demandé si je souhaitais sortir avec lui, mais je crains que notre amitié ne se dégrade si nous commençons à *sortir ensemble*». Que voulait-elle dire, en réalité? Peut-être n'en était-elle pas consciente, mais en faisant une telle déclaration, elle reconnaissait que le flirt suscite le désir d'une relation physique. Dans une relation purement amicale, il n'y a pas la pression de savoir si l'on aime l'autre et si c'est réciproque. On se sent libre d'être soi-même et de faire des choses ensemble, sans passer, au préalable, trois heures devant le miroir.

C.S. Lewis disait que «l'amitié, c'est marcher côte à côte vers un même but»[1]. C'est donc une relation entre deux personnes unies par un intérêt commun. Jack a sauté ce stade de partage amical en invitant Libby pour la classique sortie «restau-ciné», centrée uniquement sur leur attirance mutuelle.

L'attirance physique se trouve bien souvent à la base du flirt. Cela commence ainsi: «Je suis attiré vers toi, alors faisons connais-

[1] C.S. Lewis, *The Four Loves*, Orlando, Harcourt Brace & Company, 1960.

sance.» en revanche, l'amitié dit: «Puisque nous avons des intérêts communs, passons du temps à rechercher ces mêmes intérêts ensemble.» Et si, après avoir cultivé une véritable amitié, vous commencez à éprouver une attirance mutuelle, c'est un cadeau supplémentaire.

L'intimité sans engagement, c'est comme la fraude. De même, l'intimité sans amitié est vaine et superficielle. Ainsi, une relation basée exclusivement sur l'attirance physique et les sentiments s'étiolera au fur et à mesure que faibliront ces sentiments.

2. Le flirt prend souvent les relations physiques pour de l'amour

Dave et Heidi n'avaient pas l'intention d'aller si loin lors de leur première sortie. Sincèrement, Dave n'a vraiment pas «que ça en tête», et Heidi n'est pas «ce genre de fille». C'est simplement arrivé ainsi. Ils sont allés à un concert ensemble, puis ont passé le reste de la soirée chez Heidi, à regarder un film. Au cours du film, Heidi a fait une plaisanterie sur Dave et sa tentative de danser durant le concert. Dave s'est donc mis à la chatouiller. Ils ont cessé soudainement leur lutte enjouée quand Dave s'est retrouvé appuyé contre elle sur le plancher du salon. Ils se sont regardés dans les yeux, puis se sont embrassés. C'était comme dans les films. Ils éprouvaient un tel sentiment de bien-être...

Dave et Heidi se sont peut-être sentis bien, mais en passant si tôt au contact physique, ils n'ont fait que rendre leur relation plus confuse. Ils se sentaient soudain si proches l'un de l'autre, pourtant, ils n'avaient pas réellement fait connaissance. Avec le temps, leur relation est devenue plus intime encore, et il leur devenait difficile de demeurer objectifs. Quand ils tentaient de décrire ce qu'ils vivaient, ils parlaient aussitôt de l'intimité et de la passion de leur relation physique. «Nous sommes amoureux, c'est si évident!» pensait Heidi. Mais l'étaient-ils vraiment? Ce n'est pas parce que deux bouches se sont collées que deux cœurs se sont joints. Et si deux corps s'attirent, cela ne signifie pas pour autant que deux êtres sont faits l'un pour l'autre. Une relation physique n'est pas égale à l'amour.

Notre société tout entière considère les mots «amour» et «sexe» comme interchangeables. Il n'est donc pas étonnant que, dans la plupart des relations sentimentales, l'attirance physique et l'intimité sexuelle soient prises pour de l'amour véritable. Malheureusement, de nombreux chrétiens se conforment à cette manière de penser erronée.

Si nous réfléchissons à la façon dont la plupart des relations amoureuses évoluent, nous voyons facilement comment le flirt encourage cette confusion. Tout d'abord, comme nous l'avons déjà souligné, il ne mène pas toujours à un engagement pour la vie. Ainsi, souvent, les relations amoureuses commencent par l'attirance physique. Généralement, on juge de la valeur d'une personne sur son apparence. Et avant même qu'un baiser soit échangé, l'aspect physique et sensuel prédomine déjà.

La relation conduit alors souvent vers l'intimité physique. Puisque le flirt n'exige pas d'engagement, les deux personnes en question permettent à leurs besoins et à la passion du moment de devenir la priorité. Elles n'envisagent pas leur relation dans la perspective du mariage, mais s'arrêtent plutôt à leurs désirs immédiats. C'est ainsi que la relation physique peut facilement devenir le centre de leur attention.

Malheureusement, de nombreux couples jugent du sérieux de leur relation d'après l'intensité de leur contact physique. Deux personnes qui sortent ensemble désirent ressentir leur affection mutuelle, et elles peuvent la manifester concrètement par l'intimité physique. Leur «relation privilégiée» s'exprime d'abord par le fait qu'ils se tiennent la main, puis ils continuent en s'embrassant et en faisant tout ce qui suit. Ainsi, pour la plupart des gens, sortir avec quelqu'un, c'est avoir un contact physique avec lui.

En réalité, accorder la priorité au côté sensuel d'une relation est tout simplement péché. La volonté de Dieu pour nous, c'est la pureté sexuelle. Et s'il en est ainsi, c'est pour notre bien. Car le contact physique peut aveugler deux personnes et les pousser à prendre de mauvaises décisions. De plus, Dieu sait que nous garderons des souvenirs de nos relations physiques passées, même une fois mariés. Il ne souhaite pas que nous soyons rongés par le regret et la culpabilité toute notre vie.

Les relations physiques peuvent donner l'impression à un gars et une fille qu'ils sont très proches l'un de l'autre. Toutefois, si tous ceux qui flirtent examinaient réellement ce qui les unit, ils découvriraient probablement que la seule chose qu'ils ont en commun, c'est la convoitise.

3. Le flirt isole souvent un couple de son entourage

Quand Garreth et Jenny fréquentaient, ils n'avaient besoin de personne d'autre. Garreth n'hésitait pas à mettre de côté l'étude biblique du mercredi soir avec ses amis si cela lui permettait de passer plus de temps avec Jenny. Jenny ne réalisait pas que, depuis qu'elle sortait avec Garreth, elle ne parlait presque plus à sa petite sœur et à sa mère. Et lorsqu'elle leur parlait, elle disait toujours «Garreth ceci, Garreth cela…» Sans en avoir l'intention, ils s'étaient tous deux coupés de leur entourage.

Par définition, le flirt conduit deux personnes à n'avoir d'yeux que l'un pour l'autre. Malheureusement, dans la plupart des cas, le reste du monde passe au second plan. Si vous vous êtes déjà senti de trop en compagnie de deux amis qui se fréquentaient, vous savez de quoi je parle…

Maintenant, si la relation est délibérément orientée vers le mariage, il n'est pas faux de lui accorder une grande importance. Car pour pouvoir prendre une décision sage dans ce domaine, il faut apprendre à bien se connaître. Toutefois, même dans ce cadre, il n'est pas sage de s'isoler des autres.

Pour ceux qui ne sont aucunement prêts à s'engager, cette attitude peut s'avérer particulièrement préjudiciable. En tant que chrétiens, nous devons prendre ces choses au sérieux. Pourquoi? D'abord, parce que lorsque nous permettons à une relation de primer sur toutes les autres, nous perdons le sens de la mesure. Dans Proverbes 15:22, il est écrit: «Les projets échouent, faute d'une assemblée qui délibère; mais ils réussissent quand il y a de nombreux conseillers.» Si nous prenons nos décisions dans la vie sur la base d'une seule relation, nous manquerons probablement de discernement.

Bien sûr, nous pouvons faire cette erreur dans bien d'autres domaines. Mais ce problème se rencontre plus souvent dans les relations sentimentales, car le cœur et les sentiments y sont mêlés. Et puisque les relations amoureuses incitent le couple à faire des projets en commun, cela risque de toucher des sujets importants tels que le mariage, la famille et la foi.

Nous serons particulièrement vulnérables tant que nous n'aurons pas défini précisément notre degré d'engagement. Si nous nous isolons de ceux qui nous aiment et nous conseillent dans le seul but de plonger corps et âme dans une relation sentimentale non fondée sur l'engagement, nous sommes en danger. Notre situation est très précaire. Dans son livre *Passion et pureté*, Elisabeth Elliot écrit: «A moins d'être prêt à prendre une femme pour épouse, quel droit pourrait bien avoir un homme à prétendre retenir toute son attention? A moins d'avoir été demandée en mariage, pour quelle raison une femme sensible pourrait-elle promettre à un homme toute son attention?»[2] Nombreux sont ceux qui, au moment d'une rupture sentimentale, se rendent compte qu'ils ont perdu le contact avec tous leurs amis.

Quand Garreth et Jenny ont cessé de sortir ensemble, ils ont réalisé avec surprise qu'ils avaient perdu presque toutes leurs amitiés. Non pas que leurs amis ne les aimaient plus; mais ils ne les connaissaient pratiquement plus. Alors qu'ils étaient complètement absorbés par leur relation amoureuse, ni l'un ni l'autre n'avaient pris le temps d'entretenir le contact avec leur entourage.

Peut-être avez-vous vécu une situation semblable. Ou peut-être connaissez-vous la douleur et la frustration que l'on ressent lorsqu'on est mis de côté par un ami qui s'est engagé dans une relation amoureuse. L'exclusivité si souvent inhérente à ce genre de relations a tendance à isoler les personnes concernées des amis qui les aiment le plus, des membres de leur famille qui les connaissent le mieux et, malheureusement, même de Dieu, dont la volonté est bien plus importante que toute relation sentimentale.

---

[2] Elisabeth Elliot, *Passion et Pureté*, Editions Farel, 1995, p. 148.

4. Le flirt, bien souvent, nous détourne de notre responsabilité première, celle de nous préparer pour l'avenir

Nous ne pouvons pas vivre dans le futur, mais si nous négligeons nos devoirs d'aujourd'hui, nous ne serons pas préparés pour nos responsabilités de demain. Si nous sommes distraits par l'amour, ce n'est pas un mal en soi; sauf si, bien sûr, Dieu a d'autres plans pour nous...

Une des conséquences les plus affligeantes du flirt, c'est qu'il nous empêche de développer les talents et les dons que Dieu nous a confiés. Au lieu de servir dans l'Eglise, au lieu de se laisser façonner et instruire, et au lieu de mûrir (tout cela est nécessaire pour réussir dans la vie), plusieurs se permettent d'être consumés par les désirs immédiats que nourrit le flirt en eux.

Christopher et Stéphanie ont commencé à se fréquenter à l'âge de 15 ans. A bien des égards, leur relation était exemplaire, et elle n'a jamais été «physique». De plus, quand ils se sont quittés, deux ans plus tard, leur rupture s'est faite amicalement. Qu'ont-ils donc fait de mal? D'accord, ils ne se sont pas causé du tort. Mais on peut voir les choses différemment si l'on considère ce qu'ils auraient pu faire à la place. Ils ont passé des heures à discuter, à s'écrire, à penser l'un à l'autre et même à se faire du souci au sujet de leur relation. L'énergie qu'ils ont déployée aurait pu être employée à autre chose. Dans le cas de Christopher, cette relation a fait disparaître son intérêt pour la programmation informatique et l'a conduit à se désengager du groupe de louange de son Eglise. Et même si Stéphanie ne lui reproche rien, elle a manqué quelques occasions de partir en voyage missionnaire parce qu'elle ne voulait pas être loin de lui. Leur relation leur a volé du temps qu'ils auraient pu passer à développer leurs dons et à saisir l'occasion de faire des choses intéressantes et utiles.

Le flirt permet peut-être d'apprendre à être «un(e) bon(ne) petit(e) ami(e)», mais cela sera-t-il utile pour le mariage? Même si vous sortez avec la personne que vous allez épouser plus tard, le fait de ne penser qu'à être un(e) petit(e) ami(e) parfait(e) en ce moment peut vous empêcher d'être un jour le mari ou la femme dont cette personne aura besoin.

5. Le flirt peut susciter une insatisfaction quant au célibat permis par Dieu

Le jour de son 3e anniversaire, mon petit frère a reçu un joli vélo bleu, tout neuf. Il était équipé de petites roues à l'arrière, d'un rembourrage de protection et de petites banderoles réfléchissantes. Selon moi, mon frère ne pouvait pas demander mieux, et j'avais hâte de voir sa réaction.

Mais, à mon grand dépit, il ne semblait pas impressionné par son cadeau. Quand mon père a sorti le vélo de sa grosse boîte en carton, mon frère l'a examiné un moment, a souri, puis s'est mis à jouer avec l'emballage. Il nous a fallu quelques jours pour le convaincre que le vrai cadeau, c'était le *contenu* de la boîte.

Je ne peux m'empêcher de penser que Dieu voit notre engouement pour les relations amoureuses passagères un peu comme je voyais l'intérêt de mon petit frère pour un carton sans valeur. Une succession de relations sans engagement, ce n'est pas un cadeau! Dieu nous offre le célibat, cette période de notre vie qui ne ressemble à aucune, étant donné les innombrables occasions qu'elle nous donne de mûrir, d'apprendre et de servir. Pourtant, nous considérons cette période comme une opportunité de nous enliser dans la recherche et l'entretien de relations amoureuses superficielles. Toutefois, ce n'est pas en sortant avec autant de personnes que nous en avons envie que nous pourrons saisir la vraie beauté du célibat; c'est en utilisant notre liberté pour servir Dieu dans une réelle consécration.

Le flirt produit l'insatisfaction, car il nous entraîne à faire mauvais usage de cette liberté. Dieu a donné le désir de se marier à la plupart des hommes et des femmes. Ce n'est donc pas un péché d'avoir hâte de se marier. Toutefois, si notre désir pour quelque chose que Dieu, manifestement, ne nous réserve pas *pour l'instant* est tel qu'il nous empêche d'apprécier ce qu'il nous a *déjà* donné, nous sommes probablement coupables d'une mauvaise gestion de notre temps de célibat. En offrant aux célibataires juste assez d'intimité pour qu'ils souhaitent en avoir plus, le flirt contribue à entretenir ce mécontentement. Plutôt que d'apprécier les bons côtés, uniques, du célibat, ceux qui pratiquent le flirt se concentrent sur ce qu'ils n'ont pas.

6. Le flirt crée un environnement artificiel qui empêche de juger objectivement du caractère de l'autre

Même si la plupart des relations amoureuses passagères ne mènent pas au mariage, certaines personnes (surtout parmi les étudiants) sont motivées par une union pour la vie. Ceux qui souhaitent réellement savoir si la personne aimée pourrait convenir pour le mariage doivent comprendre que le flirt nuit carrément à ce processus. Car il crée un environnement artificiel centré sur deux personnes exclusivement. Par conséquent, chacun peut transmettre à l'autre une image de lui-même tout aussi artificielle.

Dans la cour de notre maison, nous avons un panier de basket réglable en hauteur. Quand je le baisse d'un mètre par rapport à la position réglementaire, je peux donner l'impression d'être un très bon joueur. Le lancer franc devient alors bien facile; je m'élance, et je le réussis à tous les coups. Mais mon «adresse» est due au seul fait que j'ai baissé le niveau de difficulté. Je ne joue pas suivant les conditions habituelles. Placez-moi sur un terrain où le panier se trouve à trois mètres de haut, et je redeviendrai un gars de petite taille, qui n'arrive pas à sauter.

De même, le flirt crée un environnement artificiel dans lequel une personne n'est pas tenue de se présenter sous ses bons et ses mauvais côtés, c'est-à-dire telle qu'elle est réellement. Lors d'une sortie à deux, il est facile de charmer le cœur de l'autre: il conduit une belle voiture et paye tout; elle est splendide. Mais qu'est-ce que cela apporte? Apprécier la compagnie d'une personne dans de tels moments, ce n'est pas la connaître véritablement, ni savoir si elle fera un bon mari ou une bonne épouse.

Si le flirt est agréable, c'est notamment parce qu'il permet de faire une pause par rapport au tourbillon de la vie quotidienne. Pour cette raison, je compte prendre l'habitude de «flirter» avec ma femme lorsque je serai marié. Car dans le mariage, il est parfois *nécessaire* de s'arrêter un moment pour laisser de côté les soucis du travail et de l'éducation des enfants, pour prendre un peu de recul. Toutefois, un jeune homme et une jeune fille qui se fréquentent en vue du mariage doivent veiller à ne pas se limiter au côté agréable et romantique de leur relation. Leur priorité ne devrait pas être de fuir la réalité de la vie; au contraire, pour rester objectifs, ils ont besoin d'une bonne dose de réalité! Ils doivent pouvoir se voir dans les situations de la vie réelle, comme dans la famille ou au milieu de leurs amis. Ils doivent s'observer l'un l'autre en train de travailler et de servir Dieu. Ils doivent se poser des questions du genre: Comment se comporte-t-il avec ceux qui le connaissent le mieux? Comment réagit-elle quand les choses ne tournent pas rond? Il est important de trouver la réponse à ces questions avant de se décider pour le mariage, et ce n'est pas par le flirt que nous pourrons y parvenir.

7. Le flirt devient souvent une fin en soi

Un jour, Marty, un jeune de 25 ans environ, me parlait avec enthousiasme de sa petite amie, Claire. Ils se fréquentaient depuis quatre ans. C'était, disait-il, une fille merveilleuse, et leur relation était formidable.

J'imaginais qu'après s'être fréquentés si longtemps, ils envisageaient de se fiancer, et qu'ils avaient déjà abordé le sujet. «Quand est-ce que vous comptez vous marier?» lui ai-je demandé.

Choqué par ma question (j'avais pourtant simplement évoqué le mariage), il s'est empressé de modérer son enthousiasme. «Oh là là, mais on sort juste ensemble! a-t-il bredouillé. C'est pas pour ça que… Enfin, je ne suis pas sûr de vouloir l'épouser.»

Je n'encouragerais pas quiconque à se marier, juste parce qu'il fréquente depuis un certain temps. Mais je me demandais ce que, après quatre ans de fréquentations, Marty avait encore besoin d'apprendre sur Claire pour pouvoir prendre une décision. Je crains que, comme c'est le cas dans beaucoup de relations aujourd'hui, Marty et Claire ne se soient enlisés dans ce que j'appelle «les nébuleuses du flirt». Au lieu d'être un pont entre l'amitié et le mariage, leur relation amoureuse était devenue un but en soi, quelque chose qui persistait sans évoluer.

Les couples qui s'habituent à ces «nébuleuses du flirt» ont souvent du mal à en sortir. C'est tellement confortable! Puisque la période des fréquentations leur permet de jouir de nombreux privilèges émotionnels et même, hélas, physiques du mariage, beaucoup (surtout les hommes) n'ont pas vraiment la motivation de s'engager véritablement.

Les vieilles habitudes sont tenaces

Notez-vous certaines de ces habitudes dans votre vie? Si toutes les relations amoureuses ne conduisent pas forcément dans ces erreurs, j'espère qu'en tous cas, vous réalisez que ce n'est pas en «flirtant comme il faut» que nous réglerons les problèmes liés au flirt. Je crois que le flirt a une tendance à dévier, et je pense que ce risque demeure même si ce sont des chrétiens qui tiennent les rênes. D'ailleurs, même les chrétiens qui arrivent à échapper aux principaux pièges que sont la sexualité avant le mariage et les ruptures traumatisantes dépensent beaucoup d'énergie à lutter pour ne pas succomber.

Si vous avez déjà été impliqué dans des relations amoureuses passagères, cela vous est certainement familier. Je crois que, dans ce domaine, nous avons trop longtemps considéré les choses à la lumière des valeurs et de la mentalité du monde. Si vous avez déjà fait l'essai, vous êtes sûrement d'accord avec moi pour dire que cela ne fonctionne pas. Ne perdons donc pas davantage de temps à nous débattre avec un chariot qui ne roule pas droit. Le temps est venu d'adopter une nouvelle attitude.

Chapitre 4

Une nouvelle attitude

Cinq changements pour une alternative au flirt

Dans le chapitre précédent, nous avons parlé des sept mauvaises habitudes qui caractérisent le flirt. Ce chapitre a peut-être remis en question notre opinion sur le sujet. Si tel est le cas, peut-être nous disons-nous: «D'accord, le flirt a ses mauvais côtés, mais que dois-je faire alors? *Comment* peut-on éviter de le pratiquer?»

La première étape consiste à changer notre attitude vis-à-vis des relations amoureuses. Plus facile à dire qu'à faire, n'est-ce pas? Mais, dans Ephésiens 4:22-24, Paul nous rappelle que, par Christ, Dieu a fait de nous des créatures nouvelles qui peuvent abandonner leur ancienne manière de vivre:

> Si donc vous avez reçu le véritable enseignement chrétien, vous avez appris qu'en communion avec lui vous avez à quitter les vieilles hardes de votre ancienne manière de vivre, à vous dépouiller de votre vieux Moi d'avant votre conversion. C'était là votre vieille nature qui allait à sa ruine, se corrompant sous la poussée des désirs séducteurs en suivant les illusions décevantes qu'engendraient les passions.
>
> Il faut que l'inspiration de vos pensées soit renouvelée, que votre cœur soit transformé et toute votre attitude mentale et spirituelle changée.

> Habillez-vous de neuf: mettez les vêtements propres de la vie nouvelle dont Dieu a créé le modèle à son image. Cette vie se manifestera par la vie juste et sainte que produit la vérité.[1]

Tant que nous n'aurons pas changé notre façon d'envisager l'amour, nous continuerons à nous empêtrer dans le bourbier du flirt et nous ne pourrons abandonner notre ancienne manière de vivre.

Dans ce chapitre, j'aimerais montrer comment, à mon avis, Dieu désire que nous considérions la question des relations sentimentales. Voici donc cinq nouvelles attitudes qui nous aideront à renoncer aux mauvaises habitudes qui caractérisent le flirt. Elles découlent toutes de notre façon de concevoir l'amour, la pureté et le célibat. Nous aborderons ces trois sujets dans la deuxième partie du livre. Mais pour l'instant, les réflexions ci-après nous donneront déjà un aperçu de l'alternative que Dieu offre à ceux qui désirent lui plaire dans tous les domaines de leur vie.

1. Toute relation est une occasion de vivre l'amour de Christ

Bethany est étudiante dans une université chrétienne. C'est une jeune fille très ouverte et sociable, qui a la réputation d'être un peu «dragueuse». Malheureusement, ses contacts avec les garçons sont, la plupart du temps, artificiels et faussés. Car elle cherche surtout à attirer sur elle l'attention de ceux qui lui plaisent sur le moment et à susciter en eux une réaction. Elle investit plus d'énergie dans ses efforts de s'attirer l'amour des garçons qu'elle n'en dépense à inciter ceux-ci à la crainte de Dieu.

Mais si Bethany change sa façon de penser et réalise que ses contacts avec les jeunes hommes sont des occasions de leur témoigner l'amour fraternel, elle fera un demi-tour complet. Au lieu de les séduire, elle cherchera plutôt à leur manifester un amour honnête et sincère, en les traitant comme des frères et non comme d'éventuelles conquêtes. Plutôt que de se prendre pour le nombril

[1] Version Parole Vivante.

du monde et de s'attendre à ce que les autres tournent autour de sa petite personne, elle cherchera des occasions d'être une bénédiction pour eux.

Le monde verra que nous appartenons à Christ à la manière dont nous aimons les autres. C'est pourquoi, aimons d'un amour sincère, dévoué et désintéressé, et non d'un amour mondain et sensuel, marqué par l'égoïsme et motivé par la satisfaction personnelle.

2. Les années de célibat sont un cadeau de Dieu

Michael, 21ans, est un jeune homme très attachant et, de plus, au physique attrayant. Etant très engagé dans le groupe de jeunes de son Eglise, il a plus qu'assez d'occasions de rencontrer des filles chrétiennes et de faire leur connaissance. Tout en étant conscient des possibilités de service qui s'offrent à lui en tant que célibataire, et tout en n'étant pas pressé de se marier, il a tendance à passer d'une relation amoureuse à l'autre. Bien qu'il ne fasse rien d'immoral, cela le prive de la souplesse, de la liberté et de la facilité de concentration que devrait lui permettre le célibat. Il agit encore suivant cette manière de voir les choses qui appartient à la vie ancienne, et qui consiste à penser que l'on est «incomplet» sans petite amie.

Mais si Michael change d'attitude et considère le célibat comme un don, il apprendra, tant que Dieu désire pour lui cet état, à se contenter de vivre des amitiés. Michael pourra alors se libérer des entraves que représentent les relations à court terme. Grâce au temps et à l'énergie qu'il gagnera ainsi, il pourra être plus efficace dans son ministère et nouer des amitiés plus profondes avec les autres, garçons ou filles.

Tant que nous n'aurons pas compris que le célibat est un don, nous passerons à côté des formidables possibilités qui l'accompagnent. Peut-être pensons-nous même déjà à une opportunité que nous pourrions saisir si nous renoncions au flirt. En tant que célibataires, nous avons la liberté de découvrir et d'observer le monde et l'occasion d'apprendre toutes sortes de choses. C'est le seul moment de notre vie qui nous offre de telles possibilités.

3. Il n'est pas nécessaire de se lancer dans des relations amoureuses avant d'être prêt pour l'engagement du mariage

Cette conception des choses est le fruit du «petit principe en matière de relations amoureuses» que nous avons vu au chapitre 2: la joie de l'intimité est la récompense de l'engagement. Jenny, qui a 17 ans, sortait avec un garçon de son Eglise depuis plus d'un an. Ils étaient tous deux des chrétiens engagés et souhaitaient se marier un jour. Le problème, c'était ce «un jour». En réalité, ils n'allaient pas pouvoir se marier avant bien des années. Car ils avaient tous deux des projets à accomplir au service du Seigneur avant de pouvoir envisager de s'unir pour la vie.

La «vieille manière de penser» aurait été de se dire: puisque ce contact intime est agréable, profitons-en dès maintenant. Mais la nouvelle attitude consistait à reconnaître que, n'étant pas en mesure de s'engager, ils n'avaient pas à poursuivre une relation amoureuse. Ainsi, même si ce n'était pas facile, Jenny a dit à son petit ami qu'ils devaient limiter le temps et l'énergie qu'ils se consacraient. Sachant que Dieu, s'il le souhaitait, pouvait les conduire à nouveau ensemble un jour, ils ont décidé de ne pas aller plus loin dans l'intimité et d'attendre de pouvoir l'associer à l'engagement. Ils ont du mal à supporter la séparation, et ces liens étroits qui les unissaient auparavant leur manquent. Mais ils savent qu'au bout du compte, ce sera la meilleure décision qu'ils auront prise l'un pour l'autre, qu'ils se marient ensemble ou non.

Dieu nous a créés avec ce désir de jouir de l'intimité dans l'amour. Il souhaite que ce désir puisse être comblé un jour et ne s'attend pas à ce qu'il disparaisse le temps que nous sommes célibataires. Toutefois, je crois qu'il nous demande d'avoir la patience nécessaire pour attendre le moment prévu par lui. En attendant, il veut que nous en profitions pour entretenir des relations étroites avec les membres de notre famille et pour cultiver des contacts amicaux profonds avec nos frères et sœurs en Christ.

Cela ne signifie pas que nous devions nous marier avec la première personne pour laquelle nous éprouvons des sentiments et de laquelle nous sommes proches. Même si certains, je le sais, ont épousé la première fille avec laquelle ils ont eu une relation amoureuse, pour la plupart, nous ne suivrons pas la même route. Nous aurons probablement des contacts assez étroits avec plusieurs personnes avant que Dieu nous montre qui nous devons épouser. Cependant, nous ne pouvons pas prendre cette réalité comme une excuse pour nous lancer dans des relations sentimentales axées sur la satisfaction de nos désirs personnels. Je crois que cette manière de penser est peu judicieuse et empreinte d'égoïsme. Si, pour l'instant, nous ne sommes pas prêts à envisager le mariage, et si nous n'aimerions pas vraiment épouser telle personne, il est égoïste et très dangereux de l'encourager à avoir besoin de nous, ou de lui demander de satisfaire nos besoins émotionnels et physiques.

4. Il n'est pas possible de «posséder» quelqu'un en dehors du mariage

Aux yeux de Dieu, un homme et une femme mariés deviennent une seule chair. Lorsque nous devenons adultes, ce désir de partager notre vie avec quelqu'un, cette soif d'unité, s'éveille en nous. Peut-être savez-vous déjà de quoi je parle. Toutefois, je crois que nous n'avons pas le droit de traiter quelqu'un comme s'il nous appartenait tant que nous ne sommes pas prêts à l'engagement du mariage.

Sarah et Philip, qui sont en dernière année de lycée, sortent ensemble depuis six mois. Leur relation en est déjà assez loin. En fait, ils devraient presque être mariés. Car ils ne se quittent pratiquement jamais: ils passent tous leurs week-ends ensemble, se prêtent leur voiture et connaissent leur belle-famille presque aussi bien que leur propre famille. De plus, leur relation physique est elle aussi assez développée. En fait, elle se trouve dans un état plutôt précaire. Bien qu'ils n'aient jamais eu de relations sexuelles ensemble, ils sont sans cesse tentés d'aller trop loin.

Quand nous sommes vraiment amoureux l'un de l'autre, l'«ancienne manière de vivre» consiste à «jouer au mariage». Mais agir selon la nouvelle attitude, c'est être convaincu que l'on ne doit pas exiger de disposer du temps, de l'affection et de l'avenir de quelqu'un avant le mariage.

Sarah et Philip réalisent qu'ils doivent mettre fin à leur relation telle qu'elle est actuellement. En revendiquant un droit l'un sur l'autre, ils ont été mutuellement un obstacle à leur maturité personnelle et ont consacré beaucoup trop d'énergie à des choses inutiles. Ils auraient pu mettre cette énergie au service du Seigneur et se préparer pour l'avenir. Mais ils ont planifié leur vie en ne pensant que l'un à l'autre, sans vraiment savoir s'ils se marieraient ensemble ou non. D'ailleurs, s'ils sont comme la plupart des lycéens, ils finiront probablement par épouser quelqu'un d'autre.

Même s'ils étaient complètement purs dans leur relation physique, en continuant ainsi à se fréquenter, ils domineraient sentimentalement et spirituellement l'un sur l'autre. Si Dieu les veut ensemble plus tard, leur décision présente de mettre fin à leur relation ne sera pas un obstacle à l'accomplissement de son plan. C'est justement maintenant qu'ils doivent décider d'obéir à Dieu et de rompre cette exclusivité qui les pousse à se «posséder» l'un l'autre.

Avez-vous la mainmise sur la vie émotionnelle, spirituelle ou même physique de quelqu'un? Demandez à Dieu de vous montrer si vous devez reconsidérer une relation que vous entretenez actuellement.

5. Il est important d'éviter les situations qui pourraient compromettre la pureté de notre corps ou de notre cœur

Jessica, qui a 16 ans, est une jeune fille sympathique. Malheureusement, elle est souvent très naïve. Bien qu'elle soit vierge et qu'elle se soit engagée à le rester jusqu'au mariage, elle se met souvent dans des situations risquées avec son petit ami, qui est plus âgé qu'elle. Ils font leurs devoirs chez elle quand sa mère est absente, font des randonnées seuls tous les deux, et terminent leurs rencontres dans sa voiture à lui. Si Jessica était sincère, elle reconnaîtrait sûrement qu'elle aime bien l'excitation que lui procurent ces situations. Elle trouve cela très romantique. De plus, cela lui donne l'impression de dominer, quelque part, sur son petit ami qui, à vrai dire, ira aussi loin qu'elle le lui permettra dans leur contact physique.

Mais si Jessica décide d'adopter la nouvelle attitude, elle comprendra que la pureté, c'est plus que le fait de demeurer vierge.

En examinant honnêtement sa relation avec son petit ami, elle réalisera qu'elle a *quitté le chemin de la pureté*. Pour revenir à ce qui est juste, elle devra radicalement changer de comportement. Il lui faudra donc mettre fin à leur relation, beaucoup trop axée sur le physique. Puis, elle s'engagera à éviter les lieux et les situations qui favorisent le compromis.

La personne avec qui nous choisissons de passer notre temps, ainsi que l'endroit et le moment où nous passons ce temps révèlent si nous sommes prêts à demeurer purs ou non. Devrions-nous réexaminer notre comportement dans ce domaine? Si c'est le cas, veillons à ne plus nous placer dans des contextes propices à la tentation.

Bagages inutiles

«Cette nouvelle attitude est tellement radicale!» dirons-nous peut-être. Elle nous est peut-être si étrangère, que nous nous demandons si nous arriverons même à l'adopter. Je sais qu'elle remet en question les façons de voir et de faire qui sont peut-être déjà les nôtres. Toutefois, si nous voulons vivre selon la volonté de Dieu, je crois que nous devons accepter de changer radicalement notre manière de vivre. Abandonnés au Seigneur et soumis à lui, ceux qui mènent une vie qui l'honore ne tolèrent pas la mesquinerie, l'hypocrisie, la vanité ou l'égoïsme. En bref, une telle vie ne laisse aucune place aux sept mauvaises habitudes qui caractérisent le flirt.

La tâche nous semble peut-être trop difficile. Et honnêtement, elle l'est. Ce changement d'attitude dans nos relations amoureuses est quelque chose que seul Dieu peut nous aider à vivre. Mais je peux vous dire, sur la base de ma propre expérience et de nombreux témoignages, que Dieu peut nous aider à changer, même si nos mauvaises habitudes sont solidement ancrées en nous.

Et même si c'est difficile, n'y a-t-il pas quelque chose au plus profond de nous-mêmes qui, malgré tout, désire ce chemin d'obéissance totale? Pour le chrétien qui recherche de tout son cœur cet amour sincère et intelligent, renoncer à la façon de faire du monde n'est pas un sacrifice. Rejeter l'ancienne attitude devrait être notre réaction naturelle, non seulement au regard des problèmes entraînés par le flirt, mais surtout au regard de la haute vocation que Dieu nous a adressée. Le Seigneur nous exhorte à rejeter «tout fardeau, et le péché qui nous enveloppe si facilement», et à courir «avec persévérance dans la carrière qui nous est ouverte» (Hébreux 12:1). Mais quelle est l'alternative? La solitude? Le célibat à vie? Les vendredis soirs passés chez vous à regarder un film en compagnie de votre chat? Non! Non! Non!

Abandonner le jeu du flirt, ce n'est pas rejeter les amitiés avec l'autre sexe, ni renoncer à l'amour et au mariage. Nous pouvons continuer à aspirer à ces choses. Il s'agit simplement de les désirer conformément au plan de Dieu et dans l'attente du moment prévu par lui. «Cherchez premièrement le royaume et la justice de Dieu; et toutes ces choses vous seront données par-dessus», nous dit le Seigneur en Matthieu 6:33. Nous sommes donc appelés à considérer nos aspirations sentimentales comme faisant partie de «toutes ces choses» et à les abandonner à Dieu, afin de pouvoir chercher premièrement son royaume et sa justice. Car il désire que nous lui soyons consacrés et que nous le cherchions de tout notre cœur. Et cela implique de renoncer au flirt.

Faire un échange

Permettez-moi de poser certaines questions qui font réfléchir. Sommes-nous prêts à renoncer aux règles de notre société pour entrer dans le plan parfait de Dieu? Sommes-nous prêts à tout lui abandonner et à nous donner à lui sans réserve?

Ravi Zacharias, un de mes prédicateurs préférés, raconte une histoire toute simple, qui illustre clairement ce choix devant lequel nous sommes placés. Un petit garçon propose à une petite fille de lui échanger un sachet de bonbons contre un sac de billes. La petite fille accepte. Mais quand le petit garçon va chercher ses billes, il réalise qu'il ne peut pas se séparer de celles qu'il préfère. Il en prend donc trois parmi les plus belles et les cache sous son oreiller. L'échange est conclu, et la fillette ne s'aperçoit pas qu'elle a été trompée. La nuit qui suit, alors qu'elle dort paisiblement, le petit garçon n'est pas en paix. Tourmenté, il n'arrive pas à trouver le sommeil. «Je me demande si elle a aussi gardé pour elle ses meilleurs bonbons», se dit-il.

Comme ce petit garçon, beaucoup avancent dans la vie, tourmentés par cette question: «Dieu m'a-t-il vraiment donné le meilleur?» Pourtant, la question que nous devrions nous poser est: «Est-ce que je lui donne le *meilleur*?»

Nous ne connaîtrons jamais le meilleur que Dieu nous réserve (dans le célibat comme dans le mariage) tant que nous ne nous livrerons pas à lui sans réserve, tant que nous resterons stupidement attachés à ces anciennes attitudes et à cette manière de vivre qui, selon le monde, sont censées nous conduire à l'épanouissement personnel. Dieu nous demande de tout abandonner entre ses mains.

Où en sommes-nous aujourd'hui? Avons-nous tout donné au Seigneur? Ou avons-nous gardé pour nous «nos billes préférées», notamment notre attitude par rapport au flirt?

Dans les chapitres suivants, nous réfléchirons à l'attitude que nous avons dans ces trois domaines qui concernent le cœur: l'amour, la patience et la pureté. Car cette attitude détermine notre façon de considérer les relations amoureuses. Puis, en recherchant le point de vue de Dieu, nous découvrirons qu'il vaut vraiment la peine de tout lui abandonner.

Deuxième partie

Le fond du problème

Chapitre 5

La définition du mot «amour» dans le dictionnaire de Dieu

Comprendre ce qu'est le véritable amour

– Vous avez fait *quoi*?! ai-je demandé avec incrédulité.

Jeff, partant d'un éclat de rire, s'est mis à accélérer dans le virage. Apparemment, mon grand étonnement le stimulait.

– Gloria a dit à sa mère qu'elle allait dormir chez une amie, et nous avons loué une chambre de motel. C'était vendredi soir, a-t-il dit comme s'il n'y avait rien de dramatique.

Jeff et Gloria sortaient ensemble depuis presque un an, si l'on fait abstraction des multiples fois où ils avaient rompu pour se réconcilier ensuite. Jeff était toujours resté vague quant à leur relation physique, mais à présent, ils semblaient bien l'avoir consommée.

– Notre sommes allés au *Holiday Inn*, à Dayton, a-t-il continué, sortant la main par la fenêtre pour sentir la fraîcheur de la nuit. Puis, me regardant avec un sourire, il m'a fait un clin d'œil malicieux et dit: Eh ben mon vieux...!

– Je n'arrive pas à te croire, ai-je répondu, le ton de ma voix laissant transparaître mon désaccord. Tu veux dire que Gloria et toi vous avez... vous avez... je veux dire... couché ensemble?

Jeff voyait bien que je n'étais pas ravi. Il aurait voulu que je sois impressionné, que je lui donne une tape dans le dos, comme deux copains footballeurs dans les vestiaires, et que je le félicite pour son «exploit». Effectivement, j'avais bien envie de lui donner une tape, disons plutôt une claque, mais pas dans le dos...

– Ecoute, Josh, a-t-il dit sur la défensive, nous avons attendu longtemps pour ça. C'était vraiment spécial. Ça va peut-être à l'encontre de tes principes, mais nous avons senti que c'était le bon moment de nous prouver notre amour.

– Mes principes? ai-je dit indigné. Mes principes? Depuis quand est-ce que ce sont *mes* principes? Combien de fois est-ce qu'on n'a pas parlé de ça? Ensemble, à l'Eglise... Jeff, tu sais que c'était pas bien. Tu...

– Nous sommes amoureux, m'a dit Jeff en me coupant la parole. Si jamais tu tombes vraiment amoureux un jour, tu comprendras.

C'était la fin de notre conversation. Pour une raison que j'ignore, le feu a mis un temps fou à passer au vert. Nous étions assis là sans dire un mot, et seul le bruit du clignotant rompait le silence. Je regardais par la fenêtre.

Quatre ans plus tard, alors que Jeff était étudiant dans une université du Michigan, il m'a téléphoné. «Je suis fiancé! m'a-t-il annoncé. Debbie est une fille extraordinaire. Je n'ai jamais été aussi amoureux!»

«C'est super», lui ai-je répondu. Mais mon enthousiasme sonnait faux. Je ne pouvais rien y faire, je pensais à Gloria. Je ne l'avais pas vue depuis longtemps. Qu'était-elle devenue, alors que Jeff, lui, était sorti avec deux ou trois autres filles depuis? C'est cela l'amour? Hum...

Le premier baiser

– On va au chinois? ai-je proposé en quittant le parking.

– Géant! a répondu Eric avec son enthousiasme habituel.

Je venais à peine de rencontrer Eric et sa femme Leslie, que j'avais déjà remarqué son exubérance et son enthousiasme au sujet de tout, même de ma proposition de restaurant.

– Est-ce que ça te convient, chérie? a-t-il demandé doucement à Leslie, qui était assise sur la banquette arrière.

– Bien sûr, a-t-elle répondu gentiment.

En route vers le nord-ouest du pays, Eric et Leslie avaient fait une halte pour me rendre visite. C'était par une amie du Colorado que j'avais entendu parler de ces jeunes mariés et du petit ouvrage qu'ils avaient écrit. Ce livre racontait comment ils s'étaient rencontrés et comment ils étaient tombés amoureux l'un de l'autre sans faire comme beaucoup aujourd'hui, c'est-à-dire sans pratiquer le flirt.

Vous aurez du mal à trouver deux personnes plus amoureuses que ces deux-là. Ils s'aimaient profondément, c'était évident. Eric avait presque toujours les yeux posés sur Leslie. Assis devant sur le siège du passager, alors que nous étions en route pour le restaurant, il a passé sa main par derrière et Leslie s'est penchée en avant pour la lui serrer. Tenir la main de quelqu'un assis à l'arrière quand on est assis devant, je n'avais jamais vu ça avant...

– Mais vous ne vous lâchez pas les mains une seconde! leur ai-je dit d'un air taquin après le dîner, ce qui a fait légèrement rougir Leslie.

– Est-ce que c'était difficile pour vous, quand vous étiez fiancés, de rester purs dans votre relation? ai-je enchaîné.

– Bien sûr, le désir d'un contact physique était présent, et il le sera toujours, a répondu Eric en prenant la main de Leslie et en lui souriant. Mais ce n'était pas une lutte. Leslie et moi avions décidé très tôt, dans nos fréquentations, que nous éviterions les contacts physiques avant le mariage. Nous avons échangé notre premier baiser à l'église, le jour de la cérémonie.

J'en suis resté bouche bée.

– Vous ne vous êtes pas embrassés avant le mariage? ai-je redemandé.

– Non! a dit Eric en rayonnant. Nous nous sommes seulement tenu la main. Josh, nous savons que ce principe ne convient pas à tous les couples, et nous n'avons pas pris cette décision par légalisme. C'est une décision qui venait du cœur. Tous, même nos parents, disaient que nous devrions nous embrasser. Mais l'un comme l'autre, nous avions décidé d'attendre. C'était notre façon de nous prouver notre amour et de nous protéger avant le mariage.

Puis, avec un pétillement dans les yeux, il a ajouté:

– Josh, laisse-moi te dire que ce premier baiser était merveilleux, extraordinaire. Je n'ai pas les mots pour le décrire.

Eric et Leslie. Jeff et Gloria. Deux couples qui ont utilisé le même mot, le mot «amour», pour justifier deux types de comportement tout à fait contraires. Parlaient-ils de la même chose? Au nom de l'amour, Jeff et Gloria se permettaient de passer une nuit dans un motel à jouir du corps de l'autre avant le mariage. Pour Eric et Leslie, aimer signifiait «à peine se toucher» avant le grand jour de la cérémonie. L'amour qui unissait Jeff et Gloria était marqué par l'impatience et le compromis. Celui d'Eric et Leslie nourrissait leur désir d'intégrité et leur donnait la patience d'attendre.

Un mot. Deux définitions.

«Amoureux de l'amour»

Personnellement, je dois avouer que je suis un romantique incorrigible. J'aime être amoureux.

Il n'y a rien de comparable à cet état, et si vous l'avez déjà vécu, vous savez de quoi je parle. C'est une mosaïque d'un millier de moments indescriptibles. Chaque fois que vous pensez à la personne en question, un incroyable courant d'énergie semble vous parcourir le corps. Cela occupe toutes vos pensées. De plus, vous cessez de vous intéresser aux choses routinières de la vie quotidienne, comme le fait de manger ou de dormir, et vous ne réfléchissez plus de manière rationnelle. Vous avez l'impression que toutes les chansons d'amour qui passent à la radio ont été écrites pour vous. Vous avez le sentiment qu'un voile a été enlevé de vos yeux, car soudain, le monde vous apparaît comme rempli de merveilles, de mystères et de bonheur.

J'aime l'amour. Mais j'ai réalisé qu'en fait, je n'y connais pas grand-chose. Ah! Je peux tout vous dire sur son côté chaleureux et étourdissant. Je peux même vous interpréter une romance avec toute la passion de Roméo. Mais à l'école du véritable amour, de l'amour selon Dieu, je crains bien d'en être encore au «niveau maternelle»!

Le Seigneur désire donner aux «amoureux de l'amour» comme moi une vision plus haute et plus grande de l'amour. Il aimerait approfondir notre compréhension des choses. Les histoires romantiques peuvent nous donner des palpitations, mais l'amour, c'est infiniment plus que cela. Nous jouons dans un bac à sable, mais Dieu veut nous conduire sur la plage.

Aphrodite ou Christ?

Il est important d'apprendre à voir les choses comme Dieu les voit dans le domaine de l'amour. Tous les problèmes rencontrés aujourd'hui dans les relations sentimentales sont la conséquence de cette mauvaise vision de l'amour transmise par notre monde déchu. Ce conflit entre la pensée de Dieu et la conception du monde n'est pas d'hier. Depuis toujours, les chrétiens ont dû choisir entre une existence conforme au Maître et une vie calquée sur les principes bien plus séduisants du monde.

L'apôtre Paul, qui a écrit aux Corinthiens tout un chapitre sur l'amour, était bien conscient de ce combat. Il avait certainement réalisé l'ironie de sa tâche. Car, transposé à notre époque, cela revenait à envoyer à Hollywood une lettre au sujet des valeurs familiales. Corinthe était synonyme d'immoralité. L'expression «fille de Corinthe» signifiait «prostituée» et «vivre comme un Corinthien», «mener une vie dissolue». Comment Paul pouvait-il espérer pouvoir communiquer aux habitants de cette ville pervertie la conception divine au sujet de l'amour pur et véritable?

> L'amour est patient, il est plein de bonté; l'amour n'est point envieux; l'amour ne se vante point, il ne s'enfle point d'orgueil.
>
> 1 Corinthiens 13:4

Cette ville portuaire animée et cosmopolite avait élevé la sexualité au rang d'une religion. Le temple d'Aphrodite, déesse grecque de l'amour, comptait mille prostituées. Etait-il donc possible, dans un pareil contexte, de saisir la vraie signification de ce verset: «Dieu est amour» (1 Jean 4:16)? A tous les coins de rue et près de toutes les maisons closes, les Corinthiens pouvaient voir quelqu'un leur offrir sa version de «l'amour», soit le plaisir sensuel. Allaient-ils voir la réalité et la beauté du véritable amour au milieu de cette si séduisante contrefaçon?

> Il ne fait rien de malhonnête, il ne cherche point son intérêt, il ne s'irrite point, il ne soupçonne point le mal.
>
> 1 Corinthiens 13:5

Qui allait triompher à Corinthe? Aphrodite ou Christ? La sensualité allait-elle l'emporter sur l'esprit de service? La sexualité allait-elle triompher de l'amour désintéressé? Les destinataires de cette lettre allaient-ils choisir le chemin de la joie éternelle ou celui du plaisir de l'instant?

Les chrétiens d'aujourd'hui se trouvent placés devant les mêmes choix. Environ deux mille ans sont passés, mais il y a bien des ressemblances entre notre société et celle de Corinthe à l'époque de Paul. Plus que jamais, la sexualité est considérée comme un besoin de base, au même titre que la nourriture. Tout, autour de nous, est empreint de cette sensualité et de cet appétit sexuel. Si ce n'est pas dans les maisons closes, c'est dans les kiosques à journaux ou sur les panneaux d'affichage. «L'amour, c'est le sexe», nous susurre une publicité de Calvin Klein. «Le sexe, c'est le plaisir», nous dit un film. Et sur de belles mélodies, on entend chanter à la radio: «Ce qui compte, c'est le plaisir.»

Heureusement, le doux murmure de Dieu au sujet du véritable amour continue à toucher le cœur de ceux qui désirent l'écouter. L'entendons-nous? Posons notre magazine. Eteignons notre lecteur DVD ou notre chaîne hi-fi et écoutons…

> Il ne se réjouit point de l'injustice, mais il se réjouit de la vérité; il excuse tout, il croit tout, il espère tout, il supporte tout. L'amour ne périt jamais. 1 Corinthiens 13:6-8

Quel amour présentons-nous?

Comme les chrétiens de Corinthe, nous avons le choix entre deux sortes d'amour: l'amour de Dieu ou celui du monde. Lequel allons-nous choisir?

Voici une image qui nous aidera peut-être à comprendre quel est notre rôle en tant que disciples de Christ et quel est l'amour dont nous devrions aimer. Vous la trouverez certainement un peu étrange au début, mais, au fur et à mesure que je m'expliquerai, vous comprendrez mieux: je pense que nous devrions voir l'amour comme un habit.

Depuis le jour où Adam et Eve ont désobéi à Dieu et cherché à couvrir leur nudité par des feuilles de figuier dans le jardin d'Eden, le monde vit une sorte de «cauchemar de la mode»; non pas par rapport aux différents styles vestimentaires, mais en ce qui concerne l'amour. Le péché, en entrant dans le monde, a corrompu l'amour tel que Dieu l'avait créé. La race humaine a alors commencé à «porter» une imitation viciée de cet amour, basée sur l'égoïsme et la légèreté.

Cependant, puisque son amour est parfait et immuable, Dieu nous a donné un moyen de pouvoir vivre à nouveau dans cet amour. Il a envoyé son Fils Jésus-Christ pour nous éclairer. En termes d'habillement, celui qui «suscite notre foi et qui la mène à la perfection» pourrait être appelé «le styliste et le modèle d'une expression révolutionnaire de l'amour». Christ a donné sa vie pour un monde qui le rejetait et il nous a demandé d'aimer nos ennemis. Il a lavé les pieds des hommes qui l'appelaient «Maître» et nous exhorte à nous servir les uns les autres en toute humilité.

C'est lui notre modèle: «Aimez-vous les uns les autres; comme je vous ai aimés, vous aussi, aimez-vous les uns les autres» (Jean 13:34), et il nous demande de partager cet amour autour de nous.

«Top-modèles»

Nous ne serons très certainement jamais mannequins à New York ou Paris. Mais en tant que chrétiens, nous présentons l'amour de

Dieu au monde. Si nous comprenons ce rôle, notre conception des relations, et surtout des relations amoureuses, en sera transformée. Quand nous fréquentons quelqu'un, nous manifestons l'amour de Dieu non seulement envers cette personne, mais aussi envers ceux qui nous regardent.

En tant que croyants nés de nouveau, nous ne devons pas oublier que si Dieu nous accorde son amour parfait, ce n'est pas pour que nous en jouissions égoïstement. Pour reprendre notre image, si les mannequins défilent en portant des vêtements précis, c'est pour attirer l'attention des spectateurs sur la créativité du styliste et présenter l'œuvre de celui-ci. C'est donc la réputation du créateur qui est en jeu, et non celle du mannequin. De même, si nous appartenons à Christ, nous présentons l'amour de Dieu aux autres, que nous en soyons conscients ou non. Les gens nous observent, et ce qu'ils voient met en jeu sa «réputation» quant à son amour pour l'humanité. Si nous affirmons que nous le servons, mais que nous présentons l'amour faussé du monde, nous traînons le nom et la personne de notre Seigneur dans la boue.

Il est donc important que nous nous posions certaines questions: Suis-je vraiment un représentant fidèle de l'amour de Christ? Mes motivations et mes façons d'agir dans cette relation reflètent-elles l'amour parfait que Dieu m'a manifesté? Que répondons-nous à ces questions *maintenant*?

Je m'aime moi-même

Je crois que nous serons mieux à même de témoigner au monde l'amour parfait de Dieu si nous évitons les mauvaises habitudes qui caractérisent le flirt. Pour cela, il nous faut comprendre quel est l'amour prôné par le monde, puis le rejeter. Nous devons d'abord réaliser que tous les mensonges du monde dans ce domaine sont le produit d'une fausse conception de l'amour, celle qui consiste à penser que *l'amour sert avant tout à la satisfaction de nos besoins et à notre petit confort*. Voilà ce qui gâche l'amour dans notre monde.

Nous en sommes témoins lorsque nous voyons un gars faire pression sur une fille pour avoir des rapports sexuels avec elle (ou vice versa). Vous avez peut-être déjà entendu l'argument: «Si tu m'aimais vraiment, tu accepterais.» En d'autres termes, cela signifie: «Je me moque bien de toi, de tes convictions ou du mal que je pourrais te faire émotionnellement, pourvu que tu combles *mes* besoins!» Et que penser de celui qui sort avec une fille parce que cela lui attire une certaine popularité, mais qui la quitte dès qu'il rencontre quelqu'un d'un rang social supérieur? Même si le premier exemple est plutôt extrême, tous deux montrent comment cet «amour» égocentrique se manifeste.

Par ailleurs, on nous dit que *l'amour est principalement un sentiment, une sensation*. A première vue, cela nous semble anodin. Car, c'est vrai, nous *ressentons* souvent l'amour, et ce n'est pas nécessairement mauvais. Toutefois, si c'est exclusivement à nos sentiments que nous en mesurons la valeur, c'est à *nous-mêmes* que nous attachons de l'importance. Nos sentiments en tant que tels ne font pas le moindre bien à qui que ce soit. Quelle valeur a le sentiment de quelqu'un qui éprouve de l'amour pour un pauvre, mais qui ne lui donne jamais rien pour l'aider ou ne lui témoigne jamais de gentillesse? Peut-être ce sentiment lui apporte-t-il quelque chose à lui, mais s'il ne se traduit pas en actes, il ne veut rien dire.

En accordant trop d'importance à ce que nous ressentons, nous oublions l'importance de mettre l'amour en action. Ainsi, lorsque nous mesurons la valeur de notre amour pour quelqu'un aux simples sentiments que nous éprouvons pour cette personne, nous faisons preuve d'égoïsme.

Notre responsabilité

Le troisième faux raisonnement au sujet de l'amour est lié à notre responsabilité. Car le monde nous dit que les sentiments amoureux sont quelque chose qui échappe à notre contrôle.

Cette façon de penser est passée dans la langue courante: nous disons que nous sommes «tombés amoureux», ou que nous sommes «fous amoureux». Vous avez très certainement déjà entendu ce genre de choses, ou peut-être avez-vous parlé ainsi vous-même.

Pourquoi nous sentons-nous obligés de considérer l'amour comme un piège, ou comme un trouble psychique? Qu'est-ce que cela révèle quant à notre attitude dans ce domaine? Je crois que si nous faisons ces analogies exagérées, c'est parce qu'elles nous permettent de nous soustraire à nos responsabilités. Si quelqu'un tombe dans un piège, que peut-il y faire? Si un chien enragé court la bouche pleine d'écume et mord le passant, que peut-il y faire? Rien, car il est malade.

Mais n'est-il pas absurde de parler ainsi de l'amour? Je pense que oui. Pourtant, nous avons tendance à décrire nos expériences amoureuses ainsi. Nous considérons l'amour comme quelque chose qui se trouve en dehors de notre contrôle, et pensons que cela nous dispense de nous comporter de manière responsable. Dans des cas extrêmes, certains ont même mis des actes immoraux, des meurtres, des viols et bien d'autres péchés sur le compte de l'amour. D'accord, nous n'avons peut-être rien commis de tout cela. Mais nous avons peut-être menti à nos parents, ou à des amis, à cause d'une liaison. Peut-être avons-nous entraîné la personne que nous aimions trop loin dans le contact physique. Mais si l'amour échappe à notre contrôle, nous ne pouvons être tenus pour responsables de ces actes, n'est-ce pas? Bien sûr, nous savons que nous avons agi sans réfléchir... Bien sûr, nous savons que nous avons probablement blessé les autres... mais nous n'y pouvons rien, car nous étions amoureux!

Glorifier Dieu et servir les autres

Le monde définit peut-être l'amour ainsi, mais la Bible voit les choses bien différemment. La définition de l'amour selon Dieu peut être aussi saisissante qu'une gifle pour ceux qui vivent à la manière du monde. Car, comme nous l'avons vu, leur amour est égocentrique, dominé par les sentiments et incontrôlable.

Le monde nous place devant un écran de cinéma pour nous montrer des images d'actes passionnés et sensuels, puis il nous dit: «Voyez, c'est cela l'amour.» Mais Dieu nous conduit au pied d'une croix sur laquelle est cloué un homme dévêtu et couvert de sang. Puis il nous dit: «Voyez, c'est *cela* l'amour.»

Dieu définit toujours l'amour par rapport à son Fils: celui qui était innocent a pris la place des coupables. Il s'est livré lui-même à la mort pour que nous puissions avoir la vie éternelle. L'amour parfait de Dieu pour un monde déchu s'est exprimé clairement par la mort de son Fils.

Et tous ceux qui trouvent le pardon et la vie en Jésus sont appelés à suivre cette voie, à aimer les autres, parce qu'il nous a aimés le premier (1 Jean 4:19). Le remède de Christ contre le poison de l'amour égocentrique, c'est la croix. «Si quelqu'un veut venir après moi, qu'il renonce à lui-même, qu'il se charge de sa croix, et qu'il me suive», dit Jésus (Matthieu 16:24).

L'Ecriture nous enseigne que le but de *l'amour, ce n'est pas la satisfaction de soi, mais la gloire de Dieu et le bien des autres.* Le véritable amour est donc désintéressé. Il donne, il sacrifie, il renonce à ses propres besoins: «Il n'y a pas de plus grand amour que de donner sa vie pour ses amis» (Jean 15:13). Christ a confirmé ses paroles par ses actes: il a donné sa vie pour chacun de nous.

Notre Sauveur a aussi montré que *la valeur du véritable amour ne se mesure pas aux sentiments; il n'est pas gouverné par eux.* Jésus est allé à la croix même si ses sentiments et son instinct voulaient le pousser à rebrousser chemin. Savez-vous ce qu'il a prié dans le jardin de Gethsémané (cf. Marc 14:32-39)? Selon ce passage, il ne *ressentait* manifestement pas le désir d'endurer les coups de fouet, d'être cloué à une croix et de subir la colère de Dieu à cause du péché de l'humanité. Mais il s'est soumis à la volonté de son Père et ne s'est pas laissé dominer par ses sentiments.

Christ désire que nous ayons cette même attitude. Il ne nous dit pas: «Si vous m'aimez, vous éprouverez une très forte sensation de chaleur et toutes sortes d'émotions religieuses», mais plutôt: «Si vous m'aimez, gardez mes commandements» (Jean 14:15). Le véritable amour s'exprime toujours par l'obéissance à Dieu et une attitude de service envers les autres. Si l'on éprouve des sentiments agréables, tant mieux, mais cela n'est pas obligatoire.

Ensuite, l'exemple de Jésus montre que *l'amour n'est pas quelque chose d'incontrôlable.* En effet, s'il nous a aimés, c'est parce qu'il l'a *décidé.* C'est volontairement qu'il a donné sa vie pour nous. Si on «*tombe* subitement amoureux», on risque tout aussi soudainement de ne plus l'être. Nous pouvons nous réjouir de ce que l'amour de Dieu envers nous n'est pas ainsi imprévisible! Cet amour est constant, et le Seigneur n'agit jamais sur un coup de tête. En sommes-nous reconnaissants? Il nous faut rejeter cette idée fausse selon laquelle l'amour est une «force» étrange qui nous pousse de côté et d'autre, et qui fait que, malgré nous, nous sommes ballottés comme des feuilles dans le vent. Nous ne pouvons pas faire ce que nous savons mauvais et agir de manière irresponsable en mettant cela sur le compte de l'amour et en prétextant que son étreinte nous a «saisis». Ce n'est pas de l'amour, mais bien plutôt ce que la Bible appelle «convoitise passionnée» (cf. 1 Thessaloniciens 4:5). Nous manifestons le véritable amour en obéissant à Dieu et en servant les autres, non en nous conduisant de manière irréfléchie et égoïste. C'est un *choix* devant lequel nous sommes tous placés.

Des changements concrets

Maintenant que nous avons considéré ces vérités au sujet de l'amour, cherchons comment les mettre en pratique. Si le flirt est le produit d'une conception faussée de l'amour, qu'arrive-t-il au flirt si nous adoptons le comportement de Christ?

Attention! Ça fait des étincelles!

Le véritable amour, celui qui vient de Dieu, est en contradiction totale avec le flirt tel que nous le connaissons. N'oublions pas ceci. Si nous nous lançons dans une relation amoureuse en nous conformant à la façon de penser du monde, c'est-à-dire en recherchant notre satisfaction personnelle, nous ferons des choix en rapport avec nos propres intérêts. J'ai commencé ce chapitre en parlant de mes amis Jeff et Gloria qui, malheureusement, ont souvent adopté la manière d'agir du monde. Tout d'abord, leurs motivations étaient égoïstes. Si Jeff a commencé à sortir avec Gloria, c'est parce qu'elle était jolie, que les autres gars l'aimaient bien et qu'elle le comblait sur le plan sexuel. Ses critères de décision, quant à cette relation, étaient comparables à ceux qu'il aurait considérés pour le choix d'un jean: je me sens bien dedans, il me donne belle allure, j'achète. L'attitude de Gloria n'était guère mieux. Elle aimait Jeff parce qu'il était «une bonne prise»: il était beau et sportif et possédait une magnifique voiture. Ils satisfaisaient donc mutuellement leur convoitise sexuelle et se donnaient l'un l'autre une meilleure image d'eux-mêmes.

Toutefois, s'ils avaient rejeté l'attitude égocentrique prônée par le monde, l'une après l'autre, les raisons qu'ils invoquaient pour pratiquer le flirt auraient disparu. Si, chacun individuellement, ils s'étaient demandé: «Quelle est ma *véritable* motivation dans cette liaison? Qu'est-ce que je recherche qui ne se trouverait pas dans une amitié? Est-ce que je cherche uniquement ma satisfaction personnelle? Qu'est-ce que j'apporte à l'autre? Suis-je en train de provoquer chez elle (ou chez lui) des sentiments et émotions que je ne suis pas capable de faire suivre d'un réel engagement? Cette relation va-t-elle l'aider ou la (le) freiner dans sa marche avec Dieu? Est-ce que je risque de lui faire mal, si je permets à cette relation de commencer dès maintenant?

Il est important que nous nous posions ce type de questions. Cette attitude désintéressée est-elle plus compliquée? Peut-être. Est-elle davantage conforme à la pensée de Dieu? Certainement! Nos motivations sont complètement transformées quand nous rejetons le poison de l'égoïsme.

Il se produira de nombreux changements dans notre vie si nous cherchons à aimer comme Christ nous a aimés. Jeff et Gloria, suivant les principes du monde, ont cru que l'amour était quelque chose d'incontrôlable. Dominés par leurs sentiments, ils sont devenus esclaves de ce que 1 Jean 2:16 appelle la «convoitise de la chair» et la «convoitise des yeux». Sous prétexte qu'ils étaient «amoureux», ils se sont permis de désobéir à Dieu. Dans leur relation physique, ils ont joui égoïstement de tout ce qu'ils pouvaient saisir avant le mariage et ont même fini par dépasser les limites. Ils sont allés jusqu'à mentir à leurs parents et à violer leur pureté mutuelle; et tout cela, au nom de l'amour. Ils étaient dominés par leurs sentiments, mais quand leurs sentiments ont disparu, leur relation a pris fin.

Et que serait-il advenu si Jeff et Gloria avaient réalisé qu'il leur faudrait rendre compte de leurs actes devant Dieu, qu'ils soient «amoureux» ou non? Ils auraient probablement mis un frein à leur passion.

Il en est de même pour vous et moi. Rejetons nos désirs pécheurs! Car ils veulent nous conduire vers la destruction. Ne permettons pas à nos sentiments de donner le ton ou d'imposer le rythme à nos relations amoureuses. Mais laissons-nous plutôt guider par la Parole de Dieu, la patience et l'esprit de service.

Un amour «sans hypocrisie»

Si nous voulons aimer conformément à la pensée de Dieu, nous devons rechercher la sincérité. «Que l'amour soit sans hypocrisie», est-il écrit en Romains 12:9. Ce court commandement est on ne peut plus clair. L'amour que Dieu désire voir dans la vie de ses enfants ne laisse aucune place au mensonge et à l'hypocrisie. Il doit être sincère et authentique.

Malheureusement, les relations amoureuses d'aujourd'hui manquent souvent de sincérité. Elles sont presque toujours motivées par un désir égoïste, caché: *Que peux-tu faire pour moi? Que pourras-tu me donner?*

Un jour, alors que je me trouvais assis au milieu d'un groupe de gars, ceux-ci ont eu une conversation que je ne pourrai jamais oublier. Les filles, vous auriez été scandalisées! Ces jeunes discutaient de la manière de séduire une fille lors d'une sortie à deux et des phrases à dire pour lui faire palpiter le cœur ou obtenir un baiser. L'un d'eux a parlé de sa technique, qui consistait à passer d'une attitude chaleureuse et attentionnée à une attitude d'indifférence et de froideur. Il affirmait que cela rendait la fille incertaine et la poussait à tout faire pour lui plaire. Un autre nous a dit comment il s'y prenait pour mettre une fille dans un état d'esprit romantique. Il l'emmenait dans un magasin de meubles, et tout en visitant l'exposition, il lui parlait de son désir de fonder une famille et lui demandait quel type de table ou de canapé elle aimerait avoir dans sa maison un jour. «Les filles craquent pour cela!»

a-t-il fait remarquer. Il a ajouté qu'elles ont tendance à être plus romantiques et affectueuses au cours de la soirée si elles ont des plans de mariage et d'avenir à l'esprit.

Pour parler franchement, cette conversation ressemblait à un cours de techniques de manipulation. Ce n'était que de la comédie, de la pure hypocrisie. Ces gars ne recherchaient pas le moyen d'être une bénédiction pour les filles. Ils voulaient simplement trouver des «trucs» pour jouer avec leurs sentiments et en retirer un avantage.

Je suis certain que bien des filles ont aussi leurs «trucs». Toutefois, même si ces pratiques sont courantes et enracinées dans notre société, nous serons tous jugés en fonction de ces cinq mots si simples de la Parole de Dieu: «Que l'amour soit sans hypocrisie.»

En tant que représentants de l'amour de Christ sur la terre, nous avons une très grande responsabilité. Et il convient de l'assumer. Car Jésus dit: «A ceci tous connaîtront que vous êtes mes disciples, si vous avez de l'amour les uns pour les autres» (Jean 13:35). C'est à notre manière d'aimer que le monde saura que nous sommes différents et qu'il aura un aperçu de l'amour de Dieu, de cet amour qui sauve. L'authenticité de l'amour de Christ caractérise-t-elle nos relations? Ou les autres sont-ils déçus parce qu'ils ne voient dans notre vie que l'amour égoïste du monde?

Nous préparer pour l'avenir

L'amour que nous manifestons dans nos relations sentimentales ne fait pas que démontrer l'amour de Christ au monde, il nous prépare aussi pour l'avenir. Car notre façon d'agir avec les autres aujourd'hui nous conduit à prendre des habitudes qui nous resteront certainement dans le mariage. Ainsi, il est important de vivre un amour sincère, mais aussi un amour basé sur l'engagement.

Il y a tant de divorces et de trahisons dans notre société. Faisons un rapide calcul. Combien de vos amis sont issus de familles désunies? Je crois que plus les générations se borneront à vivre un «amour» à court terme et plus le flirt sera pratiqué à un jeune âge, plus cette tendance progressera. Il semble que les relations amoureuses telles que nous les connaissons aujourd'hui ne nous préparent pas réellement pour le mariage. Elles risquent plutôt de nous préparer au divorce. On ne peut pas se préparer pour un engagement à vie en passant d'une relation passagère à l'autre.

Cela signifie-t-il que nous devions nous marier avec la première personne que nous fréquentons? Non. Nous devons considérer le mariage avec précaution et réflexion, et demeurer disposés à prendre du recul si Dieu nous montre que ce serait mieux ainsi. Il n'est pas sage de se marier précipitamment, simplement parce que nous sommes attachés sentimentalement à quelqu'un.

La mauvaise façon de penser, si répandue aujourd'hui, n'est pas liée à la recherche d'un époux ou d'une épouse. Beaucoup ont été séduits par l'idée selon laquelle nous pouvons, et devons, nous lancer dans des relations amoureuses pour notre plaisir personnel. En d'autres termes, cela signifie: «Je désire un contact étroit avec toi parce que j'aime la sensation que cela me procure, mais non parce que je réfléchis au mariage et que je prie pour cela.» Cette attitude n'est pas équitable à l'égard de la personne que nous fréquentons, et elle est une très mauvaise préparation au mariage. Qui aimerait épouser quelqu'un qui rompt dès que sa passion commence à décliner? Qui souhaiterait épouser une personne qui a pris l'habitude d'aller voir ailleurs dès que les choses vont mal?

Nous devons réaliser que les relations à court terme ne peuvent nous préparer à l'engagement à vie qu'est le mariage, et auquel nous aspirons. Tant que nous ne sommes pas prêts à nous lier pour la vie (eh oui, il s'agit d'un engagement *très* sérieux), nous rendons un mauvais service aux autres et à nous-mêmes en recherchant l'amour passager. Le véritable amour est prêt à attendre le mariage pour l'acte conjugal, et il sait aussi attendre le moment choisi par Dieu pour s'engager dans une relation qui l'honore, caractérisée par un amour inébranlable, infatigable et total.

Rejeter la mesquinerie

Basé sur l'engagement, authentique, désintéressé, responsable: tous ces mots décrivent l'amour de Dieu, et chacun est en opposition avec l'amour pratiqué dans le monde.

Certaines idées partagées dans ce chapitre vous ont peut-être interpellé, et vous vous dites: «Que faut-il faire alors?» Voici quelques conseils. Vous les trouverez peut-être un peu difficiles à suivre, et peut-être ne serez-vous pas d'accord avec moi. Mais il me faut prendre clairement position pour ce que je sais être juste. Personnellement, je pense que si le flirt nous encourage à vivre «l'amour» prôné par le monde, nous devons y renoncer. S'il nous conduit dans des comportements égoïstes, dominés par les sentiments et contraires à l'amour de Dieu, nous devons nous en détourner. L'amour selon Dieu est noble; il ne laisse aucune place à la mesquinerie et l'égoïsme, si caractéristiques des relations d'aujourd'hui. Nous ne pouvons aimer comme Dieu et flirter à la façon du monde. Il est temps de nous soumettre à sa définition de l'amour et d'y conformer notre vie.

Chapitre 6

Une bonne chose au mauvais moment est une mauvaise chose

Comment éviter que l'impatience gâche nos années de célibat

William J. Bennett, dans son livre *The Book of Virtues*[1], donne l'exemple d'un conte d'origine française, intitulé «La ficelle magique». C'est l'histoire de Pierre, un jeune garçon fort et intelligent, qui est malheureusement très impatient. Toujours insatisfait de sa situation présente, il passe son temps à rêver à l'avenir.

Un jour, alors qu'il se promène en forêt, il rencontre une vieille femme étrange qui lui fait une proposition des plus alléchantes: elle lui offre le moyen de dépasser les moments ennuyeux et médiocres de la vie. Elle lui tend une petite boule en argent, de laquelle sort un bout de ficelle dorée. «Ceci est la ficelle de ta vie, lui explique-t-elle. Si tu n'y touches pas, le temps s'écoulera normalement. Mais si tu souhaites que certains moments passent plus rapidement, tu n'as qu'à tirer un peu sur la ficelle, et les heures deviendront des secondes. Mais je te préviens, une fois la ficelle sortie, il est impossible de la rentrer à nouveau dans la boule!»

Cette ficelle magique semble être la réponse à tous les problèmes de Pierre. C'est exactement ce à quoi il rêve depuis longtemps. Il prend donc cet objet insolite et court à la maison.

Le lendemain, à l'école, il trouve une première occasion d'utiliser sa boule en argent. Le cours est ennuyeux, et sa maîtresse le

[1] Signifie: «Le livre des vertus». William J. Bennett, *The Book of Virtues*, Simon & Schuster, New York, 1993.

rappelle à l'ordre car il n'est pas attentif. Pierre touche discrètement sa boule et tire légèrement sur la ficelle. Soudain, l'enseignante laisse sortir ses élèves, et il se retrouve libre de quitter l'école. Il est fou de joie! La vie sera désormais si facile! Dorénavant, Pierre tirera sur la ficelle un peu chaque jour.

Rapidement, il se met à faire un usage toujours plus fréquent de son objet magique et à sauter de longues périodes de sa vie. Pourquoi perdre son temps à tirer sur la ficelle juste un peu chaque jour, quand il est possible de tirer un bon coup et de terminer l'école une fois pour toutes? C'est ainsi qu'il se retrouve soudain apprenti dans le commerce. Puis, il procède de la même manière pour faire passer plus vite la période de ses fiançailles. Ne pouvant pas supporter de devoir attendre plusieurs mois avant d'épouser celle qu'il aime, il utilise la ficelle d'or pour hâter le jour du mariage.

Pierre agit ainsi tout au long de sa vie. Lorsque des difficultés surgissent, il les fuit à l'aide de sa ficelle magique. Quand il se trouve face à des problèmes financiers, quand son bébé pleure la nuit, quand il aimerait que ses enfants entrent dans la vie active, il tire sur la ficelle et évite les moments désagréables de la vie.

Malheureusement, la vieillesse arrive elle aussi rapidement. Il réalise alors à quel point une telle existence était vide de sens. En permettant à l'impatience et au mécontentement de le dominer, il s'est privé des plus beaux moments de la vie et des plus doux souvenirs. Maintenant, il ne lui reste plus qu'à attendre le jour de sa mort et à regretter profondément d'avoir un jour décidé d'utiliser la ficelle magique.

Si M. Bennett raconte cette histoire, c'est pour montrer que «trop souvent, les gens veulent satisfaire leurs désirs (ou ce qu'ils *croient* désirer; en général, il s'agit du «bonheur» sous une forme ou une autre) *immédiatement.* Mais c'est absurde, car ce n'est qu'en apprenant à attendre, et en étant d'accord d'accepter le mauvais comme le bon côté de chaque situation, que nous pourrons obtenir ces choses qui ont une véritable valeur.»

Notre vie sentimentale est-elle dominée par l'impatience?

Je crois que nous comprendrons mieux ces paroles de M. Bennett si nous examinons les attitudes qui, souvent, motivent le flirt. Cela nous conduit à passer du thème plutôt abstrait de l'amour à la question, plus concrète, du *moment*. Il est important de considérer le moment où nous décidons de commencer une relation. Cela nous permet de déterminer si cette relation est bonne pour nous. Et nous ne pourrons déterminer le bon moment que si nous comprenons pourquoi Dieu désire que nous soyons célibataires *maintenant*. Par ailleurs, nous devons avoir confiance que *son* moment sera le meilleur.

Même si ce n'est pas le cas de toutes les relations amoureuses, le flirt est souvent nourri par l'impatience. Et des fréquentations au mauvais moment peuvent être la cause directe de nombreux problèmes. Nous voulons tout, et tout de suite. Même si nous ne disposons pas d'une «ficelle magique» pour nous précipiter dans l'avenir, nous pouvons développer de mauvaises habitudes qui produisent un effet semblable. Dieu désire cependant que nous sachions apprécier le moment présent et ce qu'il nous donne *aujourd'hui*. Il veut nous apprendre la patience et la confiance, afin que nous puissions attendre son heure en toutes choses, y compris dans le domaine sentimental.

Considérons maintenant trois vérités qui pourront nous aider à corriger le tir quant au moment approprié.

1. Une bonne chose au mauvais moment devient une mauvaise chose

Notre société n'accepte pas facilement de devoir remettre un plaisir à plus tard. Elle nous apprend que si quelque chose est bon, il vaut mieux en jouir immédiatement. Ainsi, nous préparons nos repas au micro-ondes, nous envoyons nos lettres par courrier électronique et nos colis par express. Nous faisons tout notre possible pour repousser les limites du temps et le dépasser: nous remplissons toujours davantage nos agendas, marchons plus vite, etc.

Vous voyez sûrement ce que je veux dire. Comment avez-vous réagi la dernière fois que vous avez dû faire la queue? Avez-vous patiemment attendu votre tour, ou avez-vous tapé du pied et tenté de hâter les choses?

Cette mentalité du «tout tout de suite» a eu de profondes répercussions sur les relations amoureuses. Aujourd'hui, les jeunes flirtent et ont des rapports sexuels à un âge toujours plus précoce. Alors que beaucoup se lancent prématurément dans ce que Dieu a réservé pour le mariage, leurs parents ne font rien, ou presque, pour corriger le tir. Mais en réalité, que peuvent bien dire les adultes si leur vie est, elle aussi, imprégnée de cette mentalité du «tout tout de suite»?

Pourquoi tenons-nous absolument à vivre ainsi? A mon avis, c'est parce que nous avons perdu la compréhension biblique du principe des différents temps (cf. Ecclésiaste 3:1-8). Tout comme le printemps n'a pas le même rôle que l'automne, chaque «saison» de notre vie a sa beauté, son importance et son but bien précis. Il n'y en a pas une meilleure que l'autre, chaque période nous réserve des trésors uniques. Personne ne peut sauter une étape pour jouir des richesses de la suivante, pas plus qu'un fermier ne peut précipiter le printemps. Chaque saison naît à partir de celle qui la précède.

Dieu nous réserve toutes sortes d'expériences merveilleuses. Seulement, celles-ci s'inscrivent dans des périodes précises de notre vie. Nous faisons souvent l'erreur d'extraire une bonne chose de la période à laquelle elle appartient, pour en jouir *quand* nous en avons *envie*. Les rapports sexuels avant le mariage en sont un exemple. L'acte conjugal, en tant que tel, est quelque chose de très beau (selon les dires de mes amis mariés), mais si nous nous permettons de le vivre en dehors de la volonté de Dieu, nous péchons. Comme un fruit cueilli alors qu'il est encore vert ou comme une fleur arrachée avant qu'elle ne soit pleinement ouverte, notre tentative de hâter le moment choisi par Dieu peut altérer la beauté de son plan à notre égard.

Ce n'est pas parce qu'une chose est bonne, qu'il nous faut chercher à l'obtenir immédiatement. Ne l'oublions pas, une bonne chose au mauvais moment devient une mauvaise chose.

2. Ne pas faire «du shopping» quand on n'a pas les moyens d'acheter

Aujourd'hui, beaucoup de ceux qui se lancent dans une relation amoureuse agissent comme s'ils partaient acheter un vêtement sans avoir l'argent pour le payer. A quoi cela sert-il de trouver le modèle qui convient «parfaitement» si on ne peut pas l'acheter?

Voyons comment notre «petit principe pour des relations saines» du chapitre 2 peut nous aider à attendre le temps de Dieu. Vous en souvenez-vous? *La joie de l'intimité est la récompense de l'engagement.* Comment cela peut-il nous aider à voir si, dans le domaine sentimental, nous agissons comme si nous entrions dans un magasin pour choisir un habit, alors que nous ne pouvons pas le payer? En d'autres termes, ce principe signifie: «L'intimité a un prix: l'engagement. Si je ne suis pas en mesure de 'payer cash' ce prix de l'engagement, je ne dois en aucun cas partir en quête de ma future épouse (ou de mon futur époux).»

Avant d'être prêts pour la responsabilité qui accompagne l'engagement, un jeune homme et une jeune fille doivent se contenter de l'amitié. Ils doivent remettre à plus tard l'intimité et le romantisme. Le fait de devoir ainsi apprendre la patience ne sera pas préjudiciable à leur relation. Dans l'amitié, ils pourront apprendre à bien s'entendre, à se soucier l'un de l'autre et à partager leur vie avec les autres. Ils pourront s'observer et réfléchir aux qualités qu'ils désirent trouver un jour chez leur conjoint. Même si, c'est vrai, il est possible d'apprendre des choses utiles dans le cadre d'une relation amoureuse passagère, il est important de s'assurer que cette relation ne nous est pas préjudiciable. En perdant trop de temps à «sortir ensemble», on risque de passer à côté de l'essentiel dans ce domaine: se préparer à être un(e) bon(ne) époux(se).

Dieu a un plan parfait pour notre vie, et il est fort probable que le mariage en fasse partie. Si tel est le cas, la personne idéale se trouve quelque part dans ce monde. Peut-être la connaissons-nous même déjà. Quoi qu'il en soit, nous risquons de lui faire du tort si nous employons tout notre temps et toute notre énergie à la «dénicher» ou, si nous l'avons déjà trouvée, à tenter de la faire attendre jusqu'à ce que nous soyons prêts à l'épouser. La fille ou le gars que vous épouserez un jour n'a pas besoin de petit copain ou de petite amie *maintenant* (même si elle ou il pense avoir ce besoin). Cette personne a besoin de quelqu'un qui soit suffisamment mûr pour utiliser le temps dont il dispose avant le mariage à se préparer à devenir un mari ou une femme qui honore Dieu.

Faisons cette faveur à notre futur conjoint, et cessons de «faire du shopping» alors que nous n'avons pas d'argent.

3. Le célibat est un don de Dieu

Nous ne demeurerons probablement pas célibataires toute la vie, en tout cas pour la plupart. Je crois donc que nous devrions considérer notre condition de célibataires comme une période particulière, comme un don de Dieu. Voici ce qui nous est dit en 1 Corinthiens 7:32 à propos de l'attitude que nous devrions avoir par rapport au célibat:

> C'est pourquoi je voudrais vous savoir libres de toute préoccupation. Celui qui n'est pas marié se préoccupe des intérêts du Seigneur. Son seul souci est de lui plaire. Celui qui est marié s'occupe des affaires de ce monde, pour plaire à sa femme; et le voilà tiraillé de part et d'autre. De même la veuve et la jeune fille n'ont pas d'autre souci que les intérêts du Seigneur, pas d'autre désir que de se dévouer à lui corps et esprit.[2]

Paul ne dit pas cela pour dénigrer le mariage, mais pour nous encourager à voir le célibat comme un don. Si Dieu nous laisse célibataires pour l'instant, ce n'est pas pour nous punir. Cette période est pour nous une occasion sans pareil de grandir et de le servir. C'est ainsi qu'il l'a voulu.

Quelqu'un a dit un jour avec raison: «Ne cherchez pas à fuir votre célibat, mais *utilisez*-le!» Prenons quelques instants pour réflé-

[2] Version Semeur 2000.

chir à ceci. Employons-nous notre célibat comme Dieu le désire? Posons-nous les questions suivantes:

- Ma seule préoccupation est-elle de plaire au Seigneur?
- Est-ce que je considère cette période de ma vie comme l'occasion de devenir un instrument consacré à son service?
- Ou est-ce que je me démène pour trouver un(e) petit(e) ami(e)?
- Ai-je du mal à croire que Dieu est souverain dans ce domaine de ma vie et qu'il peut pourvoir à mes besoins?
- Est-ce que je suis en train de gâcher mon célibat, qui est un don de Dieu?
- Suis-je en train de m'embarrasser des complications et soucis qui accompagnent le flirt?

Le flirt nous empêche non seulement de nous préparer pour le mariage, mais il nous gâche les années de célibat que Dieu nous a accordées. Il peut nous «emprisonner» dans une série de «pseudo-relations», mais Dieu aimerait nous voir utiliser notre liberté et notre flexibilité à apprendre à mieux le servir. Toute période de célibat, que nous ayons 16 ou 56 ans, est un don de Dieu. Nous n'honorons pas le Seigneur si, en nous livrant au flirt, nous gaspillons les possibilités qui nous sont offertes durant ce temps.

Lui faisons-nous vraiment confiance?

Ces trois vérités paraissent peut-être un peu simplistes, mais si elles sont réellement mises en pratique, elles peuvent produire des changements radicaux dans notre vie. Cependant, nous devons être prêts à attendre. Oui, c'est cela, Dieu nous demande simplement d'*attendre*. Certes, ce n'est pas quelque chose de passionnant ou de fracassant, mais c'est cela l'obéissance. Et le Seigneur aime trouver en nous cette obéissance (cf. 2 Chroniques 16:9).

Pour attendre le moment de Dieu, il nous faut faire confiance à sa bonté. C'est dans cette confiance que nous apprendrons la patience. S'il nous prive de certaines bonnes choses maintenant, c'est simplement parce qu'il nous réserve quelque chose de mieux plus tard.

Je reconnais que j'ai souvent du mal à faire confiance à Dieu. En ce qui concerne ma vie sentimentale, j'ai parfois terriblement peur qu'il me demande de rester célibataire toute ma vie. Ou je crains que s'il me permet de me marier, ce soit avec une femme qui ne m'attire pas du tout.

Je sais, ces craintes sont idiotes. Il m'arrive aussi de reconnaître qu'il n'est pas juste de m'inquiéter ainsi, puisque mon Père céleste m'aime et prend soin de moi. Mais j'ai beau savoir qu'il est plein de bonté, ma façon de considérer les relations amoureuses est souvent influencée par mon incrédulité.

Je crains que Dieu ne finisse par m'oublier. Bien souvent, au lieu de me confier en lui et d'attendre que son plan parfait s'accomplisse, je tente de prendre les choses en main moi-même. Je lui arrache le «calendrier de ma vie» et, frénétiquement, commence à y inscrire mon propre programme. «Seigneur, je sais que tu es tout-puissant, dis-je, mais je crois vraiment que tu as oublié que cette fille-là était pour moi. Si je ne fais pas tout mon possible pour conquérir son cœur, je risque de la perdre!» Mais finalement, tout penaud, je finis par lui abandonner mon temps, mon énergie et mes préoccupations, et par lui dire: «Bien sûr, Seigneur, je te fais confiance, mais je croyais simplement que tu avais besoin d'un petit coup de main!»

Le flirt et les chamallows[3]

J'ai lu un jour un article du *Time* qui m'a vraiment marqué. Il était illustré par la photo d'un enfant assis tout seul dans une pièce à regarder fixement un chamallow. Cette image, plutôt insolite, illustre bien ce que j'éprouve lorsque j'ai du mal à abandonner à Dieu la question de mon mariage, et à croire qu'il pourvoira pour le mieux.

3 Confiserie de consistance spongieuse faite de sucre ou de sirop de maïs, de blancs d'œuf battus, de gélatine, de gomme arabique et d'aromatisants. Appelée aussi «guimauve». (N.d.E.)

L'article en lui-même n'avait aucun rapport avec le flirt, ni avec les chamallows d'ailleurs. Il parlait plutôt de recherches faites auprès des enfants. Voici ce que disaient les premiers paragraphes:

> Un scientifique a réussi à «connaître l'avenir» en observant le comportement de petits de 4 ans devant un chamallow. Pour ce faire, il a choisi un échantillon d'enfants, et les a fait entrer un par un dans une pièce. C'est alors que le «doux supplice» a commencé: «Si veux, tu peux manger ce chamallow tout de suite, a-t-il dit à chacun de ces petits. Mais je vais faire une course, et si tu réussis à attendre mon retour, tu auras deux chamallows.» Puis il est parti.
> Certains enfants se sont jetés sur la sucrerie dès qu'ils ont été seuls. Quelques-uns ont tenu quelques minutes avant de céder. Mais d'autres étaient déterminés à attendre. Ils ont baissé la tête, fermé les yeux, se sont chanté une comptine... Ils ont essayé de jouer à quelque chose ou ont simplement fini par s'endormir. Quand le chercheur est revenu, il leur a donné leur deuxième chamallow bien mérité. Puis, la science a attendu de les voir grandir.
> Quelque chose de frappant s'est produit durant les huit années qui ont suivi. Selon un sondage réalisé auprès des parents et des enseignants de ces enfants, ceux qui, à 4 ans, avaient su attendre pour le deuxième chamallow sont généralement devenus des adolescents équilibrés, appréciés, entreprenants, confiants et responsables. Ceux qui avaient succombé à la tentation étaient plus solitaires, plus facilement frustrés et rebelles, résistaient mal au stress et avaient tendance à fuir la difficulté.[4]

Evidemment, la morale de l'histoire, c'est que remettre le plaisir à plus tard dans les questions mineures de la vie peut nous valoir de grandes victoires dans des domaines plus importants. Mais ces petits de 4 ans n'en savaient rien. Ils n'ont pas résisté à la tentation de prendre le premier chamallow dans l'espoir d'avoir

[4] Nancy Gibbs, «The EQ Factor», *Time*, 2.10.1995.

de meilleurs résultats scolaires un jour. S'ils ont surmonté leur forte envie, c'est tout simplement parce qu'ils avaient confiance. Ils pensaient au moment où le gentil monsieur à la blouse blanche allait revenir avec un *deuxième* chamallow. Ils ont persévéré, car ils savaient qu'ils pouvaient compter sur lui.

Cette histoire m'encourage vraiment. Parfois, alors que j'attends le moment de Dieu pour m'engager dans une relation amoureuse, je connais la même lutte intérieure que ces enfants. Comme ce chamallow moelleux et si appétissant, le flirt m'attire. Il a l'air si *bon*, je vous assure!

Pourquoi est-ce que je ne m'en empare pas? Pourquoi est-ce que vous ne vous en emparez pas? Parce que Dieu nous a promis des choses meilleures. Il nous offre même quelque chose de mieux *maintenant* si nous saisissons les possibilités uniques du célibat. Et il nous accordera d'autres choses meilleures *plus tard*, lorsque nous nous marierons. Il faut cependant avoir la foi pour le croire. Comme ces enfants, nous sommes laissés seuls avec ce que nous *pensons* pouvoir nous satisfaire immédiatement. Et nous n'arrivons pas à voir la récompense qui nous attend si nous remettons ce plaisir à plus tard.

Cela nous conduit à nous poser la question suivante: *Est-ce que je fais confiance à Dieu?* N'y répondons pas avec légèreté. Réfléchissons-y sérieusement. Avons-nous *réellement* confiance en Dieu? Notre vie témoigne-t-elle de cette confiance? Croyons-nous que si nous renonçons à ce qui est bon maintenant, parce que c'est le *mauvais moment* selon Dieu, il nous accordera quelque chose de mieux plus tard, *à son heure*?

Jim et Elisabeth Elliot ont été confrontés à cette question difficile au cours de leur relation amoureuse passionnée. Ils s'aimaient profondément, mais ont placé la volonté du Seigneur avant la leur. Voici ce qu'écrit Mme Elliot dans son livre *Passion et Pureté*:

> On nous a demandé de faire confiance, de laisser le plan entre les mains de Dieu. Le plan ultime de Dieu dépasse de beaucoup notre imagination, tout autant que le chêne dépasse l'imagination du gland. Le gland remplit la fonction qui lui était assignée sans pester contre son Créateur en Lui demandant le pourquoi

et le comment. Nous qui avons reçu une intelligence et une volonté, ainsi que toute une panoplie de désirs pouvant venir à l'encontre du Plan du Bien de Dieu, avons la mission de Le croire. Nous avons le privilège de Lui faire confiance lorsqu'Il nous dit: «Quiconque en effet voudra sauver sa vie la perdra, mais quiconque perdra sa vie à cause de moi la trouvera» (Matthieu 16:25).

Quand la trouverai-je? demandons-nous.
La réponse est: *Fais-moi confiance.*
Comment la trouverai-je?
De nouveau cette même réponse: *Fais-moi confiance.*
Pourquoi dois-je perdre ma vie? insistons-nous encore.
Voici la réponse: *Considère le gland et fais-moi confiance.*[5]

Dieu sait ce qu'il y a de mieux pour nous

Bien des gens réalisent trop tard que le contentement n'est pas un état auquel on arrive subitement un jour, mais plutôt une attitude qu'il convient de développer. «C'est, en effet, une grande source de gain que la piété avec le contentement», dit Paul en 1 Timothée 6:6. Et dans Philippiens 4:11, il écrit: «J'ai appris à être content dans l'état où je me trouve.» Quel était son secret?

Le voici: «Je puis tout par celui qui me fortifie» (Philippiens 4:13). Paul avait confiance en Dieu. Il savait que son Père lui donnerait la force de supporter *n'importe quelle* situation. Nous pouvons nous aussi connaître ce contentement en nous confiant dans la puissance et la grâce de Dieu. Il nous soutiendra en toute circonstance. Que nous soyons célibataires ou mariés, que nous soyons appréciés et aimés, ou que nous souffrions de la solitude, la clé du contentement, c'est la confiance en Dieu. Que nous le croyions ou non, si nous sommes insatisfaits en tant que célibataires, nous risquons de l'être tout autant mariés. Si notre bonheur dépend d'un événement futur, nous ne connaîtrons jamais ce bonheur. Nous attendrons toujours d'être au lendemain. Si nous nous

[5] Editions Farel, 1995, pp. 159-160.

laissons dominer par l'impatience, nous passerons à côté de ce qui nous est offert maintenant. Puis, nous arriverons au moment où nous pensions trouver le bonheur, et il ne s'y trouvera pas.

J'ai reçu un jour une lettre d'une personne qui en avait un peu assez d'entendre dire que les femmes célibataires passent leur temps à attendre que le bon mari leur tombe du ciel. En voici un extrait:

> Pauvres femmes célibataires! écrivait-elle. Le monde veut qu'elles vivent dans la débauche, et l'Eglise veut qu'elles se marient! Qu'en est-il de ce que Paul dit sur les bienfaits du célibat? William Booth, le fondateur de l'Armée du Salut, a écrit: «N'inculquez pas à votre fille la pensée que le mariage est tout ce qui compte dans la vie. Ne permettez d'ailleurs à personne de lui faire croire ceci. Sinon, ne soyez pas surpris de la voir se fiancer avec le premier imbécile et bon à rien qui croisera son chemin.» Les femmes (et les hommes) devraient se marier quand c'est clairement la volonté de Dieu pour eux, et non pas parce qu'ils «ne pourront pas servir» autrement, ou parce que la société les y pousse.

Amen! C'est tout ce que je peux ajouter à ces remarques.

Alors qu'il était jeune célibataire, John Fischer, auteur de plusieurs ouvrages, a déclaré:

> Dieu m'a appelé à vivre aujourd'hui, et non dans quatre ans. Il désire que je mûrisse en tant qu'homme maintenant, que je développe les dons qui m'ont été accordés, que j'en sois reconnaissant et que je les apprécie pleinement. J'ai l'impression qu'une personne célibataire qui ne souhaite que se marier finira certainement par se marier, mais pour finalement découvrir ce que cela implique et souhaiter être à nouveau célibataire. Elle se demandera: «Pourquoi n'ai-je pas mis ce temps au service du Seigneur, alors que je n'avais pas autant d'obligations? Pourquoi ne me suis-je pas alors consacré(e) totalement à lui?[6]

[6] John Fischer, «A Single's Person's Identity», prédication du 05.08.1973, donnée à la *Peninsula Bible Church*, Palo Alto, Californie.

Plutôt que de nous précipiter bêtement dans le mariage par impatience et de nous retrouver un jour à regretter le temps où nous étions célibataires, engageons-nous à utiliser ces années le mieux possible. Le célibat est un don. Sachons l'apprécier et saisir les possibilités qu'il nous offre aujourd'hui. Apprenons à nous confier en Dieu en cherchant son royaume et sa justice de tout notre cœur et en le laissant diriger notre vie.

Nous ne comprendrons pas toujours, ici-bas, ce que Dieu fait. Mais nous avons l'assurance qu'à la fin, nous verrons qu'il a tout conduit parfaitement. Dans un poème intitulé «Sometime»[7], May Riley Smith[8] exprime admirablement bien ce que nous réserve le ciel:

Un jour, quand toutes les leçons de la vie seront apprises,
Quand le soleil se sera couché pour toujours,
Quand les étoiles auront disparu à jamais,
Tout ce que, dans notre pauvre jugement,
Nous aurons méprisé, tout ce qui nous aura affligés,
Défilera devant nos yeux et, comme les étoiles,
Brillera fort dans la nuit de notre existence.
Nous verrons alors combien les plans de Dieu étaient parfaits,
Et combien ce qui ressemblait à une correction était, en réalité, un acte d'amour.
Alors réjouis-toi pauvre cœur troublé, car les desseins de Dieu,
Tel le lis pur et blanc, se dévoileront un jour;
Il n'est pas sage de forcer les pétales à s'ouvrir,
Car c'est le temps qui révélera les beautés de notre vie.
Et si, avec patience et dur labeur, nous atteignons ces lieux
Où nos pieds fatigués pourront trouver le repos,
Et où nous pourrons comprendre toutes choses,
Nous dirons certainement: «Dieu savait ce qui était le mieux![9]

Sommes-nous convaincus que Dieu connaît réellement ce qu'il y a de mieux pour nous? Abandonnons le «planning» de notre

[7] Signifie: «Parfois». (N.d.E.)

[8] 1842-1927. (N.d.E.)

[9] May Riley Smith, «Sometime», *The Best Loved Poems of the American People*, Doubleday & Company, New York, 1936.

existence à ses pieds et laissons-le conduire toutes choses pour notre vie sentimentale. Faisons-lui confiance, même si cela implique de renoncer au flirt quand les autres voudraient nous y pousser. Quand le Seigneur nous verra prêts à assumer les responsabilités qui accompagnent l'engagement, il dirigera les circonstances et nous montrera la personne idéale pour nous.

«Car je connais les projets que j'ai formés sur vous, dit l'Eternel, projets de paix et non de malheur, afin de vous donner un avenir et de l'espérance», est-il écrit en Jérémie 29:11. Vivons le *jour présent* pour son royaume, et confions nos *lendemains* à sa divine providence.

Nous ne pouvons remettre notre avenir dans de meilleures mains. La seule chose que nous avons à faire, c'est de nous confier en lui.

Chapitre 7

La voie de la pureté

Comment marcher dans la droiture

Lorsque j'étais au lycée, j'ai participé à un week-end de jeunes sur le thème de la pureté sexuelle. Au cours d'une des réunions, le pasteur nous a demandé de répondre à un sondage anonyme. Il voulait savoir jusqu'où les jeunes de notre groupe étaient allés dans le domaine sexuel. Sur une échelle de 1 à 10, chacun devait noter le «degré d'intimité sexuelle» qu'il estimait avoir atteint dans ses relations amoureuses. Cela allait du simple baiser aux rapports sexuels.

Après avoir déposé ma feuille dans la boîte, je suis sorti de la salle avec deux amis. Je n'oublierai jamais la conversation qui a suivi. L'un d'eux, se tournant vers l'autre, lui a dit avec un clin d'œil: «Alors, c'est quoi ton résultat?»

Le deuxième ami a répondu en riant qu'il avait atteint le degré 8, et même presque le 9. Puis, tous deux ont commencé à énumérer les filles du groupe avec lesquelles ils étaient parvenus à ces différents stades.

Flirter avec l'obscurité

Cet exemple montre bien à quel point notre compréhension de la pureté sexuelle est devenue confuse. Nous ne la prenons pas suffisamment au sérieux et la désirons trop tard. Et même lorsque nous voulons montrer que nous y attachons de l'importance, nos comportements démentent nos paroles.

Désirons-nous réellement la pureté dans notre vie? Nous disons que oui. Mais notre conduite reflète-t-elle cette pureté? Malheureusement, ce n'est souvent pas le cas. «Rends-moi chaste, priait Saint-Augustin, mais pas maintenant.» Comme lui, notre conscience nous travaille, mais cela ne produit aucun changement. Si nous étions honnêtes avec nous-mêmes, nous reconnaîtrions qu'en réalité, la pureté ne nous intéresse pas vraiment. Mais au lieu d'avoir cette honnêteté, nous nous contentons de répondre aux «exigences minimum», et nous passons notre temps dans la zone de flou. Nous flirtons avec l'obscurité et ne voulons en aucun cas entrer dans la lumière de la droiture.

Comme de nombreux chrétiens, mes deux amis croyaient bêtement que la pureté et l'impureté étaient séparées par une frontière très nette. Ils pensaient donc rester purs tant qu'ils ne la traversaient pas et qu'ils *n'allaient pas jusqu'au bout*. Toutefois, la véritable pureté est un chemin à suivre; c'est une recherche constante et déterminée de la droiture. Cela commence dans le cœur, puis nous conduit à fuir les situations de compromis.

Un petit pas à la fois

Si nous recherchons vraiment la pureté pour notre vie, nous ne pouvons nous permettre de quitter, ne serait-ce qu'un instant, la voie de la droiture. Car ce qui est arrivé au roi David montre clairement combien c'est dangereux. Peu d'histoires de la Bible me remplissent autant de crainte que celle de sa chute avec Bath-Schéba. Si un homme juste comme David a pu tomber dans l'adultère et commettre un meurtre, qui, sur terre, peut prétendre qu'il est à l'abri de la tentation?

Ce roi d'Israël était un des hommes les plus proches du Seigneur qu'a connus l'Histoire. Lorsqu'il était jeune et qu'il gardait les brebis, puis, plus tard, lorsqu'il régnait sur le peuple d'Israël, il a écrit de nombreux psaumes, des chants de louange et des prières qui, aujourd'hui encore, encouragent les chrétiens de par le monde. David faisait de son Créateur ses délices. Il l'adorait, lui faisait confiance et trouvait en lui sa joie. Dieu lui-même disait de David qu'il était «un homme selon son cœur» (Actes 13:22).

Comment un homme au tel témoignage a-t-il pu tomber aussi bas dans le péché et l'impureté?

Un petit pas à la fois.

David n'est pas tombé subitement dans le péché. C'est en s'éloignant tout d'abord de façon presque imperceptible du Seigneur qu'il s'est mis en marche vers l'iniquité. C'est d'ailleurs toujours ainsi que cela fonctionne.

A nos yeux, sa descente vers le péché semble commencer lorsqu'il se promène sur le toit de son palais. Mais s'il était vulnérable et enclin à faire un faux pas, c'est parce qu'il avait déjà pris une mauvaise décision *avant*. C'était le printemps, l'époque où les rois partaient en guerre. Toutefois, cette année-là, David n'avait pas accompagné son armée sur le champ de bataille. Il avait préféré rester chez lui. Cette décision paraissait sans gravité, et même très justifiable, mais malgré tout, le roi n'était pas où il *devait être*. Il n'était pas au front, prêt à combattre avec l'armée de l'Eternel.

Etait-ce mal? Ce n'était pas un péché flagrant; pourtant, c'est à ce moment-là que David a commencé, insensiblement, à s'éloigner du plan de Dieu.

Nous connaissons probablement le proverbe qui dit: «L'oisiveté est la mère de tous les vices». C'est bien ce que David a expérimenté. Puisqu'il n'était pas au combat, il fallait bien qu'il utilise son énergie d'une autre manière. Agité, il faisait les cent pas sur sa terrasse[1]. De là, il a aperçu une femme qui était en train de se baigner. Au lieu de détourner le regard, il a laissé libre cours à ses désirs et l'a regardée.

Pas suivant.

Pourquoi a-t-il continué à regarder dans cette direction? Il avait déjà vu un corps féminin, puisqu'il avait plusieurs épouses. Mais il était rempli de convoitise. Le péché s'est présenté à lui sous la forme d'une pensée: David a désiré ce qui ne lui appartenait pas.

[1] Les toits plats des maisons orientales sont souvent aménagés en terrasses. (N.d.E)

Puis, au lieu de rejeter cette pensée ignoble, il l'a entretenue et lui a permis de prendre racine dans son cœur.

Si nous sommes comme tout le monde, nous avons certainement déjà connu ce genre de situations: face à la tentation, nous pesons le pour et le contre, et nous sommes placés devant un choix. Respecterons-nous les limites établies par Dieu ou les franchirons-nous?

A ce moment précis, David aurait pu rebrousser chemin sur la route du péché. Mais ses petits pas incertains se sont transformés en pas de course. Il a permis à la convoitise de prendre le dessus. Ecoutant ses pensées mauvaises, il a envoyé chercher Bath-Schéba et couché avec elle.

Le gentil berger est devenu un adultère.

Les ennuis n'ont pas tardé à survenir. Peu de temps après, Bath-Schéba a fait dire à David qu'elle était enceinte. Son mari étant au front depuis un certain temps, il était donc impossible qu'il ait engendré cet enfant. Il allait sans aucun doute, et peut-être même tout le peuple avec lui, découvrir la liaison de sa femme avec David. Pris de panique, le roi a tenté de cacher son péché, mais en vain. Voulant à tout prix éviter le scandale, il a fini par écrire une lettre qui était, en réalité, l'arrêt de mort d'Urie, le mari de Bath-Schéba. Cet homme était pourtant un de ses plus fidèles soldats.

Le psalmiste est devenu un meurtrier.

Comment David, cet homme selon le cœur de Dieu, a-t-il pu devenir un adultère et un meurtrier? Quand a-t-il franchi les limites de la pureté? Au moment où il a touché Bath-Schéba? Au moment où il l'a embrassée? Lorsqu'il l'a vue se baigner et l'a regardée au lieu de détourner le regard? A quel moment la pureté a-t-elle fait place à l'impureté?

Comme le montre ce récit, l'impureté n'est pas un état dans lequel on se trouve subitement. C'est quelque chose qui commence lorsque nous cessons de fixer nos yeux sur le Seigneur. La plupart du temps, l'impureté commence bien avant les moments de passion sur la banquette arrière. Elle naît dans notre cœur, nos motivations et notre attitude. Jésus dit: «Mais moi, je vous dis que quiconque regarde une femme pour la convoiter a déjà commis un adultère avec elle dans son cœur» (Matthieu 5:28). C'est certain, le péché commence d'abord dans notre cœur et nos pensées.

Il nous faut voir la pureté comme une *recherche* de la droiture. Si nous la considérons comme une simple frontière à ne pas franchir, qu'est-ce qui nous empêche de nous en approcher le plus possible? Si la limite est l'acte sexuel, qu'y a-t-il comme différence entre tenir la main de quelqu'un et toucher cette personne de façon sensuelle? Et si la limite est le baiser, quelle est la différence entre se donner la bise pour se souhaiter bonne nuit et s'embrasser passionnément pendant un quart d'heure?

Si nous désirons sincèrement la pureté, nous devons nous tourner vers Dieu pour suivre son chemin. Nous ne pouvons rechercher la droiture tout en essayant d'aller jusqu'aux limites de la pureté. Ces deux attitudes sont opposées l'une à l'autre. La véritable pureté fuit aussi loin que possible du péché et du compromis.

Nos pieds suivent-ils notre cœur?

Si nous voulons mener une vie pure, nous devons réaliser que la pureté ne s'improvise pas. Au contraire, il nous faut sans cesse la rechercher. La Parole de Dieu montre que ce processus implique non seulement notre cœur mais aussi nos pieds.

Dans le livre des Proverbes, l'esprit séducteur de l'impureté et du compromis est symbolisé par une femme adultère et rebelle. Le verset suivant est pour nous un sérieux avertissement: «Car elle a fait tomber beaucoup de victimes, et ils sont nombreux, tous ceux qu'elle a tués» (Proverbes 7:26). Même si le roi Salomon a écrit ces paroles il y a des siècles, cette «femme» continue de rôder autour de nous aujourd'hui. Elle prend l'innocent au piège de ses promesses alléchantes, mais tout ce qu'elle veut, c'est la destruction de ses victimes. Sa perfidie a ruiné d'innombrables vies d'hommes et de femmes.

A travers l'histoire, l'impureté s'est attaquée aux justes. La Bible nous avertit solennellement que «sa maison, c'est le chemin du séjour des morts; il descend vers les demeures de la mort»

(Proverbes 7:27). Que ses victimes aient été autrefois des gens «bien», qu'elles aient recherché la sainteté par le passé, peu importe. Dès l'instant où elles mettent le pied dans sa maison, elles se retrouvent sur la voie sans issue qui mène à la mort. Vous est-il déjà arrivé de vous tromper d'autoroute et de devoir rouler plusieurs kilomètres avant de trouver une sortie qui vous permette de revenir en arrière? Si oui, vous étiez probablement très embêté. Vous ne pouviez ni ralentir ni faire demi-tour. Vous deviez continuer à la même allure en vous éloignant toujours plus de votre destination. Combien de chrétiens ont expérimenté la même chose dans le cadre d'une relation amoureuse? Ils avaient du mal à cesser d'aller trop loin, désiraient s'en sortir, mais leur passion pécheresse les a éloignés toujours davantage de la volonté de Dieu.

Comment éviter la «bretelle d'accès» à l'impureté? Comment fuir l'esprit d'adultère? La réponse est dans l'Ecriture: «Que ton cœur ne se détourne pas vers les voies d'une telle femme, ne t'égare pas dans ses sentiers» (Proverbes 7:25). Si nous voulons mener une vie pure devant Dieu, il faut que notre cœur «collabore avec nos pieds». La pureté commence en nous. Nous devons la rechercher dans toutes nos décisions, tant en ce qui concerne l'endroit, que le moment et le choix de la personne avec qui nous passons notre temps. Beaucoup se sont engagés à demeurer purs sexuellement; toutefois, au lieu d'adopter un comportement qui les aide à respecter cet engagement, ils continuent à entretenir leur désir de contact physique et à se placer dans des situations dangereuses. «Je suis beaucoup sortie avec les garçons, il y a vingt ans en arrière, m'a dit un jour une maman de quatre enfants. Avant chaque rencontre, je lisais ma Bible et suppliais Dieu de m'aider à résister à la tentation. Mais ça ne marchait pas.»

Cela ne marche pas, c'est certain! Le chemin que nous prenons avec nos pieds ne devrait jamais être en contradiction avec notre conviction intérieure.

La pureté en action

La pureté ne s'obtient pas sans combats. Nous devons accepter de revoir notre façon de penser et changer de comportement.

Voici quelques conseils pour nous aider à garder le cap, tant avec notre cœur qu'avec nos pieds.

1. Respecter le sens profond de l'acte sexuel

Nous ne comprendrons jamais pourquoi Dieu nous demande de demeurer purs sexuellement si nous ne saisissons pas les implications spirituelles et sentimentales de l'acte conjugal.

Je me suis un jour prêté à une interview téléphonique pour une radio de Floride, et cela m'a montré une fois de plus la vision très primitive que beaucoup ont de la sexualité. Le dj de cette station de rock et sa collègue (que j'appellerai Taylor et Crystal) pensaient manifestement qu'une interview avec un jeune homme qui ne «couchait pas avec les filles» serait l'occasion d'une belle partie de rigolade. Les questions ont fusé:

Taylor: Alors, tu as quel âge?
Josh: 23 ans.
Taylor: Tu es vierge?
Josh: Oui, je suis vierge. Vierge avec un grand V.
Taylor: Et tu vas bien?
Josh: Je suppose que tu es de ceux qui pensent que sans sexe, on explose?
Taylor: Ouais, c'est arrivé à mon frère... dans la cuisine.
Crystal: Oh, c'est dégoûtant... berk!
Taylor: Bon, et qu'est-ce qui va se passer si tu te maries et que tu réalises pendant la lune de miel qu'elle est nulle au lit?
Josh: Ben, je n'aurai pas de moyen de comparer.
(Pause)
Crystal: En voilà une *bonne* réponse!
Josh: Je crois que les problèmes que nous rencontrons aujourd'hui dans ce domaine sont, en partie, dus au fait que nous réduisons le sexe à une sorte de sport. Il nous faut des manuels avec des tableaux et des explications. L'acte sexuel n'est plus l'expression de l'amour profond et de l'engagement qui unissent un mari et sa femme, mais une question de performances, de prouesses. Je pense que c'est une des raisons pour lesquelles il y a aujourd'hui tant de désordres et de troubles dans ce

domaine. Les gens sont terrifiés à l'idée de ne pas correspondre à l'image hollywoodienne de l'amant(e) parfait(e).

Taylor: D'accord, mais donc, si elle est nulle au lit, je veux dire, si elle fait tout de travers?

Josh: Ce ne sera de toute façon pas pour cela que je l'aurai épousée. Tu vois ce qui ne va pas dans ce que tu dis? Qu'est-ce qui se passe si tu te maries avec une fille parce qu'elle est géniale au lit et qu'un jour, elle ne l'est plus?

Taylor: Je la trompe!

Josh: Malheureusement, c'est ce que beaucoup font.

Crystal: Aujourd'hui, nous avons Taylor, alias le parfait macho, et Josh, qui représente les hommes gentils et sensibles.

Josh: Voyez-vous, je ne dis pas ça parce que je crois que c'est «la bonne attitude à avoir», mais parce que, je le sais, c'est ce que Dieu veut.

Ce que je désire montrer par cet exemple, ce n'est pas que Taylor est un macho et que moi, je suis un type gentil et sensible, comme l'a dit Crystal. Mais à l'instar de Taylor, de nombreux non-chrétiens considèrent le sexe comme une simple fonction corporelle. Pour eux, coucher avec quelqu'un n'est pas plus spécial que de lui gratter le dos. Ils font cela quand ils en ont envie, avec qui ils veulent. Ce genre de comportement est totalement opposé à l'Ecriture. Pourtant, si les chrétiens ne vont pas aussi loin, beaucoup font preuve du même manque de respect envers Dieu et sa Parole dans leurs relations amoureuses. Pour eux, s'embrasser, se serrer l'un contre l'autre ou se caresser sont des choses tout à fait normales. Nous avons peut-être des principes plus rigoureux que nos voisins non croyants, mais je crains que, comme eux, nous ayons perdu de vue la signification profonde de l'acte sexuel.

«Les hommes semblent surtout considérer l'aspect physique. Pour eux, c'est une simple expérience, m'a dit un jour une amie[2]. Pour les filles, c'est bien différent. Le fait de s'embrasser, de caresser quelqu'un sensuellement ou de 'coucher avec cette personne' est l'expression de quelque chose de bien plus précieux et profond. C'est

[2] Merci à Lynn Denby qui, en m'écrivant, m'a permis de remettre en question ma conception des relations filles-garçons avant le mariage.

notre façon de donner notre confiance, notre amour et notre cœur à l'homme que nous aimons. Cela nous laisse très vulnérables.»

L'acte sexuel représente donc bien plus que l'union de deux corps. Dieu a créé la sexualité comme l'expression physique de l'unité du mariage. Il désire la protéger, parce qu'il la considère comme quelque chose de très précieux. C'est pourquoi il l'a réservée à un cadre bien précis. Un homme et une femme qui s'engagent l'un envers l'autre par le mariage obtiennent le *droit* d'exprimer leur amour mutuel par l'acte sexuel. Ils peuvent jouir du corps l'un de l'autre, car ils s'appartiennent mutuellement. Toutefois, si nous ne sommes pas mariés à une personne, nous n'avons aucun droit sur son corps, aucun droit à l'intimité sexuelle.

Peut-être êtes-vous d'accord avec ceci et avez-vous décidé de réserver la sexualité pour le mariage. Mais quant au fait de s'embrasser, de se caresser sensuellement et de découvrir la nudité de l'autre? Ces choses vous paraissent-elles anodines? Nous devons nous poser une question très sérieuse: Si le corps de la personne que nous fréquentons ne nous appartient pas (puisque nous ne sommes pas mariés), pourquoi n'agissons-nous pas envers elle comme une personne mariée agirait à l'égard de quelqu'un qui n'est pas son mari ou sa femme?

«Mais, dites-vous peut-être, c'est complètement différent!» Vraiment? Notre société nous fait croire que le célibat nous autorise à passer d'une liaison à l'autre et à «essayer» différentes personnes sentimentalement et sexuellement. Puisque nous ne sommes pas liés à quelqu'un par le mariage, nous pouvons faire ce qui nous plaît avec qui nous en avons envie. Voilà ce qu'on nous dit.

La pensée de Dieu est totalement différente: «Que chacun respecte le mariage et que les époux restent fidèles l'un à l'autre, car Dieu jugera les débauchés et les adultères», lisons-nous en Hébreux 13:4[3].

Ce respect de l'acte sexuel qui unit un mari à sa femme et une femme à son mari doit se trouver dès *maintenant* dans notre cœur, et non pas seulement après la cérémonie de mariage. Il devrait nous pousser à garder le mariage de tout ce qui pourrait y por-

---

3 Version Semeur 2000.

ter atteinte. Il nous faut pour cela reconnaître la signification profonde de l'acte conjugal à *tous* les niveaux, et refuser de toucher à ces privilèges avant le mariage.

2. Se fixer une ligne de conduite plus stricte que nécessaire

Au début de son ministère, Billy Graham se faisait beaucoup de souci au sujet du manque de confiance que manifestait la population vis-à-vis des évangélistes. Comment allait-il pouvoir annoncer l'Evangile à des gens qui le considéraient comme un imposteur? En réfléchissant à la question, il s'est rendu compte que si la plupart des personnes ne faisaient pas confiance aux prédicateurs, c'était parce que ces derniers manquaient parfois d'intégrité, particulièrement dans le domaine sexuel. Pour remédier à cela, lui et les proches collaborateurs qui l'accompagnaient dans ses campagnes ont veillé à éviter de se retrouver seuls avec des femmes qui n'étaient pas leurs épouses.

Réfléchissons un instant. Plutôt contraignant, non? Ces hommes craignaient-ils réellement de tomber dans l'adultère dès qu'ils se retrouveraient seuls avec une femme? N'allaient-ils pas un peu loin?

Laissons parler l'histoire: ces cinquante dernières années, qu'est-ce qui a ébranlé et découragé l'Eglise autant que l'immoralité de ses responsables? Quel est le croyant qui peut garder la tête haute lorsqu'il est question de la conduite scandaleuse de nombreux télé-évangélistes? Pourtant, même des non-chrétiens respectent le nom de Billy Graham. C'est par sa fidélité et son intégrité qu'il a gagné ce respect. Comment a-t-il pu réussir alors que tant d'autres ont échoué? En se fixant une ligne de conduite plus stricte qu'il ne le fallait. Il est allé au-delà de ce qui est juste.

Ce n'est qu'en détruisant le péché lorsqu'il est encore à l'état embryonnaire, et en fuyant la tentation, que nous pourrons suivre le chemin de la droiture. C'est ce qu'a fait M. Graham. Il a «coupé» toute occasion de chute à sa racine et fui toute situation de compromis.

Dieu nous appelle à faire preuve du même zèle pour la justice en ce qui concerne les relations amoureuses avant le mariage. Qu'est-ce que cela implique exactement? Pour moi, et pour bien d'autres personnes que je connais, cela a signifié renoncer au flirt. Je participe à des sorties en groupe avec des amis, mais j'évite les sorties à deux, puisqu'elles nourrissent le désir d'intimité physique et me placent dans un cadre isolé avec une fille. Quoi? Suis-je incapable de faire face à la tentation? Ne puis-je pas me maîtriser? Je crois que si, mais là n'est pas la question. Car Dieu dit: «Fuis les passions de la jeunesse, et recherche la justice, la foi, l'amour, la paix, avec ceux qui invoquent le Seigneur d'un cœur pur» (2 Timothée 2:22). Il vaut mieux ne pas rester dans une situation risquée, même si c'est pour voir jusqu'où on est capable de résister. Dieu n'est pas impressionné par notre capacité de résistance au péché. Il désire plutôt que nous lui obéissions et que nous nous éloignions du mal.

Pour ceux qui pensent à se fiancer ou qui le sont déjà, le principe est le même. Fixez-vous une ligne de conduite plus stricte que nécessaire. Coupez le péché à la racine. Tant que vous n'êtes pas mariés et que vous ne vous êtes pas engagés publiquement l'un envers l'autre, n'agissez pas comme si vos corps vous appartenaient mutuellement.

Peut-être trouvez-vous que je vais trop loin. Peut-être dites-vous: «Tu plaisantes ou quoi?! Un petit baiser ne conduit pas directement dans le péché!» Réfléchissez un peu plus loin à la question. L'espace d'un instant, considérez que le contact physique le plus anodin puisse représenter un danger en dehors du mariage.

Je vais vous expliquer pourquoi je crois ceci. Le contact physique nous encourage à commencer quelque chose que nous ne pouvons pas mener à terme; il éveille en nous des désirs que nous ne sommes pas autorisés à combler et déclenche une passion qu'il nous faudra étouffer. Quelle folie! La Bible dit que «la voie des pécheurs mène à la ruine» (Psaume 1:6), et ceci est particulièrement vrai en ce qui concerne le péché sexuel. Il vaut donc mieux ne pas nous y engager pour, ensuite, devoir essayer de rebrousser chemin afin d'éviter la ruine. Dieu nous demande de rester tout à fait à l'écart de cette voie-là.

J'ai reçu un jour un e-mail d'une jeune fille de 16 ans, Mandi, qui me racontait sa triste histoire. Elle m'expliquait comment ses principes autrefois «très clairs» avaient progressivement perdu leur impact dans sa vie, à partir du moment où elle avait commencé à fréquenter son petit ami. Issue d'une famille chrétienne engagée, elle était active dans son groupe de jeunes et avait décidé de rester vierge jusqu'à la nuit de noces. Mais de «petites choses» comme des étreintes particulièrement longues, des mains tenues et des baisers sur la joue l'avaient emporté sur ses bonnes résolutions. «Je ne réalisais pas combien 'le seul fait de s'embrasser' pouvait entraîner toutes sortes de désirs dont je ne soupçonnais même pas l'existence. Deux jours avant le deuxième anniversaire de notre rencontre, j'ai fini par céder, et j'ai perdu ma virginité. La honte qui m'a alors envahie était indescriptible. Plus tard, ce jour-là, lorsque j'ai pris ma douche, je n'ai pas cessé de me frotter le corps tout entier, comme si cela pouvait me rendre plus propre. Mais cela ne m'a valu que des marques rouges, que je ne distinguais même pas, tant je pleurais.»

Dieu a voulu que la sexualité n'appartienne qu'au cadre exclusif et protégé du mariage. Elle est la «consommation» du mariage. Les différentes étapes du contact entre un homme et une femme qui désirent s'unir pour la vie, du premier regard au premier baiser, mènent forcément à l'union de leurs deux corps dans le mariage. Dans ce cadre, les choses peuvent alors progresser, et on est *en droit* de laisser libre cours à l'amour.

Je crois vraiment que celui qui désire éviter de faire mauvais usage, avant le mariage, de ce cadeau de Dieu qu'est la sexualité, ne le peut que s'il prend la ferme décision de rester tout à fait à l'écart du chemin de l'impureté.

Dans Colossiens 3:5, nous lisons: «Faites donc mourir ce qui, dans vos membres, est terrestre, la débauche, l'impureté, les passions, les mauvais désirs...» Tolérer le péché, c'est le chérir. C'est lui permettre de grandir et de se développer. Jacques dit que «chacun est tenté quand il est attiré et amorcé par sa propre convoitise. Puis la convoitise, lorsqu'elle a conçu, enfante le péché; et le péché, étant consommé, produit la mort» (Jacques 1:14-15). Si nous permettons au péché de prendre racine en nous et de se développer, il aura vite fait de nous dominer. Ce n'est qu'en nous fixant des limites au-delà de ce qui est nécessaire, et en tuant le péché à la racine, que nous pourrons rester à l'abri de son pouvoir destructeur.

Fixons-nous une ligne de conduite plus stricte qu'il ne faut. Nous ne regretterons jamais d'avoir choisi la pureté.

3. Faire de la pureté des autres une priorité

Un des meilleurs moyens de rester pur consiste à se soucier de la pureté des autres. Que pouvons-nous faire pour protéger nos frères et sœurs en Christ de l'impureté? Que pouvons-nous leur dire pour les encourager à garder leur cœur et à demeurer sur la voie de la droiture?

Le soutien et la protection que nous pouvons accorder à nos amis du même sexe sont importants, mais la protection que nous pouvons offrir à nos amis du sexe opposé est des plus précieuses. En matière de pureté, qu'elle soit physique ou sentimentale, garçons et filles ont tendance à être mutuellement des occasions de chute. Mais imaginons la droiture qui caractériserait nos vies si, filles ou garçons, nous nous attachions à veiller les uns sur les autres?

Voyons à quoi cela peut ressembler concrètement.

La responsabilité des garçons

Jeunes gens, le moment est venu de nous lever pour défendre l'honneur et la droiture de nos sœurs. Nous devons cesser d'agir comme des «chasseurs» qui tentent d'«attraper» des filles. Considérons-nous plutôt comme des soldats qui montent la garde auprès d'elles.

Qu'est-ce que cela implique pratiquement? Tout d'abord, nous devons réaliser que les filles ne se trouvent pas confrontées aux mêmes tentations que nous. Nous luttons davantage contre nos pulsions sexuelles, tandis qu'elles ont surtout du mal à gérer leurs sentiments. Nous pouvons les aider à garder leur cœur en étant sincères et honnêtes dans notre façon de communiquer. Il nous faut renoncer aux comportements de dragueurs, refuser de jouer un jeu et ne pas tolérer l'ambiguïté. Evitons surtout de dire ou de faire quoi que ce soit qui produise en elles des sentiments inutiles ou des attentes vaines.

Un de mes bons amis, Matt Canlis, a mis en pratique ce principe: il a veillé à protéger la pureté de Julie Clifton, qu'il a épousée plus tard. Bien avant qu'ils ne commencent à penser au mariage, tous deux se sentaient profondément attirés l'un vers l'autre. Mais durant une certaine période, Dieu a donné à Julie la conviction de se consacrer à lui et de ne pas se laisser distraire par Matt.

Matt n'était pas au courant, mais même s'il se sentait personnellement très attiré par cette jeune femme, il a décidé de protéger son cœur durant ce temps d'attente. Il n'a pas succombé à son désir de flirter avec elle, et a laissé passer des occasions où ils auraient pu être seuls tous les deux. Lorsqu'ils se retrouvaient dans un groupe, il évitait de poser son regard sur elle trop souvent et de lui accorder une attention trop marquée.

Cette période n'a pas duré très longtemps. Matt et Julie ont fini par se fiancer. Nous avons mangé ensemble quelques semaines avant leur mariage. Julie m'a expliqué à quel point elle était reconnaissante envers Matt de ce qu'il avait été suffisamment mûr pour faire passer ses besoins à elles avant les siens. En accordant plus d'importance à la pureté sentimentale et spirituelle de Julie qu'à ses propres désirs, Matt l'a aidée à consacrer son cœur au Seigneur. S'il avait agi de façon égoïste, il l'aurait probablement entraînée à passer à côté de ce que Dieu voulait pour elle à ce moment-là.

Quel bel exemple d'amour fraternel! Je suis bien triste quand je repense à toutes les fois où je n'ai pas pris au sérieux cette responsabilité de protéger le cœur des filles. Au lieu de jouer le rôle d'un soldat, j'ai joué au voleur et attiré leur attention vers moi plutôt que vers Dieu. Je suis déterminé à faire mieux désormais. Je désire être le genre d'ami auquel les futurs maris pourront dire: «Merci d'avoir veillé sur le cœur de ma femme. Merci d'avoir protégé sa pureté.»

La responsabilité des filles

Les filles, votre rôle est tout aussi important. Rappelez-vous de la femme séductrice dont nous avons parlé plus haut. Votre rôle est de veiller à ce que vos frères en Christ ne soient pas détournés de la pureté par vos charmes. Soyez conscientes que par vos attitudes et vos regards vous pouvez éveiller la convoitise dans le cœur d'un garçon.

Vous ne vous en rendez peut-être pas compte, mais nous, les gars, devons souvent veiller sur nos yeux. Je crois que bien des filles sont inconscientes de la difficulté qu'il y a pour un garçon à demeurer pur face à une fille vêtue de façon indécente. Je ne veux pas vous dicter ce que vous devez porter, mais pour être honnête, je serais reconnaissant que les filles pensent à autre chose qu'à la mode lorsqu'elles s'achètent des habits. C'est vrai, les garçons doivent apprendre à se maîtriser, mais vous pouvez les aider en ne portant pas des vêtements faits pour attirer leurs regards sur votre corps.

Je sais, le monde vous dit que si vous avez un joli corps, vous devriez le mettre en valeur. Et nous, les hommes, avons alimenté cette pensée. Toutefois, je crois que vous pouvez faire quelque chose pour inverser cette tendance. Une mère célibataire, qui est récemment revenue au Seigneur, m'a dit: «J'ai ouvert mon armoire et je me suis débarrassée de tout ce qui était susceptible d'être une occasion de chute pour un frère en Christ. J'ai demandé à Dieu de me pardonner et de m'aider à protéger le cœur de ceux qui m'entourent.» Aly, une jeune femme du Wisconsin, m'a écrit: «Je crois que je vais devoir me débarrasser de plus de la moitié de mes habits, parce que la plupart sont trop décolletés. Ils attirent l'attention des hommes sur moi et risquent de susciter en eux des pensées impures.»

Etes-vous d'accord d'adopter une position aussi tranchée? J'ai une amie, Janelle, qui demande à son père ce qu'il pense de chaque vêtement qu'elle achète. Elle veut connaître l'opinion d'un homme qui aime le Seigneur pour s'assurer que ses choix sont décents. Ce n'est pas toujours facile. A plusieurs reprises, son père lui a demandé d'aller rendre tel ou tel article. Mais elle ne s'en plaint pas, même en été, quand il semble impossible de trouver un short décent! Car elle désire honorer Dieu.

Je connais bien des filles qui seraient ravissantes si elles portaient des jupes plus courtes ou des chemisiers plus moulants. Elles le savent très bien d'ailleurs. Mais elles préfèrent se vêtir décemment. Elles assument leur responsabilité de protéger les yeux de leurs frères. Je suis très reconnaissant envers ces filles, ainsi qu'envers toutes celles qui agissent de même.

«Veillons les uns sur les autres, pour nous exciter à l'amour et aux bonnes œuvres», est-il écrit en Hébreux 10:24. Il est temps que nous prenions au sérieux notre responsabilité en ce qui concerne la pureté des autres.

La beauté de la pureté

Pour terminer, permettez-moi de poser quelques questions. Avons-nous bien saisi tout cela? Reconnaissons-nous la beauté de la pureté? Désirons-nous la rechercher, pour nous-mêmes et pour les autres?

Bien sûr, cela demande des efforts. La pureté ne nous tombe pas dessus comme cela, du jour au lendemain. Elle va de pair avec l'obéissance à Dieu. Mais il ne s'agit pas d'une obéissance pesante ou servile. Il suffit de considérer les conséquences de l'impureté pour constater à quel point il fait bon marcher dans la volonté du Seigneur. L'impureté est comme une pellicule de saleté qui recouvre l'âme, comme une ombre qui fait obstacle à la lumière et assombrit notre visage. Dieu ne retire pas son amour à celui qui tombe dans l'impureté, mais celui-ci perd sa capacité à jouir de cet amour, puisque l'impureté le détourne du Seigneur. Le péché ne peut se trouver dans la présence de Dieu. Par ailleurs, plus nous nous éloignons du Seigneur et de sa lumière, plus le mal gagne du terrain en nous. Il ne peut en être autrement.

En dehors de la présence du Père, nous sommes à la merci du subtil pouvoir destructeur du péché. Sans pureté, la sexualité devient un jeu dangereux. Une relation dépourvue de pureté ne devient rapidement rien d'autre que l'interaction de deux corps avides de plaisir. Le cœur qui tolère l'impureté en devient vite esclave. Il se trouve dominé par toutes sortes de pensées et de désirs pécheurs.

Que faut-il pour que nous sachions apprécier la beauté de la pureté? La pureté nous permet de jouir de l'infinie beauté de la création de Dieu. «Qui pourra monter à la montagne de l'Eternel? Qui s'élèvera jusqu'à son lieu saint? Celui qui a les mains innocentes et le cœur pur...» lisons-nous au Psaume 24:3-4. Elle nous introduit dans la présence du Seigneur. «Heureux ceux qui ont le cœur pur», dit Jésus, «car ils verront Dieu!» (Matthieu 5:8). Seuls les purs peuvent voir sa face. Seuls les purs peuvent être remplis de son Esprit saint.

Sommes-nous conscients de la beauté de la pureté et de la puissance qui en découle? Réalisons-nous la protection qu'elle procure? La désirons-nous? La désirons-nous *vraiment*? Sommes-nous prêts à renoncer au plaisir de l'instant pour mener une vie pure et consacrée au Seigneur? Que notre amour pour lui nous pousse à rechercher la droiture, maintenant et pour toujours, et de tout notre cœur.

Chapitre 8

Un passé purifié

Comment Jésus peut nous libérer du passé

Je n'ai pas l'habitude de raconter mes rêves, mais j'aimerais quand même parler ici d'un rêve que j'ai fait une nuit et qui m'a beaucoup marqué.

En tant que chrétiens, nous savons que Jésus nous aime et qu'il est mort pour les pécheurs. Nous avons entendu ces choses d'innombrables fois. Pourtant, la gloire de ces réalités peut nous être comme voilée par la poussière de l'habitude. Nous avons besoin de les «épousseter» et de nous rappeler qu'elles ont le pouvoir de transformer notre vie.

Une nuit, j'étais alors en visite chez un pasteur de Porto Rico, j'ai fait un rêve très particulier, qui m'a permis de me rappeler ces réalités. Il résumait bien ce que Christ a fait pour vous et moi.

J'en parle, car après un chapitre sur l'importance de la pureté, il fait bon se rappeler que la grâce de Dieu est là. La question de la pureté provoque beaucoup de remords chez certains. C'est mon cas. Elle nous rappelle notre impureté et toutes les fois où nous sommes tombés.

Peut-être avez-vous tout gâché. Peut-être êtes-vous rempli de remords lorsque vous pensez au passé. Vous avez le sentiment que rechercher la pureté, c'est peine perdue. Dans ce cas, ce rêve, que j'intitulerai «La pièce», vous est personnellement dédié.

Dans ce rêve, je me suis retrouvé dans une grande pièce. Elle n'avait rien d'impressionnant, sinon qu'un de ses murs était complètement recouvert de petits tiroirs. Ceux-ci renfermaient des fiches, comme celles des bibliothèques, sur lesquelles se trouvent inscrits, par ordre alphabétique ou thématique, les noms d'ouvrages et d'auteurs. Mais ces tiroirs, encastrés dans le mur depuis le plancher jusqu'au plafond, contenaient des fiches aux renseignements bien différents. Comme je m'approchais de la paroi, mon regard s'est porté sur un premier tiroir intitulé: «Les filles que j'ai aimées.» Je l'ai ouvert et me suis mis à feuilleter les fiches. Je n'ai pas tardé à le refermer, consterné de réaliser que je reconnaissais tous les noms inscrits sur ces petits morceaux de bristol.

Sans qu'on me le dise, je savais exactement où je me trouvais. Cette salle vide, aux murs remplis de tiroirs, était un résumé de ma vie. Là étaient consignés tous les actes de mon passé, les grandes choses comme les petites, et ce, avec plus de détails que je n'aurais pu en donner moi-même.

Alors que j'ouvrais les tiroirs au hasard pour en voir le contenu, un sentiment d'émerveillement et de curiosité, mêlé de crainte et d'épouvante, s'est emparé de moi. Certaines fiches me réjouissaient et me rappelaient de beaux souvenirs. D'autres me remplissaient d'une telle honte et de remords si profonds que je regardais derrière moi pour m'assurer que personne ne me surveillait. A côté d'un tiroir nommé «Amis», s'en trouvait un autre appelé: «Les amis que j'ai trahis.»

Les intitulés désignaient des choses tout à fait ordinaires comme franchement étranges: «Les livres que j'ai lus», «Les mensonges que j'ai dits», «Le réconfort que j'ai apporté aux autres», «Les blagues auxquelles j'ai ri», etc. Certains étaient presque hilarants tant ils étaient exacts dans leur libellé: «Les insultes que j'ai criées à mes frères», par exemple. D'autres ne me donnaient pas envie de rire: «Ce que j'ai fait dans un accès de colère», «Les choses que j'ai dites tout bas contre mes parents.» Je passais de surprise en surprise. La plupart des tiroirs contenaient beaucoup plus de fiches que ce que j'imaginais. Et dans certains, il n'y en avait pas autant que j'aurais espéré.

J'étais accablé de voir tout ce que mon passé contenait déjà. Etait-il possible qu'en vingt ans seulement, des milliers, voire des millions de fiches aient pu être écrites sur ma vie? Mais chacune d'elles le confirmait. Car c'était bien mon écriture qu'on y lisait, et elles comportaient aussi ma signature.

Lorsque j'ai ouvert le tiroir intitulé «Les musiques que j'ai écoutées», j'ai réalisé qu'il était plein à craquer. Les fiches étaient serrées les unes contre les autres, et après des mètres et des mètres de tiroir, je n'étais toujours pas au bout. Je l'ai vite refermé, tellement j'avais honte; non pas tant à cause du type de musique que j'avais écouté, mais surtout à cause de tout le temps que ce tiroir représentait.

Quand je suis arrivé à celui intitulé «Mes pensées impures», j'ai senti un frisson me parcourir le dos. J'ai commencé par l'ouvrir à peine, ne voulant pas en connaître la longueur, et j'en ai retiré une première fiche. Son contenu était si détaillé que j'en étais tout tremblant. Cela me rendait malade de voir que ces instants de ma vie avaient été «consignés» dans ces répertoires.

Soudain, la colère s'est emparée de moi. Je ne pensais qu'à une seule chose: «Personne ne doit voir ces fiches! Personne ne doit découvrir cette salle! Il faut que je détruise ce tiroir!» Dans un accès de folie, je l'ai arraché du mur. Sa taille ne m'importait plus, à présent. Il me fallait le vider et brûler son contenu. Mais j'avais beau le secouer, le taper contre le sol, il m'était impossible d'en faire sortir une seule fiche. Désespéré, j'en ai attrapé une avec mes doigts et j'ai tenté de la déchirer. J'ai alors constaté qu'elle était solide comme de l'acier.

M'avouant vaincu, complètement impuissant, j'ai remis le tiroir en place. Puis, appuyant ma tête contre le mur, j'ai poussé un long soupir et commencé à m'apitoyer sur mon sort. C'est à ce moment-là que je l'ai vu. Il s'intitulait: «Les personnes auxquelles j'ai parlé de l'Evangile.» Sa poignée était plus brillante que celle des autres, plus neuve, et elle semblait presque inutilisée. J'ai ouvert ce tiroir, et une petite boîte en est tombée. Les fiches qu'elle contenait se comptaient sur les doigts d'une seule main.

Les larmes ont commencé à rouler le long de mes joues, et je me suis mis à pleurer. Mes sanglots étaient si profonds que j'en avais mal au ventre. Je suis tombé à genoux, terrassé par la honte, une honte si terrible et profonde. Personne ne devait connaître l'existence de cette pièce. Il fallait que je la ferme à double tour et que je cache la clé.

Cependant, alors que j'essuyais mes larmes, je l'ai vu. *Ah non! Pitié! Pas lui. Pas ici. N'importe qui, mais pas Jésus*, ai-je pensé.

Impuissant, je l'ai regardé commencer à ouvrir les tiroirs et lire les fiches. Je craignais sa réaction et n'osais pas le regarder. Puis, quand j'ai réussi à soutenir son regard, j'ai constaté qu'il semblait éprouver une tristesse plus grande encore que la mienne. C'était comme si, intuitivement, il s'approchait des pires tiroirs. Pourquoi fallait-il qu'il les ouvre tous?

Puis, il s'est tourné vers moi et m'a regardé. Son visage exprimait la pitié. Mais ce n'était pas une pitié qui vous met en colère. C'était de la compassion. La tête dans les mains, je me suis remis à sangloter. Il s'est approché de moi et a mis son bras autour de mes épaules. Il aurait pu dire tant de choses, mais il n'a rien dit. Il n'a fait que pleurer avec moi.

Ensuite, il est retourné vers le mur de répertoires. Commençant à une extrémité de la pièce, il a ouvert un premier tiroir, puis, sortant une fiche après l'autre, il a commencé à rayer mon nom pour le remplacer par le sien. «Non! ai-je crié en me précipitant vers lui et en lui retirant la fiche. Non, non!» Je ne parvenais pas à dire quoi que ce soit d'autre. Son nom ne devait pas apparaître sur ces fiches. Mais désormais, il y était écrit d'un rouge si vif, si foncé. Le nom de Jésus, écrit avec son sang, recouvrait le mien.

Il m'a repris doucement la fiche, puis, avec un sourire triste, a continué à signer les autres. Je ne comprends toujours pas comment il a pu le faire si rapidement, mais quelques instants plus tard, j'ai entendu le dernier tiroir se refermer.

Revenu à mes côtés, le Seigneur a mis sa main sur mon épaule et dit: «Tout est accompli.» Je me suis levé, et il m'a conduit hors de la pièce. Il n'y avait aucune serrure à la porte. Et dans les tiroirs, il restait encore des fiches à remplir.

Plus qu'une belle histoire

La première fois que j'ai raconté ce rêve, c'était en 1995, dans un magazine dont j'étais responsable. Depuis, beaucoup, et même des non-croyants, l'ont diffusé. Pour certains, ce n'est certainement qu'une belle histoire et, même si elle leur semble irréelle, la note religieuse et le thème du pardon leur font du bien.

Mais c'est plus qu'une histoire qui réchauffe le cœur. Ce rêve est une image de l'œuvre que Christ a réellement accomplie en mourant sur la croix pour nous. Cette œuvre n'est pas imaginaire. Il a littéralement pris notre péché sur lui. C'était autre chose que de simplement inscrire son nom sur des fiches: Jésus a été puni par Dieu pour toutes nos pensées, nos paroles et nos actes coupables.

Ce n'est qu'en nous repentant de nos péchés et en mettant notre foi en lui que nous pourrons être au bénéfice de cette substitution. Il est très important de comprendre ceci. Nous avons tous une «pièce» dans laquelle sont consignées nos pensées et nos actions mauvaises. Mais ce n'est pas parce que nous en avons conscience ou que nous nous sentons coupables que nous serons pardonnés. Le remords ne sauve personne. Seule la foi en Christ, la foi en sa mort et sa résurrection, nous sauve.

Quel nom est inscrit sur nos fiches?

La Bible enseigne qu'un jour, nous devrons tous nous présenter devant Dieu pour être jugés. «Ainsi chacun de nous rendra compte à Dieu pour lui-même» (Romains 14:12). Toutes les «fiches» de notre vie seront alors déposées devant lui pour être passées en revue.

L'espoir que j'ai pour ce jour-là n'est pas d'avoir suffisamment de bonnes «fiches» pour compenser les mauvaises. Mon espérance repose sur ma foi en Christ, le parfait, le Fils de Dieu. Il a déjà payé le prix de mon péché. Même si je mérite la punition, même si je suis coupable, c'est le nom de Jésus qui sera inscrit sur les «fiches» de ma vie.

Il y a une bonne nouvelle pour les pécheurs comme vous et moi: nous pouvons être pardonnés. Tout être humain qui croit en Jésus peut être purifié, quelle que soit la tache laissée dans son cœur par le péché.

«La nuit tire à sa fin, le jour va se lever. Débarrassons-nous de tout ce qui se fait dans les ténèbres, et revêtons-nous de l'armure de la lumière»[1], est-il écrit en Romains 13:12. C'est vrai, certains doivent se débarrasser de davantage de souvenirs, de douleurs et de remords. Mais nous pouvons éviter que notre passé détermine notre avenir. Aujourd'hui, nous sommes placés devant des choix quant à la manière dont nous vivrons demain. Nous attacherons-nous à Dieu de tout notre cœur, et marcherons-nous dans ses voies? «Marchons honnêtement, comme en plein jour, loin des orgies et de l'ivrognerie, de la luxure et de la débauche, des querelles et des jalousies. Mais revêtez-vous du Seigneur Jésus-Christ, et n'ayez pas soin de la chair pour en satisfaire les convoitises», disent les versets suivants (Romains 13:13-14).

Nul d'entre nous ne peut se prévaloir d'être parfaitement pur devant Dieu. Nous sommes tous pécheurs. Cependant, quelle que soit la saleté de nos guenilles, quelle que soit notre souillure, si, dans la repentance et dans la foi, nous nous tournons vers Dieu, il nous purifie. Il nous couvre de la justice de Christ. Il ne voit plus notre péché et nous attribue la pureté de son Fils. Voyons-nous comme Dieu nous voit: purs, justifiés et vêtus d'un blanc éclatant.

Peut-être sommes-nous tourmentés par des souvenirs précis qui hantent notre mémoire. Nous nous sentons indignes de l'amour et du pardon de Dieu. Abandonnons-lui ces souvenirs. Ne les repassons pas dans notre cœur. Si nous nous sommes repentis de ces péchés, Dieu a promis de ne pas s'en souvenir (cf. Hébreux 8:12). Levons-nous et allons de l'avant; une vie de pureté nous attend.

[1] Version Semeur 2000.

Troisième partie

Changer d'attitude

Chapitre 9

Repartir à zéro

Cinq étapes importantes pour vivre conformément au plan de Dieu

Pour bien construire, il faut parfois commencer par tout démolir.

Récemment, Joël, mon frère cadet, a été invité avec mon père à une fête pour l'anniversaire de Stephen Taylor, un de ses meilleurs amis. C'était une journée importante, car Stephen avait 13 ans, et son père désirait que cette entrée dans l'âge des responsabilités reste gravée dans sa mémoire. Il ne voulait pas se contenter de lui offrir de beaux cadeaux, mais désirait lui apprendre la sagesse. C'est la raison pour laquelle il n'a pas seulement invité les amis de son fils, mais aussi leur père à chacun, en demandant à ces adultes d'apporter un cadeau spécial. Il fallait que ce soit un outil qu'ils utilisaient dans leur travail.

Chaque père a donc donné à Stephen un outil, accompagné d'une «petite leçon pour l'existence». Ces différents instruments devaient constituer une «boîte à outils de sagesse» qui l'accompagnerait dans la vie. Chaque outil était unique, à l'instar de celui qui l'offrait. Mon père lui a donné un beau stylo. Il lui a expliqué que cela lui servait non seulement à mettre ses idées sur papier, mais aussi à sceller un engagement lorsqu'il signait un contrat.

Est venu ensuite le tour d'un autre père, qui était charpentier. «Dans cette boîte se trouve l'outil dont je me sers le plus souvent», a-t-il dit. Stephen l'a ouvert et y a trouvé un pied-de-biche.

«Même s'il semble assez élémentaire, mon pied-de-biche est un de mes outils les plus importants», a expliqué ce père. Puis, il a raconté qu'un jour, il construisait un mur[1], quand il a découvert que ce dernier n'était pas droit. Au lieu de s'arrêter, d'arracher quelques clous et de redresser les planches, il a décidé de continuer, espérant que le problème se règlerait de lui-même, au fur et à mesure de l'avancement des travaux. Toutefois, le défaut n'a fait que s'aggraver. Finalement, il a dû démolir presque tout le mur et le reconstruire, ce qui lui a valu une grande perte de matériaux et de temps.

«Stephen, a-t-il dit sur un ton solennel, parfois, dans la vie, tu te rendras compte que tu t'es trompé. Dans ces moments-là, tu seras placé devant un choix: ravaler ta fierté et «arracher le clou», ou continuer bêtement ton chemin en espérant que le problème se règlera tout seul. La plupart du temps, les choses ne s'arrangent pas. Je t'offre cet outil pour que tu te rappelles ce principe: quand on réalise qu'on fait une erreur, il vaut toujours mieux démolir et reconstruire.»

Changer d'attitude pour vivre à la gloire de Dieu

Cette leçon du pied-de-biche est importante pour tous ceux qui ont construit leur vie sentimentale sur la base faussée du flirt. Pour beaucoup, un changement d'attitude impliquera d'abord de démolir ce qui n'est pas juste. Et parfois, cela pourra signifier mettre fin à une relation.

Quelle que soit notre situation, voici cinq étapes pour construire et entretenir des relations qui honorent Dieu.

1. Repartir à zéro

Si nous voulons que notre vie plaise à Dieu, il nous faut tout d'abord nous repentir des comportements immoraux que nous avons eus par le passé. «Se repentir», dans la Bible, signifie «se détourner du mal pour rechercher le bien». La repentance est un changement de direction qui provient d'un changement de cœur.

[1] Aux Etats-Unis, les maisons sont souvent construites en bois. (N.d.E.)

Il y a une différence entre le fait de changer véritablement dans le cœur et celui de simplement s'apitoyer sur soi-même à cause des conséquences du péché. Un jour, alors que je venais de prêcher dans un festival de musique chrétienne, Emilie et ses trois amies sont venues me parler. Avec un petit rire nerveux qui dénotait un certain manque de sérieux, elle m'a dit qu'elle continuait à «se souiller» avec les garçons, mais qu'elle voulait que Dieu l'aide à changer. Lorsque je lui ai posé quelques questions, il est clairement apparu qu'elle n'était pas vraiment convaincue de péché. Elle regrettait d'avoir perdu sa virginité, était triste d'avoir été «plaquée» plusieurs fois, mais n'éprouvait pas de réelle peine du fait d'avoir désobéi au Seigneur et de l'avoir déshonoré.

La tristesse selon Dieu, évoquée par Paul en 2 Corinthiens 7:10, tranche avec la tristesse du monde qu'éprouvait Emilie: «La tristesse selon Dieu produit une repentance à salut dont on ne se repent jamais, tandis que la tristesse du monde produit la mort.»

La tristesse du monde est égocentrique. Elle mène à la honte, mais non au changement. La tristesse selon Dieu reconnaît le péché comme une offense contre lui; elle se tourne vers Christ pour recevoir de lui le pardon et produit une réelle transformation. Voilà ce que signifie véritablement «recommencer à zéro».

Nos relations passées étaient-elles marquées par l'égoïsme? Si c'est le cas, reconnaissons notre égoïsme et rejetons-le. Avons-nous pratiqué la débauche? Si oui, recherchons cette tristesse selon Dieu, ce regret authentique, et demandons au Seigneur de nous pardonner. Ensuite, changeons de cap, et détournons-nous du péché. Sommes-nous engagés dans une relation, tout en sachant qu'elle est mauvaise? Demandons à Dieu de nous donner le courage de faire sa volonté, même si cela implique de rompre.

Les difficultés de la rupture

Danny, un jeune de 18 ans, savait qu'il n'y avait qu'une seule solution pour régler les problèmes que Trisha et lui rencontraient dans leur relation: la rupture. Ils sortaient ensemble depuis plus de sept mois, et étaient déjà allés très loin dans leur contact physique. Ce n'était pas ce qu'ils avaient souhaité au départ, mais même s'ils s'étaient souvent fixé des limites, ils les avaient toujours repoussées. Ni l'un ni l'autre n'était prêt pour le mariage, et, dans son for intérieur, Danny ne croyait pas vraiment qu'ils étaient faits l'un pour l'autre. S'il continuait à entretenir cette relation avec Trisha, cela ne ferait que l'égarer.

Cette prise de conscience des difficultés qu'ils rencontraient a-t-elle facilité la rupture? Non, ce côté pénible des relations amoureuses sera toujours un moment dur à passer. Mais ne l'oublions pas, persévérer dans une mauvaise relation ne fera qu'intensifier la douleur lorsque la rupture deviendra incontournable. Ayons le courage d'obéir maintenant. Obéir aujourd'hui nous évitera bien des souffrances et des regrets demain.

Lorsque nous mettons fin à une relation, nous devons nous rappeler deux choses: premièrement, il est important de rompre réellement. Ne gardons pas d'attaches et n'évoquons pas la possibilité d'une éventuelle reprise de contact. Il faut aussi probablement décider d'un commun accord de se tenir à l'écart l'un de l'autre pour un certain temps. Danny a été tenté de téléphoner à Trisha après leur rupture, «juste pour bavarder», ou pour lui proposer une sortie, juste «en souvenir du temps jadis». Toutefois, cela n'aurait fait que raviver d'anciens sentiments et rouvrir de vieilles plaies. Même si ce n'était pas facile, il savait qu'une rupture claire et nette était indispensable.

Donner une bonne orientation à la relation

Un jour, Sheena a réalisé que la relation qu'elle entretenait avec un de ses amis de l'Eglise devenait de plus en plus sérieuse. Ils ne «sortaient pas ensemble», mais ils se retrouvaient toujours dans les mêmes groupes et se téléphonaient assez souvent. Lorsqu'elle s'en est rendu compte, elle a décidé d'en parler avec son ami: «J'apprécie vraiment notre amitié, mais je crois que nous passons un peu trop de temps ensemble.» Même si Sheena a eu du mal à trouver le courage de dire cela, cette petite conversation les a aidés à garder leur amitié sur la bonne voie.

Repartir à zéro ne nécessite pas toujours une rupture. Parfois, cela demande simplement de réorienter la relation en l'empêchant de prendre une mauvaise direction.

Ne pas rejeter la responsabilité sur l'autre

Quand Jonathan a rompu avec Kara, il n'a pas cherché à la mettre devant ses torts. «Cela n'aurait rien justifié», dit-il. Il lui a plutôt demandé pardon d'être allé trop loin dans leur contact physique. «Je lui ai dit que, en tant que chrétien, j'avais été un très mauvais exemple, et qu'il valait mieux rompre. C'était, à mon avis, ce que Dieu me demandait.»

Que nous devions rompre une relation ou la réorienter, agissons avec humilité en insistant sur notre désir d'honorer Dieu. Nous n'avons pas besoin d'accuser les autres pour faire ce que nous savons être juste. Ne l'oublions pas. Il y a de fortes chances pour que la fille (ou le garçon) ne comprenne pas tout de suite notre décision, et qu'elle (ou il) pense que c'est un prétexte pour mettre fin à la relation. N'entrons pas dans une discussion et ne cherchons pas à avoir raison.

Si nous avons mal agi envers cette personne, reconnaissons notre responsabilité et demandons-lui pardon. N'essayons pas de nous justifier et ne cherchons pas d'excuses. Demandons pardon, simplement.

2. Chercher le conseil

Lorsque nous décidons de changer de comportement en matière de relations amoureuses, nous avons besoin de deux choses: rechercher le conseil et marcher dans la lumière. Le mieux serait de pouvoir nous adresser à nos parents, même si j'ai bien conscience que tout le monde n'a pas ce privilège. Quoi qu'il en soit, même si nous ne sommes proches que d'un seul parent, ou même si nous avons un tuteur, je crois que nous pouvons recevoir de précieux conseils de sa part.

Pourquoi avons-nous besoin de la sagesse de nos parents, et pourquoi est-il important d'être transparents avec eux? Si je pose ces questions, c'est parce que je me rends compte à quel point j'ai agi contre mon propre intérêt en ne faisant pas confiance à mes parents par le passé. Lorsque j'étais au lycée, je leur cachais que je sortais avec des filles. Si j'aimais quelqu'un, je ne leur en parlais pas. Je craignais qu'ils gâchent tout. Quelle erreur! En ne leur révélant pas ma vie sentimentale, je me coupais de la source de sagesse que Dieu mettait à ma disposition, sagesse qui aurait pu m'éviter bien des erreurs.

Ces dernières années, j'ai appris à être sincère et honnête avec mes parents. Cela m'a permis de faire une incroyable découverte: ils sont de mon côté! Quel soulagement de pouvoir partager avec eux ce que je vis! Nos conversations ne sont ni embarrassantes ni conflictuelles. Je vais tout simplement les voir, puis je leur dis: «J'ai remarqué Unetelle. Qu'est-ce que vous pensez d'elle?» Ou encore: «Je suis vraiment troublé par cette personne. Pourriez-vous prier pour moi à ce sujet?»

Puisque je parle ouvertement avec mes parents au sujet de mes pensées et de mes sentiments, ils peuvent me rappeler les engagements que j'ai pris (une jolie fille peut si facilement me conduire à les oublier!). Ils peuvent aussi prier pour moi et me conseiller. En revanche, si je ne les implique pas activement dans ma vie et si je ne recherche pas leur sagesse, ils ne pourront pas m'aider. J'ai pu recevoir de très précieux conseils depuis que j'ai commencé à agir ainsi, et je crois que vous pourriez en bénéficier aussi. Je vous encourage donc à chercher le conseil de vos parents.

Pour ceux qui ont quitté la maison familiale

Ainsi que je l'ai déjà mentionné, je suis conscient que certains n'ont tout simplement pas la possibilité de tenir leurs parents au courant de leur vie sentimentale. Ceux-ci sont peut-être divorcés, non croyants, ou peut-être ne souhaitent-ils pas s'impliquer dans ce genre de questions. Il est aussi possible que vous n'habitiez plus chez eux.

Si vous êtes dans une de ces situations, n'oubliez pas que Dieu désire vous accorder le soutien dont vous avez besoin. Il le fait par son Saint-Esprit et par les chrétiens de votre Eglise locale. Vous avez besoin d'un conseiller qui puisse vous aider à marcher dans le chemin de la sagesse, et à vivre dans la lumière. Vous pouvez tout simplement demander au Seigneur de vous montrer la personne adéquate. Lorsqu'il l'aura fait, cherchez activement le conseil de cette personne. Et si vous n'êtes pas encore engagé dans une Eglise, il est important d'en trouver une. Ensuite, demandez à quelqu'un de plus âgé et qui craint Dieu, s'il ou elle est d'accord de devenir votre «parent adoptif» et de vous aider à vous orienter dans le domaine compliqué des relations sentimentales.

Quoi qu'il en soit, il faut surtout éviter de s'isoler. Il est très important de se constituer une «équipe de soutien» pour ne pas s'écarter du chemin.

3. Fixer des limites claires

Lorsque vous avez constitué votre «équipe», vous avez besoin de vous fixer une ligne de conduite claire, inspirée par la Parole de Dieu. Prenez le temps d'en parler avec vos parents, ou votre conseiller, et posez-leur des questions. Quelles sont les situations que l'on peut qualifier de «romantiques»? Quand est-il opportun de «sortir à deux», et quand cela risque-t-il de favoriser une intimité précoce? Réfléchissez aux situations qui peuvent se présenter. Que faites-vous quand vous vous sentez attiré par quelqu'un (ou quand vous sentez que cette personne est attirée par vous)? Combien de temps passez-vous au téléphone avec elle? Où se trouve la limite? Combien de temps devriez-vous passer ensemble, même en groupe? Il n'y a pas de règles absolues. C'est une question de sagesse, et cela dépend de l'âge et de la maturité spirituelle de chacun.

Cependant, le fait d'établir ce genre de limites nous permet de réagir avec confiance dans les différentes situations qui se présentent à nous. Pour ma part, je me suis engagé à éviter les situations propices à la tentation. Je veille notamment à ne pas me retrouver seul avec une fille dans une maison ou un appartement. Je me suis donc fixé une limite, celle de ne pas aller chez une fille s'il n'y a personne d'autre chez elle. Si une fille me téléphone, m'invite chez elle et me dit que ses parents ne seront pas là, je n'ai pas à peser le pour et le contre ou à prier à ce sujet. Je sais déjà que je n'accepte pas ce genre d'invitations.

Ce ne sont pas les règles en tant que telles qui transformeront notre cœur. Mais à partir du moment où nous décidons de changer d'attitude, de telles mesures protectrices peuvent nous aider à tenir le cap.

4. Prendre garde aux mauvaises influences

Il importe enfin de prendre garde à ce qui influence notre cœur. Ce que nous écoutons, lisons et regardons peut être, soit une aide, soit une entrave à notre décision de rechercher le meilleur de Dieu pour nous.

Un jour, une fille de mon Eglise m'a parlé du sentiment d'insatisfaction qu'elle éprouvait depuis qu'elle avait regardé certains films «romantiques». «Je me demande pourquoi cela ne m'arrive pas», disait-elle.

Y a-t-il certaines choses, dans notre vie, qui nous conduisent dans le mécontentement? Si tel est le cas, nous ferions peut-être mieux d'y renoncer. Pour certains, cela implique peut-être de cesser de lire des livres ou de regarder des films qui suscitent en eux des désirs malsains. D'autres devront peut-être éteindre la radio, les chansons d'aujourd'hui transmettant généralement une fausse définition de l'amour. D'autres encore devront peut-être cesser de suivre certaines de leurs émissions préférées à la télévision, parce qu'elles se moquent de la pureté et sont en opposition avec leurs convictions. Quel que soit ce qui représente pour nous une tentation, veillons à ne rien tolérer qui nous pousse à l'insatisfaction ou au compromis. Cessons de cultiver ces choses, «éteignons-les», fermons le bouton!

Garder notre cœur, cela peut aussi impliquer de veiller à ne pas passer trop de temps avec des amis qui ne pensent qu'au flirt et à tout ce qui s'y rapporte. Je ne veux pas dire qu'il faille abandonner nos amis parce qu'ils veulent nous encourager au flirt, mais je pense que nous devrions être conscients qu'ils peuvent avoir une influence sur notre cœur. Demandons-nous: Ces personnes ont-elles une mauvaise influence sur moi? Comment puis-je avoir, de mon côté, une bonne influence sur elles sans faire de compromis? Peut-être faut-il que nous passions moins de temps avec certaines personnes ou que nous les rencontrions dans d'autres contextes. Prions pour ces amis et aimons-les, mais soyons conscients de l'influence qu'ils peuvent avoir sur nous. Et demandons à Dieu de nous conduire vers des personnes qui pourront nous soutenir et nous aider à rester fidèles à nos convictions et nos principes.

5. Rester humble

Ceci nous amène à la question suivante: Comment expliquer poliment aux autres vos convictions sur le flirt? Comment refuser quand on vous invite à sortir? Un jour, une fille m'a écrit par e-mail: «A l'aide! J'ai refusé deux invitations la semaine dernière. Je suis à court d'excuses!» Ou que dire aux proches qui prient pour nous lorsqu'ils nous demandent pourquoi nous n'avons pas de petit(e) ami(e)? Comment communiquer nos convictions sans être pris pour des orgueilleux ou des ermites?

Répondre de façon appropriée dans les différentes situations requiert sagesse et humilité. Personnellement, j'essaie de garder à l'esprit que mon but premier est l'encouragement et la croissance spirituelle des autres. Ainsi, il peut être parfois nécessaire d'expliquer en détail nos convictions et les raisons pour lesquelles nous refusons le flirt. Et d'autres fois, il n'y a pas lieu de le faire. Pour certains, nos explications seront une aide, elles protégeront leurs sentiments et leur permettront même de se remettre en question. Mais d'autres n'en seront que troublés et, par nos raisonnements, nous empêcherons l'amitié de se développer naturellement, et nous leur renverrons une image moralisatrice.

La bonne réponse au bon moment

Comment, alors, pouvons-nous savoir s'il convient ou non d'expliquer notre point de vue aux autres? Ce n'est pas une tâche facile, mais cela nous aidera si nous apprenons à distinguer entre les personnes que nous connaissons juste un peu, et celles avec lesquelles nous entretenons une relation solide et mûre.

Lorsque je ne me sens pas très proche de quelqu'un, je me lance rarement dans une discussion sur la question du flirt. Car ceux qui ne me connaissent pas bien pourraient mal comprendre mes propos et me prêter un esprit de jugement. Par exemple, lorsqu'une personne nouvellement arrivée dans l'Eglise me demande si j'ai quelqu'un dans ma vie, je souris gentiment et réponds que je n'ai personne pour l'instant. Se lancer dans une discussion sur les sept mauvaises habitudes qui caractérisent le flirt serait, dans ce cas, totalement déplacé.

En revanche, j'expose mes convictions à mes amis proches. Ils savent que je ne cherche pas à «me caser» et que, tant que je ne suis pas prêt à me marier, je ne désire pas autre chose que des amitiés. J'ai discuté de cela avec eux, et je leur ai parlé des lectures qui ont orienté ma réflexion. Qu'ils soient ou non de mon avis, j'ai pris le temps de leur faire connaître ma position. Cela me simplifie la vie et ménage les sentiments des filles. Par exemple, un jour, j'avais organisé une sortie cinéma avec un groupe d'amis. A la dernière minute, tout le monde s'est désisté, sauf une fille. Comme elle savait que j'évitais les sorties en tête à tête, elle m'a téléphoné pour me dire qu'il valait mieux reporter. Elle n'était pas blessée sentimentalement, et je n'ai pas eu à fournir de grandes explications. Elle respectait mes convictions et allait dans leur sens.

Ne pas vouloir convaincre à tout prix

Quand arrive le moment d'expliquer pourquoi nous ne sortons avec personne, que devons-nous dire? Quels que soient les mots que nous employons, le but n'est pas de gagner un débat ni de convaincre notre interlocuteur. Ne l'oublions pas. Si nos amis sont d'accord, c'est formidable! Mais notre préoccupation première doit être de partager humblement avec eux ce que Dieu nous a montré, de les encourager et de les aider à grandir spirituellement.

Lorsque nous sommes amenés à expliquer notre position quant au flirt, soyons précis et parlons de notre propre vie. Des affirmations générales sur les autres ne seront pas utiles. Nous ne sommes pas appelés à vivre la vie des autres, mais à vivre la nôtre. Ne l'oublions pas. Concentrons-nous sur ce que Dieu nous a mis à cœur personnellement. Soyons humbles et vrais lorsque nous expliquons comment nous cherchons à obéir au Seigneur. Cet esprit d'humilité, si nous y restons attachés, suscitera souvent chez nos amis le désir d'exprimer les questions et les luttes auxquelles ils sont confrontés eux-mêmes. Ce sera pour nous l'occasion de les conseiller et de les encourager.

Si quelqu'un nous propose une sortie à deux, assurons-nous que cette personne comprend bien que nous ne la rejetons pas en tant que personne, et que nous n'excluons pas la possibilité d'une amitié. Exprimons simplement de façon claire qu'actuellement, nous ne recherchons pas autre chose qu'un contact amical. S'il s'agit de quelqu'un que nous aimerions bien connaître davantage, expliquons-lui dans quel cadre nous envisageons les relations avec des ami(e)s du sexe opposé. Invitons cette personne à nous rejoindre dans nos activités de groupe.

Notre objectif premier doit être de servir notre prochain. Recherchons la paix, l'amour et l'intégrité qui glorifient Dieu. Quand nous nous préoccupons trop de ce que les autres pensent de nous, quand nous cherchons à avoir raison, nous avons tendance à devenir agressifs et autoritaires. Mais si notre priorité est de manifester l'amour de Dieu et d'être attentifs à ce que les autres peuvent ressentir, il nous sera plus facile de savoir quoi dire ou ne pas dire.

Quand les gens nous regardent en ayant l'air de penser: «Tu ne sors avec personne? Tu es sûr que tu vas bien?» adoptons l'attitude décrite par l'apôtre Paul en 1 Corinthiens 4:12-13: «Injuriés, nous bénissons; persécutés, nous supportons; calomniés, nous parlons avec bonté.» Voilà la réaction que nous devrions avoir lorsque notre obéissance à Christ engendre des souffrances.

La Bible nous exhorte à supporter d'être ridiculisés sans broncher. Quand nous sommes confrontés au mépris de ceux qui ne comprennent pas nos convictions, au lieu de réagir avec colère, répondons avec douceur. Puis, recommandons ces personnes à la miséricorde de Dieu, qui a usé de miséricorde envers nous.

Une vie conséquente

Un jour, le pasteur A.W. Tozer a donné dans son église un message particulièrement percutant. Selon les dires de quelqu'un qui se trouvait dans l'auditoire ce jour-là, s'il l'avait voulu, Tozer aurait pu faire qu'une foule de personnes pleurant sur leur péché s'approchent de lui après la réunion. Mais ce n'était pas une démonstration d'émotions qui l'intéressait. Au lieu d'appeler les gens à venir se repentir, il leur a demandé de quitter la salle en silence: «Ne vous avancez pas ici pour pleurer au sujet de ce qui vous a touché! a-t-il dit d'une voix forte. Rentrez chez vous, et vivez ce que vous avez compris!»

Cette exhortation est exactement ce qu'il nous faut. Même si, à première vue, elles paraissent peut-être difficiles à respecter, les cinq étapes dont nous avons parlé dans ce chapitre sont indispensables pour changer d'attitude dans le domaine sentimental. Elles nous aideront non seulement à prendre un bon départ, mais aussi, et c'est le plus important, à persévérer sur ce chemin, c'est-à-dire, à «rentrer chez nous pour vivre ce que nous avons compris».

La première étape consiste à réorienter les relations qui partent dans une mauvaise direction ou à mettre fin à celles qui ne sont pas bonnes. Puis, pour pouvoir jouir de toutes les bénédictions que le Seigneur a en réserve pour nous, nous devons nous repentir de nos erreurs et de nos péchés passés. Nous avons aussi besoin d'une «équipe» (nos parents et des amis mûrs dans la foi) qui puisse nous encourager et nous aider à marcher dans la lumière. Ayons l'humilité de nous laisser corriger et conseiller. Acceptons aussi de reconnaître notre besoin de limites protectrices qui nous permettent de rester à l'écart des tentations et des compromis. Enfin, soyons conscients de l'influence que peuvent avoir sur nous les choses que nous regardons et écoutons, ainsi que les personnes que nous fréquentons. Les cinq étapes de ce chapitre, si nous les suivons, nous aideront à vivre en conformité avec nos convictions.

Certes, nous serons toujours confrontés à des questions, à des décisions à prendre, comme: Comment peut-on être ami avec quelqu'un du sexe opposé sans finir par éprouver des sentiments pour cette personne? Que devons-nous faire si nous sommes attirés par quelqu'un ou même complètement épris d'elle ou de lui? Et comment pouvons-nous expliquer la nécessité de ne «pas flirter» à ceux qui nous entourent? Nous aborderons ces sujets, et bien d'autres, dans les trois chapitres suivants.

Chapitre 10

Etre de simples amis dans un monde de laisser-aller

Comment demeurer hors de la «zone sentimentale»

Vous rencontrez quelqu'un du sexe opposé. Il ou elle vous «tape vraiment dans l'œil».

Oh là!

Puis, vous faites connaissance avec cette personne et découvrez qu'elle est, en plus, quelqu'un de formidable.

Oh là là!

Par-dessus le marché, cette personne vous donne l'impression de vouloir mieux vous connaître.

Oh là là là là!

Si vous avez décidé de mettre votre vie amoureuse «en stand-by» jusqu'à ce que vous soyez prêt pour le mariage, que faites-vous dans ce genre de situation? Si vous n'avez pas l'intention de jouer le jeu du flirt, que faut-il faire?

C'est très simple, il suffit d'être simplement amis. Simple? Pas vraiment. Peut-être ne rencontrerions-nous aucune difficulté si Dieu ne nous avait pas créés avec un cœur capable d'éprouver des sentiments et de ressentir une attirance particulière envers les personnes du sexe opposé. Mais il ne nous a pas créés ainsi. Nous devons tous, ou presque, apprendre à gérer nos sentiments lorsque nous essayons tant bien que mal de trouver un équilibre entre ces deux extrêmes: foncer tête baissée dans une histoire d'amour, ou, par peur, fuir toute personne du sexe opposé.

Trouver cet équilibre n'a rien de facile. Le juste milieu ressemble parfois à une corde raide tendue au-dessus d'un gouffre béant.

Tout simplement déroutant

Cet état de «simple amitié» entre deux personnes du sexe opposé est tout simplement déroutant. Honnêtement, je n'ai pas encore complètement compris comment il est possible de le vivre. Les sentiments s'emparent parfois de mon cœur, et il n'est pas toujours facile de les contenir. Même quand je désire en rester à une relation platonique avec une fille, je dois lutter contre mon envie de vouloir quelque chose de plus.

De toute façon, où se trouve la frontière entre contact amical et «contact plus qu'amical»? Cette question me rappelle une publicité pour des sucettes fourrées, qui passait à la télévision quand j'étais enfant. Un petit garçon qui tient une sucette se pose une question très pertinente: «Combien de fois faut-il la lécher pour en atteindre le cœur?»

Il pose sa question à quelques animaux, mais, ne connaissant pas la réponse, ils l'envoient vers le hibou. D'après eux, le hibou doit savoir, car les hiboux sont futés.

Le petit garçon va donc poser sa question au hibou, perché sur son arbre comme un genre de gourou sur la cime d'une montagne. «Combien de coups de langue faut-il pour atteindre le chewing-gum qui est au milieu de la sucette?»

D'un air pensif, le hibou prend la sucette et lui enlève son papier d'emballage.

Il la lèche une fois. «Un», dit-il.

Il la lèche à nouveau. «Deux», continue-t-il.

Il la lèche une troisième fois. «Trois.»

Et soudain, *crunch*! Refusant d'attendre plus longtemps, le hibou croque le cœur de la sucette. «Trois fois», répond-il au petit garçon en lui rendant le bâtonnet, seul reste de la belle confiserie.

Ce hibou me rendait si furieux quand j'étais enfant. J'avais pitié de ce garçon. Non seulement il avait perdu sa sucette, mais il n'avait toujours pas trouvé la véritable réponse à sa question.

Quand je réfléchis au sujet de l'amitié avec les filles, je me sens comme ce garçon! Je ne veux pas atteindre le «cœur de la sucette», je désire simplement que nous soyons amis. Mais je n'arrive pas toujours à déterminer jusqu'où l'amitié peut aller avant que ... *crac!* ... la frontière entre contact amical et «contact plus qu'amical» soit franchie.

Si je soulève cette question, ce n'est pas parce que j'ai peur des relations amoureuses. Au contraire, j'ai hâte d'aimer un jour une jeune femme et de faire tout mon possible pour gagner son cœur. Mais d'ici-là, je désire me concentrer à servir Dieu en tant que célibataire. Pour demeurer sur cette voie, j'ai décidé d'éviter le flirt et de me tenir ainsi à l'écart de toute complication sentimentale.

Il arrive toutefois que mes amitiés soient gagnées par «cet excès de gourmandise».

Avez-vous déjà vu une amitié se transformer en histoire sentimentale? Si oui, vous savez à quel point il est difficile d'éviter cela. Vous êtes simplement de bons amis, puis, l'instant d'après, vos cœurs battent à toute vitesse l'un pour l'autre. Vous poussez un soupir quand vous pensez à votre ami(e). Vous pensez à la prochaine fois où vous pourrez passer du temps avec elle ou lui. Ou encore, vous êtes avec un groupe d'amis, et quand cette personne parle avec quelqu'un d'autre, vous vous sentez... jaloux, possessif...

Vous tentez de vous raisonner. «Pourquoi est-ce que je me sens ainsi? Nous ne sommes que de simples amis, des frères et sœurs en Christ...» Mais vous pouvez dire n'importe quoi, vous savez, au fond de vous-même, que vous avez «craqué».

Amis pour la vie

A ma honte, j'ai un dossier complet de ce genre d'histoires. Souvent, je me suis retrouvé dans des amitiés compliquées, ou parfois même gâchées, avec des filles, parce que j'ai laissé aller mes sentiments. Voici un exemple qui nous aidera à comprendre comment on en vient à «craquer» dans ce domaine.

J'avais 17 ans, et je sortais tout juste d'une relation sérieuse de deux ans, au cours de laquelle je m'étais rendu compte des pièges du flirt. Même si la fille avec laquelle j'étais sorti était, et est toujours, une personne formidable, nous avions rompu avec beaucoup de regrets. J'avais toutefois l'occasion de recommencer à zéro, et j'étais déterminé à ne pas refaire les mêmes erreurs. Mon principe était bien simple: tant que je n'étais pas prêt pour le mariage et que je n'avais pas trouvé la fille qui convenait, je ne désirais pas autre chose que l'amitié avec les personnes du sexe opposé.

Plus facile à dire qu'à faire.

J'avais de bonnes intentions, mais ma conception de l'amitié entre garçons et filles était plutôt naïve. A l'époque, je croyais qu'être ami avec une fille signifiait simplement ne pas l'embrasser et ne pas sortir avec elle officiellement. Mais j'avais beaucoup à apprendre.

C'est avec cette approche plutôt limitée des choses, que je me suis lancé dans ma nouvelle façon d'envisager l'amitié avec les filles. Peu de temps après, j'ai eu l'occasion de mettre mes principes à l'épreuve. J'ai rencontré Chelsea l'été de ma deuxième année de lycée. Nous participions tous deux à un camp organisé pour les jeunes chrétiens engagés, qui avait lieu au *Summit*, un hôtel centenaire, pittoresque mais délabré, à Colorado Springs, dans le Colorado. Nous nous sommes rencontrés dans l'escalier, un jour, entre les cours. C'était une belle brune du Kansas, rayonnante, une chrétienne engagée, qui venait d'une famille bien. De plus, elle était sportive et avait le goût de l'aventure. Nous avons tout de suite «accroché».

Les jours passant, nous avons fait plus ample connaissance. Nous discutions en faisant la queue pour le déjeuner et jouions au tennis ensemble les jours d'activité sportive. Nous sommes devenus encore plus proches le jour où, avec un groupe d'étudiants, nous avons fait une randonnée d'une vingtaine de kilomètres jusqu'au sommet du Pikes Peak[1]. Durant la marche, Chelsea m'a parlé de sa vie dans le petit village où son père était avocat. Je lui ai décrit ma vie avec ma famille en Oregon. Ces discussions me

[1] Sommet le plus haut du Colorado (4301 m), auquel on peut aussi accéder par la route. (N.d.E.)

remplissaient de joie: j'avais trouvé une fille dont je pouvais apprécier la compagnie sans être préoccupé par des questions sentimentales.

Malheureusement, mon désir de «simple amitié» n'était pas aussi fort que mon ancienne habitude de glisser vers les sentiments. J'étais attiré par Chelsea. Et plutôt que de me contenter de l'amitié et d'un contact en groupe, je l'ai invitée à déjeuner. Elle a accepté, et deux jours avant la fin du camp, nous avons pris le bus en direction de Colorado Springs. Nous avons passé l'après-midi à flâner devant les boutiques «attrape-touristes» du centre-ville, ces magasins remplis de bibelots et de tableaux bon marché. Nous nous sommes arrêtés dans une petite boutique de perles à la mode, où nous nous sommes fabriqué des colliers en souvenir l'un de l'autre.

Cette petite sortie était *l'erreur numéro un*. Même si, à mon avis, il n'y a pas de quoi en faire un plat quand on sort déjeuner avec quelqu'un, dans ce cas précis, cela révélait mon intérêt particulier pour Chelsea, nous mettait dans un contexte plutôt romantique et nous donnait l'impression d'être un couple. En prenant cette initiative, j'ai poussé notre relation au-delà de l'amitié.

A ce moment-là, toutefois, je n'avais pas conscience de tout cela. En fait, j'étais fier de moi. Il me semblait que nous avions agi de façon irréprochable. Ben oui, quoi! Nous ne nous étions même pas tenu la main! En tant que lycéens «mûrs», prêts à rentrer en terminale, nous avions dépassé la tendance qu'ont les plus jeunes à sortir avec quelqu'un durant l'été et à rompre dès leur retour à la maison. Nous disions à tous que nous étions de simples amis.

Mais en réalité, je souhaitais quand même un peu plus que cela. Je voulais éprouver les sensations fortes de l'amour et connaître le réconfort d'être aimé. Le lendemain, j'ai écrit un petit message à Chelsea pour lui dire que je ne pouvais pas supporter l'idée que notre amitié se termine avec le camp. Même si nous habitions loin l'un de l'autre, serait-il au moins possible que nous restions en contact par courrier? Elle a accepté.

C'était *l'erreur numéro deux*. Certes, écrire des lettres est une bonne chose. J'ai souvent écrit aux amis, garçons ou filles, que je m'étais faits pendant les camps d'été. Mais le contact que j'avais avec Chelsea allait au-delà. Pendant plusieurs mois, nous nous sommes écrit presque tous les jours. Notre relation ne nous a pas seulement coûté cher en timbres, elle frisait l'obsession. Si je n'étais pas en train d'écrire à Chelsea ou de lire une de ses lettres, je pensais à elle et parlais d'elle aux autres.

Pour toute personne lucide, il était clair que nous étions plus que de simples amis. Même si nous terminions toutes nos lettres par la mention «Amis pour la vie», ces missives poétiques avaient des sous-entendus romantiques. Elles étaient remplies de «Tu me manques», et «Je pense toujours à toi». Dans un de ses envois, Chelsea a écrit en couleurs vives et en tête de chaque page: «Je t'aime de l'amour de Jésus.»

De simples amis? *Ouais, ouais...*

Quand j'y repense, je suis stupéfait de voir comment je me justifiais. «Il n'y a rien de mal à cela, me disais-je. Nous habitons à des milliers de kilomètres l'un de l'autre, nous ne nous sommes jamais embrassés et nous ne pouvons même pas sortir ensemble!» Cependant, je ne réalisais pas qu'il n'est pas nécessaire d'être voisin de quelqu'un pour poursuivre une relation prématurément intime. Il n'est pas non plus nécessaire de sortir ensemble pour dépasser les limites de l'amitié. Par la poste, c'est possible malgré la distance.

Cette relation ne s'est pas bien terminée. Les choses sont devenues plus sérieuses entre nous, et nous avons même pris l'avion pour nous voir. Mais finalement, avec le temps, nous avons constaté que nous avions moins en commun que ce que nous pensions au départ. Notre ardeur romantique avait dissimulé nos incompatibilités de caractère.

Quand Chelsea a rencontré un autre garçon au lycée, et qu'elle a commencé avec lui une «simple amitié», je suis devenu jaloux. N'étant pas en mesure de considérer les choses objectivement, nous nous sommes blessés mutuellement. Notre échange de lettres a fini par cesser, et notre relation avec; une autre histoire sentimentale prématurée qui se terminait par des cœurs brisés.

Je me retrouvais dans la situation même que j'étais tant déterminé à éviter.

Comment cela s'est-il produit? Quand notre amitié s'est-elle transformée en «quelque chose de plus»? Allais-je pouvoir un jour vivre une simple amitié avec une fille, ou était-ce complètement impossible?

Frères et sœurs

Même si, pour ma part, j'ai parfois échoué dans mes tentatives de ne pas franchir l'étroite limite entre amitié et sentiments, je crois tout de même que garçons et filles peuvent vivre une amitié très enrichissante sans que les sentiments ne soient impliqués. En fait, c'est même important.

En 1 Timothée 5:2, l'apôtre Paul exhorte Timothée, son enfant spirituel, à traiter les jeunes femmes «comme des sœurs, en toute pureté». Dieu désire que nous recherchions des relations absolument pures et riches. Paul nous rappelle que nous sommes une famille. En Christ, nous avons été adoptés par Dieu. «La relation entre frères et sœurs chrétiens n'est pas quelque chose que nous pouvons fabriquer, écrit Elisabeth Elliot. C'est une réalité déjà établie. Nous sommes membres les uns des autres. Nous sommes de la même famille.»[2] Dans ces relations préétablies, nous devons rechercher de tout notre cœur la pureté totale et l'amitié véritable.

Plus loin, Paul explique à Timothée quels devraient être le moteur et le but de ces relations: «Fuis les passions de la jeunesse, et recherche la justice, la foi, l'amour, la paix, avec ceux qui invoquent le Seigneur d'un cœur pur» (2 Timothée 2:22).

Paul encourage Timothée à trouver des frères et sœurs en Christ qui invoquent le Seigneur avec lui. Il montre donc que l'amitié entre chrétiens doit avoir pour objectif la gloire de Dieu. Elle ne doit pas être sans but et ne rechercher qu'à passer du bon temps. Paul ne nous exhorte pas à développer nos aptitudes sociales, mais à entretenir des amitiés qui soient l'expression d'un amour profond pour le Seigneur et qui recherchent sa gloire.

---

2 Elisabeth Elliot, *The Mark of a Man*, Fleming H. Revell.

Or, pour cela, nous avons besoin les uns des autres. Nous avons besoin de considérer l'avis des personnes du sexe opposé, de bénéficier de leurs encouragements et de connaître les «frottements» inhérents à ces amitiés.

A quoi ressemblent les relations entre frères et sœurs? Elles sont caractérisées par la communion fraternelle, l'affection et une attention véritable les uns envers les autres. Examinons ces points de plus près.

La communion fraternelle

Les frères et sœurs en Christ ne se contentent pas de relations superficielles. Ils ne trouvent pas leur satisfaction dans des conversations dénuées de profondeur et de sens, comme on peut en entendre dans les émissions télévisées à la mode. Leur désir n'est pas d'afficher un humour et une vivacité d'esprit qui impressionnent, mais de grandir dans la foi et la crainte de Dieu. Ils prennent plaisir à parler de ce qui importe le plus dans leur vie: la réalité de Jésus-Christ et de son œuvre en eux. Voilà en quoi consiste la communion fraternelle biblique. C'est partager avec les autres ce que Dieu nous enseigne et fait en nous.

Je connais quelques célibataires, hommes et femmes, qui, chaque dimanche après le culte, se réunissent dans un restaurant pour échanger sur le message donné par le pasteur. Ils parlent ouvertement de ce que Dieu leur a montré, autour d'une grande carafe de thé glacé. Ils prient aussi les uns pour les autres. Par ces rencontres, ils ont pu développer des amitiés profondes.

L'affection

Je suis l'aîné de sept enfants. J'ai cinq frères et une sœur. J'aime tous mes frères, mais la petite Sarah a une place toute spéciale dans mon cœur. J'ai pour elle une affection particulière. Mes frères me comprennent et ressentent la même chose à son égard. Nous désirons la protéger et prendre soin d'elle. C'est notre sœur, et c'est tellement précieux.

Voilà où Paul voulait en venir quand il exhortait Timothée à traiter les jeunes filles comme des sœurs. Mesdemoiselles, l'inverse est vrai pour vous: Dieu veut que vous considériez les jeunes hommes comme des frères. En dehors de toute recherche de romantisme et de flirt, nous devons être profondément attentifs les uns aux autres. Dans une autre épître, Paul précise ce que cela implique concrètement: «Par amour fraternel, soyez pleins d'affection les uns pour les autres; par honneur, usez de prévenances réciproques» (Romains 12:10).

Est-ce ce genre d'affection que nous portons à nos frères et sœurs? Prions-nous pour eux? Cherchons-nous comment les encourager dans leur marche avec Dieu? Trouvons-nous notre joie à les honorer? Un des petits groupes de mon Eglise, qui comprend des hommes et des femmes célibataires, a fait un travail remarquable pour encourager ce type d'atmosphère. Par exemple, les hommes ont organisé un dîner en l'honneur des dames, ils leur ont servi le repas et ont même offert un cadeau à chacune. Ensuite, ils ont dit à chaque fille pourquoi ils respectaient et appréciaient son amitié. C'est cela, l'affection véritable!

Il est important d'être constant. Ne manifestons pas de la gentillesse seulement envers les personnes qui nous attirent sentimentalement. Au contraire, faisons preuve d'égards envers tous nos frères et sœurs. Cela n'a rien à voir avec le flirt, qui cherche à susciter chez l'autre des sentiments amoureux; c'est vivre l'affection fraternelle en Christ.

Etre attentifs les uns aux autres

Les enfants de Dieu prennent soin les uns des autres. Ils s'encouragent mutuellement. Ils cherchent à se rendre service. Et parfois, ils doivent s'exhorter ou se reprendre mutuellement avec douceur. C'est cela, être attentifs les uns aux autres.

Une de mes amies, Christina, commençait à se laisser entraîner dans une relation intime avec un non-chrétien. Même si, à plusieurs reprises, elle l'avait amené à l'église et m'avait dit, ainsi qu'aux autres, qu'elle cherchait à «lui témoigner», je me suis inquiété de la nature de leur relation. Un jour, je lui ai téléphoné pour lui demander si elle n'était pas en train de s'engager sentimentalement dans une relation avec quelqu'un qui ne suivait pas Christ. Elle a reconnu que c'était le cas, et qu'elle avait déjà pris des décisions peu raisonnables de rendez-vous en tête à tête. Dieu a utilisé cette conversation pour la convaincre et lui montrer à quel point le chemin sur lequel elle s'engageait était dangereux. Elle en a parlé à sa mère et à quelques amies, et a pu changer la nature de son amitié avec le gars en question.

Il m'est aussi arrivé de me faire reprendre. Un jour, Heather, une autre amie, a pris ainsi soin de moi en me parlant de ma manière de me comporter avec les filles de notre groupe de célibataires. Elle m'a dit que j'accordais une attention trop grande à certaines, et m'a donné des exemples de choses que j'avais pu dire ou faire qui pouvaient prêter à confusion et faire croire à ces filles que j'avais des sentiments pour elles. C'était dur à entendre, mais Dieu a utilisé cela pour m'aider à changer.

Côte à côte

Messieurs les garçons, êtes-vous de tels amis pour les filles? Lorsqu'elles seront mariées, leur mari pourra-t-il vous dire: «Merci d'avoir été un frère pour ma femme»? Mesdemoiselles, êtes-vous de telles amies pour les garçons que vous côtoyez? Leur future femme cherchera-t-elle à vous rencontrer pour vous remercier d'avoir été des sœurs pour leur époux?

Durant nos années de célibat, nous pouvons parfois en arriver à ne plus penser qu'à la façon dont nous allons bien pouvoir rencontrer notre futur conjoint. «Comment trouver les amitiés dont *nous avons besoin* pour pouvoir nous marier un jour?» nous demandons-nous.

Il n'est pas condamnable de se poser ce genre de question, mais nous devons réaliser qu'il en existe une bien plus importante: «Comment devenir le genre d'ami(e) dont *ont besoin* les personnes du sexe opposé?» Nous devons donc nous détourner de nous-mêmes et chercher à servir notre prochain.

Dieu ne désire pas que nous nous évitions mutuellement, mais il ne désire pas non plus que nous cherchions à profiter les uns des autres en vue de liaisons égoïstes et sans lendemain. Il nous exhorte à nous engager avec fermeté dans des amitiés bibliques. Par des relations fraternelles, hommes et femmes s'encouragent à la crainte de Dieu, résistent ensemble au péché, cherchent le Seigneur ensemble, s'honorent les uns les autres et grandissent côte à côte dans la grâce.

Ne pas abuser des bonnes choses

Même si nous sommes appelés à apprécier ce que nous apportent les amitiés entre garçons et filles, nous ne devons pas oublier que celles-ci ont leurs limites. Pour profiter des bonnes choses, il faut veiller à ne dépasser les «frontières». Et les relations amicales avec quelqu'un du sexe opposé ne font pas exception. Quelque chose a beau être très bénéfique ou tout à fait inoffensif, si nous en abusons, nous pouvons nous faire du mal ou faire du mal aux autres. Salomon souligne ce principe en prenant l'exemple de la nourriture: «Si tu trouves du miel, n'en mange que ce qui te suffit, de peur que tu n'en sois rassasié et que tu ne le vomisses» (Proverbes 25:16). Même si une chose est bonne, il ne faut pas s'en gaver pour autant. Tout comme une saine alimentation, une amitié saine exige maîtrise de soi et modération.

Considérons maintenant quatre points importants pour conserver une relation saine avec les personnes du sexe opposé.

1. Comprendre la différence entre l'amitié et l'intimité

Il est plus facile de comprendre la frontière indéfinissable qui existe entre un contact amical et un contact «plus qu'amical» quand on saisit la différence entre l'amitié et l'intimité.

L'amitié n'est pas centrée sur les deux personnes impliquées dans la relation, tandis que l'intimité ne «tourne qu'autour d'eux». La véritable amitié est motivée par autre chose que les personnes elles-mêmes, ainsi que l'écrit C.S. Lewis: «On représente deux amoureux face à face, mais deux amis côte à côte et regardant en avant.»[3] L'amitié, c'est avoir un but commun, c'est se concentrer ensemble sur la même chose. Qu'il s'agisse d'un

[3] C. S. Lewis, *The Four Loves*.

projet sportif, d'un hobby, de la musique ou de la foi, ce qui unit les deux personnes est quelque chose d'*extérieur*. Si *la relation elle-même* devient le centre, c'est qu'elle a dépassé les frontières de l'amitié.

Voyez-vous comment ce «dépassement» a fini par se produire, dans mon histoire avec Chelsea? Au début, si nous étions amis, c'était simplement parce que, durant deux semaines, nous participions tous deux à un camp pour jeunes chrétiens engagés. Nous avions différents intérêts en commun, tels que le tennis et le piano. Nos échanges sur ces sujets sont restés dans les limites de l'amitié.

Toutefois, nous n'avions pas vraiment de raison d'entretenir notre amitié à distance. Il n'était pas possible de poursuivre côte à côte des intérêts communs en habitant à des centaines de kilomètres l'un de l'autre. Il n'était donc aucunement justifié de continuer notre relation. En réalité, notre seul motif était une attirance mutuelle. Si nous avions réellement recherché une simple amitié, nous aurions vu que celle-ci ne pouvait pas dépasser les limites géographiques et nos contextes de vie différents. Nous aurions reconnu que la seule chose qui nous poussait ensemble était, en réalité, cette attirance réciproque.

Mais ce n'est pas ce que nous avons fait. Ainsi, nos échanges de courriers se sont désormais concentrés sur notre relation plutôt que sur nos intérêts communs. Nous avons cessé de marcher côte à côte pour nous retrouver face à face et centrés l'un sur l'autre.

Si la plupart des amitiés entre garçons et filles se transforment en histoire d'amour, c'est parce que les personnes impliquées ne comprennent pas la différence entre amitié et intimité. Nous confondons trop souvent ces deux choses. Je disais ne vouloir qu'une relation amicale avec Chelsea, mais en réalité, je recherchais l'intimité. Je désirais quelqu'un qui se soucie de moi et qui m'aime. En fait, mes actes ont révélé que je recherchais les sensations fortes de l'amour et le réconfort d'être aimé.

Ces désirs étaient-ils mauvais? Non, mais ils n'arrivaient pas au bon moment. Je ne veux pas dire qu'il faille éviter toute intimité. Au contraire, l'intimité est quelque chose de merveilleux. Cependant, comme nous l'avons vu, c'est la récompense de l'engagement. Si nous ne sommes pas prêts à nous engager avec quelqu'un ou si nous n'en sommes pas capables, nous ne sommes pas non plus prêts à rechercher l'intimité.

Vous souvenez-vous de l'image utilisée à ce sujet dans le chapitre 2? Rechercher l'intimité sans l'engagement, c'est comme faire de l'alpinisme avec quelqu'un qui, alors que vous vous trouvez en plein milieu d'une paroi rocheuse, n'est pas sûr de vouloir tenir la corde pour vous assurer, parce qu'il se sent trop «lié» à vous. C'est bien la dernière chose qu'on a envie d'entendre lorsqu'on est suspendu en l'air à des centaines de mètres du sol!

C'est exactement ainsi que, dans mon égoïsme, j'ai agi envers Chelsea. Je souhaitais connaître les sensations fortes d'une histoire sentimentale, mais je n'étais pas réellement prêt à m'engager avec elle. Cela signifie-t-il que j'aurais dû l'épouser parce que nous avions commencé une relation? Non. En fait, cela signifie que je n'aurais tout simplement pas dû rechercher l'intimité avec elle.

Le fait de comprendre la différence entre amitié et intimité peut nous aider à demeurer dans les limites de l'amitié jusqu'à ce que nous soyons prêts à assumer les responsabilités indissociables d'une relation intime.

2. Ne pas être exclusif

La deuxième mesure à prendre pour rester de simples amis, c'est favoriser les activités en groupe et éviter de s'isoler à deux. Pour ce faire, il est important de mettre au courant nos amis et notre famille.

Soyons cependant conscients qu'il ne s'agit pas de trouver quelqu'un qui nous servira de «chaperon»[4], afin que nous puissions sortir avec la personne en question. Je connais des couples d'amoureux qui sortent toujours avec un frère ou une sœur plus jeunes, simplement pour pouvoir dire qu'ils étaient «en groupe». Dans l'école biblique que fréquentent bon nombre de mes amis, il

4 Mot vieilli qui, à l'origine, désignait une femme âgée accompagnant une jeune fille ou une jeune femme dans le monde. Au figuré, désigne une personne qui sort avec quelqu'un pour le surveiller. (N.d.E.)

y a une règle selon laquelle les étudiants ne peuvent sortir que s'ils constituent une «unité sociale» de trois personnes. Il m'est déjà arrivé d'être invité à accompagner des amis dans leurs activités. Mais j'ai vite réalisé que s'ils m'avaient invité, c'était simplement pour compléter leur «unité sociale». Merci les gars! Dans ces différents cas, les personnes n'avaient manifestement aucune envie d'être accompagnées. En fait, elles auraient attaché, bâillonné et enfermé dans le coffre de la voiture le frère cadet ou la troisième personne de «l'unité sociale», cela serait revenu au même!

Je ne parle donc pas d'impliquer d'autres personnes simplement pour la forme. Au contraire, le fait d'inclure les autres doit découler d'un désir sincère de communion fraternelle avec le plus grand nombre. Nous devrions avoir pour but la communion fraternelle, le service, la prière ou l'étude de la Parole de Dieu, et, dans cette optique, impliquer les autres dans notre relation.

Si c'est à contrecœur que nous le faisons, nous devrions nous demander si l'amitié est bien notre véritable motivation.

3. Privilégier les amitiés avec des personnes du même sexe

Nous devons veiller à ne pas favoriser exclusivement les amitiés avec des personnes du sexe opposé. N'oublions pas l'importance des amitiés solides entre personnes du même sexe.

Souvent, dans ma vie, j'ai fait l'erreur de les négliger. Sans le vouloir, j'ai cessé de consacrer du temps aux autres gars. Dans les groupes, je tournais autour des filles. Cela me plaisait, elles étaient plus intéressantes et, de toute façon, elles étaient «simplement des amies». Mais cette attitude n'était pas juste. Je négligeais mes frères et me laissais aller à faire ce qui m'était facile et agréable.

Les filles qui me lisent ont peut-être fait la même chose. Peut-être trouvez-vous plus agréable d'être avec les garçons et ne ressentez-vous pas vraiment le besoin d'avoir des amies proches. Une femme m'a expliqué un jour pourquoi, à son avis, certaines filles trouvent que les amitiés avec les garçons sont plus faciles: «Les garçons nous accordent plus d'attention et, parce que les filles savent bien comment 'fonctionnent' les autres filles (comment nous pouvons parfois jouer un jeu), il est quelquefois plus facile d'être amie avec des garçons. On peut s'en sortir sans être tout à fait soi-même.»

Même si ce n'est pas toujours le cas, et même si beaucoup d'amitiés entre garçons et filles sont «véritables», c'est là un point important à considérer. Le manque de contacts avec des personnes du même sexe ne devrait pas être mis sur le compte d'une simple question d'affinité de caractères. Si nous ne recherchons pas des relations qui pourraient nous faire mûrir spirituellement, c'est peut-être par paresse ou égoïsme.

Par ailleurs, en refusant de développer et d'entretenir des amitiés avec les personnes du même sexe, nous n'envisageons pas les choses à long terme. Après le mariage, il ne sera pas de bon ton d'avoir un grand nombre d'amis du sexe opposé (et cela risque de déplaire à notre conjoint). L'importance d'avoir cultivé des amitiés avec des personnes du même sexe sera alors évidente. Ces amitiés seront une source précieuse d'encouragement et de conseil, et nous aideront à marcher dans la lumière.

Construire des amitiés solides avec d'autres garçons de mon Eglise m'a aidé à grandir dans l'amour pour Dieu. Nous nous rencontrons plusieurs fois par semaine, autant pour des activités de détente que pour des discussions sérieuses. Ils connaissent les domaines de ma vie où j'ai à lutter contre le péché, m'aident à marcher dans la lumière, prient pour moi et m'encouragent dans la foi. J'en fais autant pour eux. Leur amitié m'apporte quelque chose qu'aucune fille – même une épouse – ne pourrait m'apporter. Il en est de même pour les femmes: vos amitiés avec d'autres femmes vous apporteront une forme d'encouragement et de soutien qu'aucun homme ne pourra vous offrir.

4. Chercher à servir et non à s'amuser

«Nous voici, divertissez-nous.» Cette phrase de Kurt Cobain[5] résume l'attitude de la société d'aujourd'hui. Et malheureusement, je crois que bon nombre de chrétiens ont fait de ces mots le refrain de leurs amitiés.

[5] (1967-1994). Chanteur de l'ex-groupe rock «Nirvana».

A mon avis, notre recherche constante du divertissement découle de notre cœur égoïste. La motivation du divertissement n'est pas d'être utile aux autres, mais d'éprouver un plaisir personnel. Une amitié basée sur cet égoïsme et cette recherche du plaisir peut facilement se transformer en relation sentimentale égoïste et axée uniquement sur la satisfaction des désirs du moment.

Toutefois, lorsque nous choisissons de centrer notre relation sur le service plutôt que sur le divertissement, nos amitiés sont tournées vers les personnes que nous pouvons servir, et non vers nous-mêmes. En réalité, et c'est extraordinaire, c'est en servant que nous pourrons cultiver de véritables amitiés. Le service nous permet d'entretenir des relations beaucoup plus profondes avec nos amis.

Réfléchissons un instant. Que pouvons-nous apprendre sur quelqu'un en étant simplement assis à ses côtés au cinéma? Et que pouvons-nous apprendre sur une personne en servant les autres avec elle? Lorsque nous cessons de ne penser qu'à nous divertir et que nous choisissons de servir les autres, non seulement nous plaisons à Dieu, mais nous jouissons des bénédictions que procure l'amitié: deux personnes (ou plus!) avancent côte à côte vers un but commun des plus nobles. C'est quelque chose de véritablement épanouissant.

Je ne dis pas que nous ne devrions jamais chercher à nous divertir. Mais je suis convaincu que notre priorité devrait être le service. Ainsi, allons servir de la soupe aux plus démunis avec une mission avant de nous asseoir dans notre canapé pour regarder un film. Avant de demander à notre responsable de groupe de jeunes qu'il nous emmène avec nos amis dans un «aquaparc» quelconque, réunissons ces amis pour enseigner les préados. Avant d'aller à un concert de plus ou d'acheter un nouveau CD, comme mon frère, nous pouvons peut-être fonder un groupe de musique pour animer la louange dans notre Eglise ou ailleurs. Ces quelques exemples veulent nous rappeler de «produire» avant de «consommer», de servir avant de chercher à nous divertir.

Persévérer

Etre simplement ami avec quelqu'un du sexe opposé ne nous est pas donné du jour au lendemain. Nous devons lutter pour y parvenir et veiller sur nos amitiés. Comme les aimants, les hommes et les femmes sont faits pour s'attirer mutuellement. Mais tant que nous ne sommes pas prêts à être «collés» pour la vie, nous devons éviter une intimité prématurée. Comment est-ce possible? En respectant les limites de l'amitié et en demeurant dans le cadre donné par la Parole de Dieu. En Romains 12:10-11, nous lisons: «Par amour fraternel, soyez pleins d'affection les uns pour les autres; par honneur, usez de prévenances réciproques. Ayez du zèle, et non de la paresse. Soyez fervents d'esprit. Servez le Seigneur.»

Quelle relation avons-nous ensemble? Nous sommes frères et sœurs en Christ.

Comment nous comportons-nous les uns envers les autres? Avec égard et honneur.

Et quelle est notre motivation? Le service, côte à côte, pour la gloire de Dieu.

Si nous sommes dans cette attitude, la «simple amitié» devient quelque chose de formidable.

Chapitre 11

Gardons notre cœur

Comment remporter la victoire sur la passion, l'impureté et l'apitoiement sur soi-même?

Etendue paresseusement sur son lit, Emily regardait Jessica faire ses bagages.

– Je sais ce qui va se passer quand tu iras à la fac, a-t-elle dit tout à coup.

– Ah oui? a répondu Jessica sans prêter attention, tout occupée qu'elle était à mettre de l'ordre dans ses affaires étalées sur la moquette: vêtements, chaussures, trousse de maquillage.

– Oui, je t'assure, a insisté Emily en lui lançant une paire de chaussettes pour attirer son attention. Une fois là-bas, tu rencontreras un garçon et tu tomberas amoureuse. Et après, tu reviendras à genoux me supplier de te pardonner de m'avoir tellement embêtée au sujet du flirt. Ah, j'ai hâte que tu aies un petit copain!

Si elle lui avait été adressée par quelqu'un d'autre, cette remarque aurait mis Jessica en colère. Mais venant de sa meilleure amie – même si elle pouvait être exaspérante – cela la faisait sourire.

– Emily, je t'ai déjà expliqué que ce n'est pas que je ne veux pas tomber amoureuse, a précisé Jessica en fourrant un autre jean dans sa valise. Simplement, ça ne m'intéresse pas de faire semblant et de courir après des relations sans lendemain... comme le font *certaines personnes* que je connais.

Préférant ne pas réagir à cette provocation, Emily a répondu:

– Tu verras, tu ne diras plus la même chose à la fac!

Quand les règles ne sont pas adaptées au jeu

Sept mois plus tard, Jessica, assise dans sa petite chambre, regardait par la fenêtre un écureuil sautiller sur le goudron du parking. C'était un des rares moments de l'après-midi où la cité universitaire était suffisamment calme pour pouvoir réfléchir un peu. «Emily avait peut-être raison», songeait-elle en se remémorant leur conversation de ce jour-là. Son arrivée à l'université avait bouleversé sa vie. Toutes ses pensées idéalistes sur l'amour et l'attitude parfaite à avoir dans les fréquentations lui semblaient dépassées, démodées. Elle était entrée en faculté avec des idées tellement arrêtées, et maintenant, elle n'était plus sûre de rien.

Ayant grandi dans une petite ville où il y avait peu de jeunes chrétiens, Jessica n'avait jusque-là pas été tellement tentée par le flirt. Et comme elle avait de nombreuses amies, elle n'avait pas souffert de la solitude. De plus, elle avait été suffisamment occupée par ses devoirs scolaires, ainsi que par ses entraînements de volley et de softball[1].

Un jour, alors qu'elle était au lycée, lors d'une conférence pour jeunes, elle avait entendu un message sur «Les relations sentimentales à la lumière de la Bible». L'orateur avait expliqué que le flirt était généralement en contradiction avec les principes bibliques. Jessica avait été surprise par la pertinence de ses propos. Elle n'avait jamais consciemment évité le flirt, mais alors, elle avait compris pourquoi l'idée même l'avait toujours mise mal à l'aise. Elle s'était souvenue de toutes les fois où ses amies avaient souffert de relations qui avaient mal tourné. Les effets négatifs du flirt n'étaient-ils pas évidents?

Jessica avait commencé alors à réfléchir à la «bonne» manière de faire les choses. Ou, plutôt, selon les propos d'Emily, elle était «partie en guerre contre le flirt». Elle avait fouillé la Bible à la recherche d'arguments, lu des livres, écouté des cassettes sur ce

[1] Sorte de base-ball pratiqué sur un terrain plus petit avec une balle plus molle et plus grosse. (N.d.E.)

sujet et passé de nombreuses soirées à discuter, voire débattre, avec ses amis des avantages et des pièges du flirt.

Suite à toutes ses recherches, elle s'était forgé son propre «code de conduite en matière de relations amoureuses», tel un nouveau Moïse descendant du Sinaï avec les dix commandements. Elle était certaine que sa liste de «Ne fais pas ceci» et «Ne fais pas cela» apporterait une solution aux problèmes sentimentaux du monde entier... ou, du moins, qu'elle l'en préserverait *elle*. Elle avait décidé que, premièrement, elle ne se laisserait pas «embourber» dans des liaisons sans lendemain. Tant qu'elle ne se sentirait pas prête pour le mariage, elle ne se permettrait pas de sortir seule avec des garçons. Elle ne les côtoierait qu'en groupe.

Puis, quand la relation semblerait opportune, le prétendant devrait d'abord rencontrer ses parents. Pour la suite, Jessica avait planifié le déroulement de leurs fréquentations comme un scénario soigneusement rédigé. Après s'être renseignés sur le jeune homme en question, les parents lui donneraient l'autorisation de fréquenter leur fille. Ils tomberaient alors éperdument amoureux l'un de l'autre, et le soleil illuminerait le jour de leur mariage.

Tout cela était bien beau. Avec sagesse, Jessica s'était fixé de grands idéaux. Ses principes étaient effectivement sains, mais il leur manquait quelque chose. Ses règles étaient tout à fait raisonnables, mais ce n'étaient que des règles: elles n'avaient pas pris vie dans son cœur. Et seule la foi qui jaillit du cœur peut espérer résister un jour au vent ravageur des sentiments.

En entrant à l'université (il s'agissait d'une université chrétienne très conservatrice, choisie notamment à cause de ses principes très stricts), elle avait découvert avec consternation que toutes les belles règles sur lesquelles elle s'était appuyée ne pouvaient en rien freiner les sentiments qui, soudain, s'emparaient d'elle. Jamais elle n'avait eu de contacts quotidiens avec autant de beaux garçons qui marchaient avec le Seigneur. Chez elle, Jessica n'avait eu aucun mal à refuser de sortir avec des non-chrétiens. Mais, lorsque Eric, un grand jeune homme bien soigné, l'a regardée de ses yeux bruns pénétrants en commentant la prédication du matin, Jessica a senti son cœur fondre complètement.

De plus, elle ne pouvait faire un pas sans rencontrer un couple, ce qui n'arrangeait pas les choses. Ils étaient partout! Trois de ses quatre copines de chambre avaient un petit ami, et elles la regardaient avec étonnement, voire mépris, parce qu'elle n'en avait pas.

Jessica a commencé à les envier. Soudain, l'idée d'avoir un petit ami lui a paru agréable. Elle s'est surprise à penser à certains garçons. *Et si c'était celui-là, l'homme de ma vie? Que voulait-il dire à tel ou tel moment? Est-ce qu'il s'intéresse à moi?* Avec toutes ces pensées qui lui trottaient dans la tête, Jessica est devenue mélancolique et insatisfaite. Dans toutes ses activités, elle se disait: «Ah, si seulement je pouvais partager ça avec quelqu'un!» Elle avait un grand nombre d'amis, filles et garçons, mais cela ne suffisait pas à combler les désirs de son cœur.

Et pour compliquer encore les choses, certains garçons ont commencé à l'inviter à sortir. L'un d'entre eux allait-il pouvoir devenir son mari? En fait, il ne lui semblait pas vraiment que c'était le cas, mais il y en avait un qui était tellement mignon... Au fond d'elle-même, Jessica savait qu'elle faisait tout ce qu'elle avait décidé de ne pas faire, mais cela avait-il une quelconque importance, maintenant? Ses valeurs et ses principes semblaient inutiles.

Etre réaliste

Le cœur humain n'aime pas recevoir d'ordres dictés par la raison. Il arrivera toujours un moment où nous n'aurons pas envie d'appliquer les principes bibliques et raisonnables que nous avions arrêtés. La question qui se pose est donc: Que ferons-nous quand notre cœur sera envahi par une vague de sentiments irrésistibles? Si nous ne nous préparons pas dès maintenant à cette éventualité, nous serons alors tentés d'abandonner nos principes et nos valeurs.

Dans *Passion et Pureté,* Elisabeth Elliot écrit: «En devenant femme et en commençant à voir ce qui se trouvait dans mon cœur, je me rendis tout à fait compte que de toutes les choses difficiles à maîtriser, les plus dures étaient ma volonté et mes sentiments.»[2]

---

2 *Passion et Pureté*, pp. 28-29.

Plus tôt nous devenons conscients de ce qu'il y a dans notre cœur, mieux c'est. Nous sommes trop souvent totalement inconscients de notre nature trompeuse. Quand nous pensons au mot «cœur», nous voyons aussitôt les jolis petits découpages rouges de la Saint-Valentin. Mais si nous examinions vraiment notre cœur, nous y trouverions le mensonge, l'égoïsme, l'impureté, la convoitise, l'orgueil... Et ce n'est pas une liste exhaustive! C'est comme si quelqu'un découvrait au commissariat du coin la photo de sa gentille petite grand-mère sur la liste des personnes les plus recherchées.

Cependant, s'il nous arrive d'être surpris par l'état de notre cœur, Dieu ne l'est pas. Il sait très bien que nous sommes souvent ballottés et que nous pouvons facilement prendre la mauvaise direction.

Un cœur tortueux

La Bible est pleine de mises en garde sur la nature de notre cœur, et de nombreux versets nous exhortent à le garder. En Proverbes 4:23, il nous est dit: «Garde ton cœur plus que toute autre chose.» Mais comment pouvons-nous garder notre cœur?

Premièrement, imaginons notre cœur comme un criminel ligoté sur une chaise, qui cherche à s'échapper et à nous casser la figure, et auprès duquel il faut monter la garde. En d'autres termes, protégeons-nous contre le péché de notre cœur. Gardons sur lui un œil prudent, sachant qu'il peut nous causer du tort s'il n'est pas sérieusement surveillé.

«Le cœur est tortueux par-dessus tout, et il est méchant: Qui peut le connaître?» pouvons-nous lire en Jérémie 17:9. Même si, aujourd'hui, de nombreuses personnes bien intentionnées nous conseillent de «suivre notre cœur», la Bible nous avertit que cela peut nous mener dans des directions mauvaises, voire fatales. Car le cœur humain est menteur. Ce qui nous semble bon peut être, en réalité, profondément mauvais.

Julie, une jeune fille de 19 ans qui travaillait comme secrétaire médicale, a réalisé un jour qu'elle éprouvait une forte attirance envers son patron, un homme marié qui commençait à lui faire des avances. Elle avait envie de suivre ses sentiments et de se laisser aller au flirt. Son cœur lui disait donc de céder à ce qu'elle ressentait. Devait-elle l'écouter?

Heureusement, les convictions de Julie l'ont emporté sur la voix séductrice de son cœur. Elle a démissionné et confessé cette tentation à une amie chrétienne, et elles ont pu prier ensemble à ce sujet.

Julie a agi avec sagesse et gardé son cœur, car elle a réfléchi aux conséquences de ses actes. Elle savait que si elle suivait ses sentiments, elle pécherait contre Dieu et porterait le souvenir de cette relation dans son futur mariage. De plus, elle risquait de détruire le couple et la famille de cet homme. En prenant conscience de tout cela, elle a réalisé la laideur des désirs de son cœur naturel. S'éloigner de la tentation et rechercher le conseil spirituel sont d'utiles précautions pour ne pas succomber aux suggestions du péché en nous.

Sommes-nous confrontés à une situation dangereuse, vers laquelle nos sentiments nous poussent? Comme Julie, faisons tout ce qui est en notre pouvoir pour garder notre cœur et rester soumis au Seigneur.

Maintenir une source pure

Ensuite, imaginons que notre cœur est une source d'eau fraîche à laquelle nous voulons nous abreuver quotidiennement. La Bible dit que «du cœur viennent les sources de la vie» (Proverbes 4:23). Il est donc à l'origine de nos comportements, de nos paroles et de nos actions. Si nous ne sommes pas capables de le garder pur, notre existence, telle une eau stagnante, sera pleine de vase.

Peter Marshall, ancien aumônier du sénat américain, aimait à raconter une histoire appelée «Le gardien de la source». Cette simple anecdote illustre merveilleusement bien combien il est important de veiller sans cesse à la pureté de notre cœur.

Un vieil homme paisible habitait dans la forêt, en amont d'un village autrichien du versant est des Alpes. Plusieurs années auparavant, le conseil municipal l'avait engagé comme gardien de la source. Il devait veiller à la pureté des eaux récoltées dans les fentes des rochers, car en cas de fortes pluies, celles-ci dévalaient les pentes escarpées de la montagne et alimentaient la jolie petite rivière du village. Ainsi, avec constance et fidélité, le gardien arpentait silencieusement les collines, retirait feuilles et branches des points d'eau, et ôtait la vase, afin que la source fraîche et limpide ne soit pas polluée et obstruée.

Les années étaient passées, et le village, traversé de cette jolie rivière, était devenu un lieu de villégiature apprécié des vacanciers. De gracieux cygnes flottaient sur l'eau pure comme du cristal, les roues de différentes usines tournaient jour et nuit, les champs étaient naturellement irrigués et, depuis les restaurants, la vue était époustouflante.

Plusieurs années plus tard, un soir, le conseil municipal s'est réuni pour son assemblée semestrielle. Alors que les conseillers étudiaient le budget, l'un d'entre eux s'est arrêté sur le salaire versé à ce vieil homme qu'on ne voyait jamais. «Qui est ce vieux? a-t-il demandé, indigné. Pourquoi continuons-nous à le payer? Personne ne le voit jamais. A mon avis, il ne fait rien d'utile. Nous n'avons plus besoin de lui!» C'est ainsi que, par un vote unanime, le conseil a décidé de se passer des services du gardien.

Pendant plusieurs semaines, on n'a noté aucun changement. Mais dès le début de l'automne, les arbres ont commencé à perdre leurs feuilles. Puis, de petites branches cassées sont tombées dans les différents points d'eau qui alimentaient la source, gênant le passage du flot d'eau vive venant des montagnes. Un après-midi, quelqu'un a remarqué que l'eau de la rivière avait pris une légère teinte d'un brun jaunâtre. Quelques jours plus tard, l'eau était plus foncée encore. Et en une semaine, une fine couche vaseuse s'est formée par endroits le long des rives, dégageant une odeur désagréable. Les roues se sont mises à tourner plus lentement, et, peu à peu, certaines se sont immobilisées. Une à une, ces usines qui se trouvaient près de la rivière ont fermé. Les cygnes ont migré vers des eaux plus pures, loin de là, et les touristes ont délaissé la ville. Enfin, toutes sortes d'épidémies et de maladies ont frappé ses habitants.

Le conseil municipal avait profité de la beauté de la rivière, mais, par manque de sagesse, avait sous-estimé l'importance de l'entretien de la source. Nous pouvons faire la même erreur dans notre vie. Comme le gardien de la source veillait à la pureté de l'eau, nous sommes, vous et moi, les gardiens de notre cœur. Nous devons sans cesse l'examiner devant Dieu, et lui demander de nous révéler les petites choses qui le souillent. Et lorsqu'il nous éclaire sur nos mauvaises attitudes et nos désirs de convoitise, balayons-les de notre cœur.

Ce qui souille le cœur

Quelles sont ces choses que Dieu nous demande d'ôter de nos cœurs, particulièrement en ce qui concerne le flirt? «N'aimez point le monde, nous avertit Jean, ni les choses qui sont dans le monde... Car tout ce qui est dans le monde, la convoitise de la chair, la convoitise des yeux, et l'orgueil de la vie, ne vient pas du Père, mais vient du monde» (1 Jean 2:15-16). Dans ce passage, Jean cite trois catégories de choses du monde qui souillent notre cœur: les désirs pécheurs, l'impureté et la comparaison orgueilleuse avec le prochain. Ces choses jouent-elles un rôle dans les relations amoureuses? Je crois que oui. En fait, la plupart de nos difficultés dans ce domaine semblent provenir du fait que nous désirons ce que nous ne devrions pas désirer, que nous convoitons ce que Dieu nous a interdit, ou que nous nous plaignons de ce que nous n'avons pas. Ces «polluants» se manifestent surtout sous les dehors de la passion, de l'impureté et de l'apitoiement sur soi-même. Examinons ces trois choses plus en détail.

La passion

Ces sentiments ne vous sont sûrement pas inconnus: vous pensez sans cesse à la personne qui vous a «tapé dans l'œil», votre cœur se met à battre la chamade dès qu'elle s'approche, et vous passez des heures à imaginer l'avenir avec cet être exceptionnel. C'est cela, la passion, et je le sais bien, car j'en ai fait moi-même l'expérience.

Beaucoup ont du mal à considérer la passion comme un danger potentiel. Mais il est important de s'attarder sur ce sujet, car, si l'on y réfléchit bien, la passion peut être une façon coupable de réagir à l'attirance. A chaque fois que nous permettons à quelqu'un de prendre dans notre cœur la place centrale réservée à Dieu, nous ne nous contentons plus d'apprécier innocemment sa beauté ou sa personnalité, mais nous plongeons dans les dangereuses sphères de la passion. Au lieu de faire de Dieu l'objet de nos aspirations, nous dirigeons à tort ces sentiments vers une autre personne. Nous devenons idolâtres, en nous inclinant devant quelqu'un d'autre que Dieu et en espérant que cette personne répondra à nos besoins et nous comblera.

Dieu, à juste titre, règne jalousement sur notre cœur; après tout, ne nous a-t-il pas créés et sauvés? Il désire être le centre de nos pensées, de nos aspirations et de nos désirs. Dans son amour, il nous accorde la bénédiction de relations humaines épanouissantes, mais il nous appelle tout d'abord à trouver notre joie en lui.

Outre le fait qu'elle détourne notre cœur du Seigneur, la passion peut nous créer des problèmes, car elle est, la plupart du temps, fondée sur l'illusion. Lorsque nous éprouvons un amour passion pour quelqu'un, notre imagination a tendance à en faire une personne parfaite. Nous pensons que nous serons heureux pour toujours si elle nous aime en retour. En réalité, notre stupide coup de foudre ne tient qu'au fait que nous avons inventé toutes les informations qui nous manquaient sur elle. Dès que nous apprenons à la connaître réellement, nous réalisons que cette personne «parfaite» est humaine, comme tout un chacun. Alors, nos rêves s'évanouissent et nous passons à un autre «coup de foudre».

Pour briser ce schéma passionnel, nous devons cesser de croire que les relations humaines peuvent nous combler. En réalité, jamais elles ne le pourront. Lorsque nous sentons notre cœur glisser vers le monde irréel et illusoire de la passion, prions: «Seigneur, aide-moi à aimer cette personne sans l'élever au-dessus de toi dans mon cœur. Aide-moi à me souvenir qu'aucun être humain ne pourra jamais prendre ta place dans ma vie. Tu es ma force, mon espérance, ma joie et ma suprême récompense.

Ramène-moi à la réalité, mon Dieu; 'donne-moi un cœur qui te révère sans partage' (Psaume 86:11[3]).»

Mon père aime à dire que, lorsqu'on laisse Dieu être Dieu, on peut laisser les humains être humains. Quand nous accordons à Dieu la place qui lui revient dans notre vie, ce n'est plus un si grand combat lorsque les relations humaines nous déçoivent. En revanche, quand nous idolâtrons quelqu'un, Dieu ne peut être notre Dieu.

Après avoir accordé à Dieu la première place dans notre vie, nous devons continuer à rejeter la passion, en décidant de ne *pas* alimenter l'attirance. «Ne dorlote pas ton coup de foudre!» m'a dit un jour une fille de Brooklyn, à qui je demandais comment elle faisait pour remporter la victoire sur la passion. Et elle avait raison: l'attirance devient passion si nous la cajolons.

A chaque fois que nous nous sentons attirés par quelqu'un, nous avons le choix ou bien d'en rester là, ou bien de nous laisser emporter par notre imagination. Un jour, j'étais invité dans une émission de radio. A la fin, j'ai discuté avec la productrice, une célibataire d'une trentaine d'années, et elle m'a dit que les adolescents n'étaient pas les seuls à devoir gérer des coups de foudre. Cette femme intelligente et ravissante devait encore lutter contre la passion, bien qu'adulte. Elle a fait une remarque que j'ai trouvée très instructive. Après m'avoir raconté comment un gars lui avait récemment couru après, elle a ajouté: «Je veux rester attachée à Dieu. Tant que je n'ai pas rencontré celui qui est pour moi, je refuse d'entretenir des aspirations sentimentales et de laisser mon cœur s'emballer.»

Pour elle, entretenir des aspirations sentimentales signifiait penser au garçon en question en rentrant du travail, mettre sa photo sur le réfrigérateur et «papoter» avec des copines à son sujet. Le moment viendrait où tout cela serait légitime, mais avant ce temps, elle le savait, ces choses ne feraient que la conduire à une passion fondée sur l'imagination.

[3] Version Semeur 2000.

Et nous? Nous est-il arrivé de succomber à la passion, de détourner nos regards du Seigneur et de rêver au conjoint «idéal»? Peut-être avons-nous besoin de nous arrêter un moment pour réfléchir au rôle que la passion joue dans notre vie.

L'impureté

Le deuxième poison qui, souvent, menace la pureté de notre cœur est la convoitise sexuelle. Elle consiste à vouloir absolument ce qui n'est pas permis par Dieu. Par exemple, si, en tant que célibataire, je m'intéresse à une jeune femme qui, c'est logique, n'est pas ma femme, et que j'entretiens des pensées impures à son sujet, je suis dans la convoitise et je permets à mon cœur de s'attacher à quelque chose que Dieu a placé dans l'interdit. Le désir sexuel dans le mariage est une expression naturelle et légitime de la sexualité. Car après tout, Dieu nous a créés ainsi. Mais il nous a aussi donné des instructions précises qui nous interdisent de nous livrer à ces désirs avant le mariage.

Pour combattre l'impureté dans notre vie, nous devons la détester autant que le fait Dieu. Malheureusement, nous manquons souvent à cela. Une expérience que j'ai vécue en visitant Denver, au Colorado, m'a ouvert les yeux sur mon propre laxisme envers l'impureté. Un après-midi, alors que je me rendais, depuis mon hôtel, au centre de convention (j'étais à pied), j'ai croisé un groupe de trois gars qui m'ont souri bizarrement. En passant près de moi, ils ont chuchoté et ri et, allez savoir pourquoi, cela m'a mis mal à l'aise. Qu'est-ce qui pouvait bien me déranger? J'ai repoussé ce sentiment de gêne et j'ai continué mon chemin. Mais, quelques instants plus tard, une voiture s'est arrêtée à ma hauteur. Ces trois mêmes types se trouvaient à l'intérieur. Cette fois, je n'avais plus de doute sur leurs intentions, et je comprenais mon malaise: ces gars étaient des homosexuels et ils m'observaient avec convoitise. Ils sifflaient, me faisaient des clins d'œil et riaient en voyant ma gêne. Finalement, ils sont partis, me laissant furieux.

Je n'oublierai jamais la colère et le dégoût que j'ai ressentis à ce moment-là. J'étais outragé d'avoir été l'objet de leur convoitise, d'avoir senti leurs yeux me déshabiller. C'était si insupportable, si dégoûtant.

Je me rappelle m'être tourné vers Dieu dans une colère prétentieuse et avoir grogné, les dents serrées: «Ces gens sont vraiment pervers!»

La douce réprimande que Dieu a alors chuchotée à mon cœur m'a pris au dépourvu.

«Joshua, tu es peut-être fier, mais, à mes yeux, la convoitise sexuelle qui est dans ton cœur envers les femmes est tout autant déplacée et dégoûtante.»

Cette prise de conscience m'a terrassé. Mon mépris pour l'impureté de ces trois types n'était *rien*, comparé au dégoût que Dieu ressentait devant l'impureté de *mon* cœur, même si pour la société, elle était excusable, voire même normale. Car dans sa Parole, Dieu déclare que celui qui regarde une femme avec convoitise, qu'elle soit dans la rue, sur une affiche ou au cinéma, commet l'adultère dans son cœur (Matthieu 5:28). C'est grave!

Combien de fois ai-je regardé avec convoitise une fille qui passait, de la même façon que ces homosexuels m'ont dévisagé? Combien de fois mes yeux se sont-ils promenés sur le corps d'une femme, telle une «longue limace glissant sur une fleur»[4], comme Edmond Rostand le décrit si pertinemment dans Cyrano de Bergerac? Suis-je aussi dégoûté par l'impureté de ma vie que par celle des autres? Beilby Porteus[5] disait: «Nous ne devrions même pas oser penser devant Dieu ce que nous n'osons pas faire devant les hommes.»

Nous devrions chercher à rejeter totalement l'impureté de nos cœurs. Comme David, prions: «'O Dieu, crée en moi un cœur pur' (Psaume 51:12). Aide-moi à être comme Job, qui avait fait un pacte avec ses yeux et s'était engagé à ne pas porter de regards impurs sur les autres (Job 31:1). Pardonne-moi d'avoir 'cajolé' la convoitise sexuelle dans ma vie. Aide-moi à rester fidèle et à m'en garder. 'Reçois favorablement les paroles de ma bouche et les sen-

---

4 *Cyrano de Bergerac*, Edmond Rostand, Editions Larousse Acte I, Scène V.

5 (1731-1809). Evêque de l'Eglise Anglicane. (N.d.E.)

timents de mon cœur, ô Eternel, mon rocher et mon rédempteur!' (Psaume 19:15).»

Enfin, nous devons nous garder de ce qui nourrit les mauvais désirs de nos cœurs. Je connais une fille qui, pour se garder de l'impureté, a dû jeter tous ses romans d'amour profanes. Elle était convaincue que le fait de lire ces ouvrages entièrement axés sur la sensualité ne lui faisait aucun bien. Car ces lectures faisaient de son cœur un terrain fertile pour les graines de l'impureté. Un autre ami, lorsqu'il est entré à l'université, a décidé de ne plus passer ses après-midi à la plage, car les filles en bikini représentaient une trop grande tentation pour ses yeux. Un autre ami encore a résolu de ne plus aller au cinéma pendant six mois. Voici trois exemples de personnes, chacune avec ses faiblesses, qui gardent leur cœur de ce qui le pousse dans l'impureté: livres, lieux, films.

Quand nous aurons l'honnêteté de reconnaître notre propre impureté et que nous réaliserons combien elle attriste Dieu, nous aurons la volonté de la détruire… avant qu'elle ne nous détruise.

L'apitoiement sur soi-même

La troisième chose qui cherche à polluer la source de notre cœur est l'apitoiement sur nous-mêmes. Lorsque nous nous complaisons dans la pitié de nous-mêmes, nous lamentant sur notre sort, en quelque sorte, nous idolâtrons les circonstances. Quand nous nous laissons aller à cela, nous détournons nos regards de Dieu, de sa bonté, de sa justice et de sa capacité à nous sauver en toute situation. Et, lorsque nous nous détournons de Dieu, nous nous coupons de notre seule source d'espérance.

Nous pouvons si facilement permettre à ce sentiment de s'infiltrer dans notre cœur. Quand nous nous sentons seuls, que nous avons tellement envie d'aimer et d'être aimés, il nous semble que nous avons toutes les raisons du monde pour nous plaindre et bouder rageusement, parce que «ce qui nous arrive est injuste».

Mais avons-nous vraiment des raisons de nous plaindre lorsque nous regardons à la croix? Quand j'essaie d'obéir à la volonté de Dieu dans le domaine sentimental et que, de ce fait, je renonce aux liaisons passagères, je suis parfois tenté de me considérer comme un «martyr». «Oh, pauvre de moi! Je suis en train de souffrir à cause de ma droiture!» Quelle folie! Dans mes moments de lucidité, j'imagine Dieu me voyant ainsi et me disant: «Would you like some cheese with your whine?», c'est-à-dire: «Est-ce que tu aimerais un peu de fromage avec tes jérémiades?»[6] Passer mon temps à me lamenter au sujet de tout ce à quoi j'ai renoncé n'impressionne pas Dieu; ce qui le glorifie, c'est quand je lui obéis avec joie.

Lorsque, dans la solitude, nous nous laissons aller à nous apitoyer sur nous-mêmes, nous péchons. Nous ne péchons pas quand nous nous sentons seuls ou quand nous reconnaissons notre désir de compagnie, mais nous péchons lorsque nous faisons de ces sentiments des excuses pour nous détourner du Seigneur et «tourner autour» de nos besoins.

Nous arrive-t-il souvent de nous focaliser sur notre mélancolie, au lieu de nous en remettre à Dieu qui désire notre bien? Si c'est le cas, nous avons sans doute besoin d'examiner avec honnêteté notre tendance à nous apitoyer sur nous-mêmes. Il y a plusieurs choses à faire pour remporter la victoire sur ce sentiment. Premièrement, cessons de mesurer notre bonheur en nous comparant aux autres. Ne nous laissons pas engloutir par ce jeu de la comparaison. Trop de gens gâchent leur vie à rechercher des choses qu'ils ne désirent pas vraiment, simplement parce qu'ils ne supportent pas de ne pas posséder ce que les autres ont. Il peut être utile de se demander: «Y a-t-il un réel manque dans ma vie, ou est-ce que je convoite simplement ce que mon prochain possède?»

Puis, quand nous sentons que ces vieux sentiments d'apitoiement sur nous-mêmes refont surface, transformons-les en compassion pour les autres. Trouvons quelqu'un qui connaît les mêmes sentiments de solitude et cherchons un moyen de le réconforter. Détournons nos regards de nous-mêmes et de nos besoins et allons au-devant de ceux des autres.

---

[6] En anglais, «whine» signifie «plainte, jérémiade» et «wine», «vin». Cette phrase est un jeu de mots qui fait référence à l'expression «wine and cheese evening», qui désigne une petite fête où l'on déguste du vin et du fromage. (N.d.E.)

Enfin, apprenons à tirer profit des moments de solitude pour nous rapprocher de Dieu. Une fille de 25 ans, qui s'est mariée récemment, m'a dit qu'elle considérait la solitude comme un appel de Dieu à son cœur. «Quand je me sentais seule, disait-elle, je pensais: *Dieu m'appelle à me rapprocher de lui.*» Dans ces moments-là, elle avait appris à épancher son cœur devant le Seigneur et à parler avec lui. Aujourd'hui, elle n'échangerait pour rien au monde ces moments de communion intime qu'elle a pu vivre avec Dieu à cette époque.

Dieu connaît toutes choses

Entreprendre de garder son cœur, c'est prendre une grande responsabilité. Cela se fait dans les lieux secrets de la communion avec Dieu. C'est par la prière venant d'un cœur sincère et la méditation de la Parole que nous pouvons détruire le film de la passion, de l'impureté et de l'apitoiement sur nous-mêmes. Et, comme pour le gardien de la source, le travail n'est jamais terminé: nous sommes appelés à nettoyer nos cœurs avec «constance et fidélité».

Oui, notre cœur est trompeur, mais cette promesse de 1 Jean 3:20 nous donne de l'espoir dans notre labeur: «Dieu est plus grand que notre cœur, et il connaît toutes choses.» Par sa puissance, il peut nous aider à traverser les turbulences de nos sentiments. Il est réconfortant de savoir qu'il ne jette pas un regard distant sur notre misère et ne secoue pas la tête devant notre faiblesse. Jésus, le Fils de Dieu, dont Hébreux 7:25 nous dit qu'«il est toujours vivant pour intercéder en notre faveur», a connu les mêmes sentiments de solitude que vous et moi. Il sait ce que c'est que de faire face à la tentation. Il nous aidera et nous soutiendra si nous lui faisons confiance et si nous veillons fidèlement sur notre cœur.

Chapitre 12

«Racheter le temps»

Tirer le meilleur parti des années de célibat

– Tiens, regarde! m'a dit ma mère, en me tendant une carte. Nous sommes invités à une réception en l'honneur de Jenny et de son jeune époux.

Regardant longuement l'invitation et la photo du couple, j'en suis resté bouche bée.

– Je ne peux pas y croire, ai-je commenté, Jenny Renquist est mariée? C'est pas possible!

– Comment ça, c'est pas possible? a demandé ma mère.

– Mais je l'aimais quand on était au collège! Comment est-ce qu'elle a pu se marier?

– Elle a rencontré un garçon bien et ils se sont mariés. Ce sont des choses qui arrivent!

– Mais pourquoi est-ce que ça arrive à toutes les filles que j'ai aimées? ai-je dit en soupirant.

– Ecoute, tu ne lui as pas parlé et n'as pas non plus pensé à elle depuis des années, m'a reproché ma mère, tu ne vas pas commencer tout d'un coup à être mélancolique!

– Je suis pas mélancolique, ai-je répliqué en regardant à nouveau la photo. Maman?

– Oui?

– Je crois que j'entends le tic-tac de mon horloge biologique.

– Les garçons n'ont pas d'horloge biologique.

– Ah bon?

– Non!

– Ah.

L'obsession du mariage

Que vous ayez ou non une horloge biologique, et qu'elle fonctionne ou non, la question du mariage vous rattrapera imperceptiblement et inévitablement. Le moment viendra où les faire-part de vos amis arriveront par douzaines. Soudain, ce qui vous semblait hier lointain et inimaginable deviendra réel. A cette étape de votre vie, les gens qui verront que vous n'êtes pas fiancé auront souvent dans les yeux une lueur trahissant leur volonté de vous «caser». Si vous avez atteint cet âge, vous savez de quoi je parle. Tous ceux qui vous entourent vous marient mentalement avec toutes les personnes du sexe opposé qu'ils connaissent.

Etre célibataire et «en âge d'être marié» est un état précaire. Même si le mariage n'est pas votre préoccupation principale, il l'est assurément pour votre entourage. Les miens me l'ont bien fait sentir le jour de mes 21 ans. Dans ma famille, nous avons l'habitude de nous écrire des lettres pour les anniversaires. Celles que j'ai reçues pour mon 21e anniversaire m'ont passablement surpris, à cause de leurs références constantes à l'«âme sœur». Dans l'esprit de mes parents et de mon jeune frère, celle-ci devait, de toute évidence, surgir un jour prochain.

Ma mère commençait avec cette phrase: «Je sais qu'il sera difficile de te laisser partir quand tu rencontreras celle que nous attendons tous et pour laquelle nous prions.»

«Celle qu'ils attendent tous et pour laquelle ils prient? me suis-je dit. Ça alors, Maman!» Mais je n'ai pas attaché trop d'importance à sa remarque, qui m'apparaissait simplement comme le «syndrome du 'Je veux des petits-enfants'».

Plutôt amusé, j'ai posé sa lettre et j'ai commencé à lire celle de mon père. Elle était remplie de conseils paternels, mais les dernières lignes abordaient elles aussi le thème du mariage: «Enfin, attends-toi à la rencontrer bientôt, si ce n'est pas déjà fait. Elle sera préparée pour toi par Dieu, parce qu'"une femme qui a du discernement est un don de l'Eternel'[1].» Quand tu sauras que tu l'as trouvée, sois patient; tu n'as pas besoin de te précipiter. Mais tu

[1] Proverbes 19:14, version Colombe.

n'as pas non plus à faire traîner les choses. Epouse-la dans l'année, et compte sur le Seigneur pour t'aider à prendre soin d'elle.»

J'ai eu un peu de mal à «avaler» ces mots. J'ai posé la lettre, puis l'ai reprise pour la lire encore une fois. «Attends-toi à la rencontrer bientôt...» Waouh! Mon père ne m'avait jamais parlé de mariage dans des termes aussi sérieux. Cela me semblait si important, si mûri.

Ensuite, j'ai ouvert la lettre de Joël, mon frère de 12 ans, avec qui je partage ma chambre. Il l'avait tapée à l'ordinateur et l'avait tirée sur l'imprimante couleur de mon père. *Joël, lui, ne s'est sûrement pas laissé aller à toutes ces bêtises de mariage*, me suis-je dit. J'avais tort. Sa lettre finissait ainsi: «Je suis vraiment heureux de partager ma chambre avec toi, même si je sais que bientôt, tu partageras la tienne avec quelqu'un d'autre.»

J'ai éclaté de rire. Ma mère patientait et priait, mon père s'attendait à ce que je la rencontre bientôt, et mon frère parlait déjà de ma nuit de noces! Personne ne m'avait tenu de tels propos le jour de mes 18, 19 ou 20 ans. Et maintenant, c'était le grand sujet de discussion! Si je ne les connaissais pas, je me serais dit que les membres de ma famille avaient comploté de se débarrasser de moi en me mariant le plus vite possible.

Que faire maintenant?

Même si ma famille ne cherchait pas à me pousser vers un mariage prématuré, leurs lettres m'ont rappelé que j'étais entré dans une nouvelle étape de ma vie. Dorénavant, le mariage n'était plus impossible. Si Dieu amenait la bonne personne dans ma vie, je pourrais, théoriquement, prendre une décision.

Cette prise de conscience est exaltante, mais aussi quelque peu troublante. Pour l'instant, Dieu ne m'a *pas* fait rencontrer la bonne personne. Certains de mes amis, qui ont trouvé leur «bonne personne» et qui désirent l'épouser, sont peut-être confrontés à des questions difficiles comme la question du budget, ou celle du logement, mais au moins, ils savent ce qu'ils ont à faire. Leur chemin est tracé. Mais ma route à moi n'est pas si claire.

Si vous en êtes aussi à cette étape, vous vous posez sans doute les mêmes questions que moi: Si je suis en âge de me marier, cela veut-il dire que trouver la bonne personne doive devenir une priorité pour moi? Dois-je supposer que je vais me marier bientôt ou plutôt faire comme si le mariage n'était pas pour moi? Que suis-je censé faire *aujourd'hui*?

S'activer en attendant

Heureusement, nous savons où nous tourner quand les questions surgissent dans notre cœur. J'ai trouvé de bons conseils dans l'épître de Paul aux Ephésiens. Voici ce qui est dit au chapitre 5: «Prenez donc garde afin de vous conduire avec circonspection, non comme des insensés, mais comme des sages; rachetez le temps, car les jours sont mauvais» (vv. 15-16), ou encore, dans une autre version: «Veillez donc avec soin à votre manière de vivre. Ne vous comportez pas comme des insensés, mais comme des gens sensés. Mettez à profit les occasions qui se présentent à vous, car nous vivons des jours mauvais.»[2]

Dans un autre contexte, ma mère nous dit souvent: «Active-toi en attendant!» Cela exprime la même idée. Si un de ses enfants tourne autour d'elle, picorant de la nourriture alors qu'elle prépare le repas, elle lance brusquement, tel un entraîneur de foot à ses joueurs: «Ne reste pas planté là! Fais quelque chose en attendant!» c'est-à-dire: «Mets la table, range les courses ou remplis le lave-vaisselle; bref, sois productif pendant les moments creux!»

Maman ne supporte pas le temps perdu. Je crois que Dieu non plus. Il nous a confié des dons et des talents, et il attend que nous les considérions comme précieux et que nous les utilisions avec sagesse. Saurons-nous répondre à son attente? Même si nous ne connaissons pas la prochaine étape de notre vie sentimentale, nous avons quand même des choses à faire. Nous devons nous débarrasser de nos mauvaises habitudes, en développer de bonnes et mûrir dans la foi. Au travail!

2 Version Semeur 2000.

C'est certain, nous avons encore beaucoup de questions sans réponse. Peut-être ne savons-nous pas qui nous allons épouser et quand ce jour viendra. Mais ce que nous *ignorons* ne doit pas nous empêcher d'agir selon ce que nous *savons*. Et que savons-nous? Nous savons qu'*aujourd'hui* même, nous devons avancer résolument vers la maturité et la ressemblance à Christ, ce à quoi est appelé chaque chrétien, qu'il se marie la semaine prochaine ou dans dix ans.

En nous appliquant à «racheter le temps», non seulement nous tirerons profit de chaque moment, mais nous nous préparerons aussi pour la prochaine étape de notre vie. Notre fidélité aujourd'hui dans les petites choses nous donnera le droit d'assumer plus tard de plus grandes responsabilités.

Abreuver les chameaux

Rébecca, dont le récit nous est raconté dans l'Ancien Testament, était une jeune femme qui savait «racheter le temps»: elle remplissait fidèlement son devoir. Il est très instructif de considérer la manière dont elle s'est préparée à rencontrer, puis épouser, son futur mari. L'histoire commence quand Abraham envoie son plus vieux et fidèle serviteur dans sa ville natale, afin qu'il y trouve une femme pour Isaac, son fils. Voici comment Catherine Vos raconte la suite de ce récit:

> Enfin, après plusieurs jours de voyage, il est arrivé à Charan, où habitait désormais Nachor, le frère d'Abraham. A l'extérieur de la ville se trouvait un puits. Dans ce pays aride, il n'y en avait généralement qu'un seul pour tous les habitants. Chaque soir, les jeunes filles s'y rendaient, portant de grandes cruches sur la tête. Elles descendaient leurs cruches dans le puits et tiraient de l'eau. Puis, elles les hissaient sur leurs têtes et les remportaient à la maison pour la famille.
> Quand le serviteur d'Abraham est arrivé à Charan, il s'est arrêté près du puits avec ses chameaux. C'était le soir, à l'heure même où les jeunes filles se rassemblaient pour puiser.

Le serviteur d'Abraham croyait en Dieu. Son voyage s'était bien passé, et il était arrivé à l'endroit où Abraham l'avait envoyé. Mais il se demandait: «Comment saurai-je quelle est la jeune fille que Dieu a choisie pour Isaac?» Il s'est agenouillé près du puits et a incliné la tête pour prier: «Eternel, Dieu de mon seigneur Abraham, fais-moi, je te prie, rencontrer aujourd'hui ce que je désire, et use de bonté envers mon seigneur Abraham! Voici, je me tiens près de la source d'eau, et les filles des gens de la ville vont sortir pour puiser l'eau. Que la jeune fille à laquelle je dirai: Penche ta cruche, je te prie, pour que je boive, et qui répondra: Bois, et je donnerai aussi à boire à tes chameaux, soit celle que tu as destinée à ton serviteur Isaac!»
Dieu répond souvent à nos prières avant même que nous les ayons formulées, et c'est ce qu'il a fait ce jour-là. Avant même que le serviteur ait fini de prier, une très jolie jeune fille du nom de Rébecca est arrivée près du puits. «Est-ce elle?» s'est demandé le serviteur. Il s'est précipité vers elle et lui a dit: «Laisse-moi, je te prie, boire un peu d'eau de ta cruche.»
La jeune fille a répondu très poliment: «Bois, mon seigneur, et je tirerai aussi de l'eau pour tes chameaux, jusqu'à ce qu'ils aient fini de boire.» Elle a descendu la cruche de sa tête pour lui donner à boire, puis a vidé le reste dans l'abreuvoir des chameaux. Elle a continué à puiser jusqu'à ce que les bêtes aient fini de boire.
Le serviteur était très surpris de l'entendre dire et faire exactement ce qu'il avait demandé dans sa prière. Dieu l'avait-il si vite exaucé? Quand les chameaux avaient assez bu, il a donné à Rébecca un superbe anneau d'or qu'il avait apporté, ainsi que deux magnifiques bracelets d'or.
Puis, il lui a demandé: «De qui es-tu la fille? Y a-t-il de la place pour m'accueillir dans la maison de ton père?»
Elle a répondu: «Je suis la petite-fille de Nachor. Nous avons beaucoup de place pour t'accueillir chez nous, ainsi que de la paille et de la nourriture pour tes chameaux.» Nachor était le frère d'Abraham. Lorsque le serviteur a entendu cela, il était si heureux qu'il a incliné la tête jusqu'à terre en signe d'adoration,

disant: «Béni soit l'Eternel, le Dieu de mon seigneur Abraham, qui m'a conduit à la maison des frères de mon seigneur.»[3]

Le reste de l'histoire (que vous pouvez lire en Genèse 24) raconte comment, deux jours plus tard, Rébecca a accepté de partir avec le serviteur d'Abraham pour épouser Isaac, un homme qu'elle n'avait jamais rencontré. Ce récit est, sans aucun doute, un merveilleux exemple de la souveraineté de Dieu dans chaque détail de notre vie. A cette époque, ces événements étaient étonnants; aujourd'hui, quelques milliers d'années plus tard, et pour notre culture très différente, ils sont d'autant plus surprenants. Et pourtant, comme toute Parole de Dieu, cette histoire nous apporte un enseignement qui transcende le temps et les cultures.

Bien qu'il ne soit pas question de considérer ce récit comme un modèle à suivre pour chaque couple qui se forme en vue du mariage, l'attitude et les actions de Rébecca sont des exemples à retenir. Dans un article intitulé: «L'aventure des devoirs quotidiens», Gregg Harris souligne un principe important de ce récit: «Rébecca a pu faire cette rencontre prévue par Dieu, parce qu'elle accomplissait fidèlement son devoir quotidien.»[4]

Pour Rébecca, le fait de se rendre au puits ce soir-là n'avait rien de spécial. C'était ce qu'elle faisait tous les soirs. Et elle avait probablement abreuvé plus d'un chameau. Pourtant, alors qu'il s'agissait d'une tâche banale, elle l'a exécutée avec zèle et dans un réel esprit de service. Ces qualités l'ont conduite à la bonne place, au bon moment et dans la bonne attitude, lorsque Dieu a voulu la donner comme épouse à Isaac.

Nous avons tous des chameaux à abreuver, des responsabilités à assumer ou des contacts à entretenir, que nous pouvons si facilement négliger. Si nous sommes sages, nous considérerons nos devoirs non comme des moyens quelconques d'attendre le bon moment, mais comme des tremplins vers le plan parfait de Dieu pour notre vie.

---

[3] Catherine Vos, *The Child's Story Bible*, William B. Eerdmans Publishing Company, Michigan. Utilisé avec permission.

[4] Gregg Harris, «The Adventure of Current Obligations», *The Family Restoration Quaterly 1*, 02.1987.

Se préparer dès maintenant

Prenons quelques instants pour faire le point sur notre attitude aujourd'hui. Sommes-nous si absorbés par nos rêves de mariage que nous négligeons nos responsabilités actuelles de fils, de filles, de frères, de sœurs ou d'amis? Ou rachetons-nous le temps en assumant les responsabilités que Dieu nous confie *maintenant*?

Nous ne pouvons négliger nos responsabilités actuelles et espérer parvenir, d'un coup de baguette magique, à la maturité spirituelle et à la vertu qui feront de nous de bons maris ou de bonnes épouses. Si nous ne sommes pas dignes de confiance et si nous ne mûrissons pas dans nos relations aujourd'hui, nous ne serons pas préparés à rechercher la fidélité et la maturité plus tard dans le mariage.

Un jour, j'aimerais être un mari qui honore Dieu. J'aimerais subvenir aux besoins de ma femme, l'aimer, la respecter et la protéger. Comment puis-je m'y préparer? Je crois que Dieu m'a donné une mère et une sœur afin de m'apprendre à comprendre et honorer les femmes. Si je n'arrive pas à aimer et servir ma mère ou ma sœur aujourd'hui, comment puis-je croire que je serai prêt à aimer et servir ma femme demain? Je dois me préparer à cela dès maintenant. L'inverse est vrai pour les filles vis-à-vis de leur père et de leurs frères. Elles peuvent considérer leurs relations avec les hommes qui les entourent comme un moyen de se préparer à aimer et respecter leur futur mari.

Le mariage ne fera pas de nous de nouvelles personnes; tel un miroir, il ne fera que nous montrer ce que nous sommes déjà. C'est pourquoi nous devons mettre en pratique dès maintenant ce que nous aimerions vivre plus tard. Voyons dans quels domaines nous pouvons nous préparer tant que nous sommes encore célibataires.

Cultiver des relations étroites

Tout en veillant à éviter une intimité prématurée dans les relations amoureuses, nous devrions cultiver d'autres relations profondes, avant tout dans notre famille. Dieu nous a donné un foyer afin que nous puissions apprendre à vivre de manière étroite avec d'autres.

Une de mes amies proches s'est rendu compte un jour qu'elle avait développé de mauvaises habitudes de communication avec ses parents. A chaque fois qu'ils essayaient de lui parler, elle se fermait et refusait de partager avec eux ce qui était dans son cœur. «J'ai fini par réaliser, m'a-t-elle dit, que si, maintenant, je me fermais aux personnes desquelles je suis particulièrement proche, je ferais la même chose un jour avec mon mari.» Pour qu'il n'en soit pas ainsi, cette amie s'attache désormais résolument à développer une relation intime et ouverte avec les siens. Au lieu de se retirer dans sa chambre après le dîner, elle reste à table et parle avec eux. Au lieu de les exclure de sa vie, elle les y fait entrer. Cela n'était pas facile au début, mais ainsi, elle se prépare à être un jour une bonne épouse.

Chercher Dieu avec d'autres

Un ami tout juste marié m'a raconté qu'avant son mariage, il prenait un moment tranquille le matin pour prier et écrire son journal. Maintenant, il lui faut trouver du temps pour prier et lire la Parole avec sa femme, en plus du temps qu'ils prennent chacun avec Dieu. «Je n'aurais jamais pensé qu'il était si difficile de coordonner deux vies spirituelles!» m'a-t-il dit.

Chacun d'entre nous doit développer avec Dieu une relation personnelle et vivante, qui s'approfondit de jour en jour. Cela se fait par une vie spirituelle disciplinée, marquée par la prière, la méditation de l'Ecriture, l'étude et l'enseignement de la Parole, et l'engagement dans une Eglise locale. Mais pour nous préparer au mariage, nous avons aussi besoin d'apprendre à chercher Dieu avec une autre personne. Encore une fois, nous ne voulons pas pratiquer cela par intérêt sentimental, tant que nous ne sommes pas prêts à rechercher une intimité associée à un véritable engagement. Mais nous pouvons développer cette habitude avec d'autres personnes qui nous sont proches. Nous pouvons commencer en famille, puis ensuite, prier et étudier la Bible avec des amis de l'Eglise, dans le cadre de relations claires et sans équivoque. Apprenons à partager avec d'autres les leçons que Dieu nous a enseignées. Apprenons à prier avec d'autres. Reconnaissons honnêtement nos points faibles et demandons à Dieu de nous envoyer une personne de confiance qui puisse nous aider à marcher dans la lumière dans ces domaines.

Récemment, j'ai passé une journée avec un groupe de quatre amis (un garçon et trois filles). Après une longue randonnée, nous sommes rentrés chez moi pour nous reposer et discuter. Une des filles a commencé à raconter comment Dieu l'avait amenée à lui obéir dans différents domaines. Son témoignage nous a spontanément conduits à prier un moment. Joignant les mains, nous avons loué Dieu et lui avons apporté les besoins des uns et des autres. Ce n'était pas quelque chose de forcé; nous n'avons pas parlé du Seigneur pour nous donner un air spirituel. Nous avons tout simplement discuté de ce qu'il y a de plus réel dans notre vie: la personne de Jésus. Quel bel exemple de «rachat du temps»! Non seulement nous nous sommes encouragés les uns les autres, mais encore nous avons appris à chercher Dieu côte à côte. Et ce sont cette transparence et cette aptitude à partager ensemble les questions spirituelles qui alimenteront un jour notre mariage.

L'apprentissage des responsabilités financières

Nous devons apprendre à gagner notre vie et à subvenir à nos besoins, mais aussi à gérer nos finances de manière responsable. C'est maintenant qu'il faut apprendre à établir notre budget, à épargner et à donner régulièrement la dîme.

Durant plusieurs semaines, avec deux amis, nous avons rencontré mes parents pour qu'ils nous apprennent à faire notre budget. Une de nos tâches consistait à noter chaque centime dépensé pendant une semaine. Quel exercice révélateur! J'étais totalement inconscient de la somme que je dépensais en mangeant à l'extérieur. Même s'il m'arrive encore de le faire, je me suis maintenant fixé un montant pour chaque mois, en ce qui concerne la nourriture, et je veille à ne pas le dépasser. Un autre jeune que je connais s'est rendu compte qu'il réinvestissait une part anormale de son salaire dans le magasin de prêt-à-porter dont il était salarié! Il a alors réduit son budget vestimentaire et pu commencer à épargner et donner davantage.

Puisque étant célibataires, nous n'avons pas autant de responsabilités que les personnes mariées, nous pouvons vite prendre de mauvaises habitudes en matière de dépenses. Nous devons veiller à ne pas développer, vis-à-vis de l'argent, des attitudes qui pourront, plus tard, mettre en péril notre mariage, ou, plus grave encore, dilapider l'argent qui appartient au Seigneur.

Il est important d'apprendre à gérer notre budget, à tenir une comptabilité équilibrée et à nous occuper de contracter les assurances nécessaires, mais nous devons aussi réfléchir à notre attitude vis-à-vis de l'argent. Comment Dieu désire-t-il que nous vivions? Quelle est son opinion sur l'argent et les biens matériels? Si elles restent sans réponse, ces questions pourront provoquer de réelles tensions dans le mariage et nous conduire dans de profonds remords lorsque nous nous apercevrons que nous avons gaspillé notre vie à courir après ce qui n'avait aucune valeur.

Un livre qui m'a considérablement aidé dans ce domaine est *Money, Possessions and Eternity*[5], de Randy Alcorn. Larry Burkett a aussi écrit d'excellents livres et manuels sur des questions pratiques liées aux finances, dont certains sont particulièrement destinés aux jeunes adultes.[6]

Se préparer à devenir parents

Les enfants ne sont pas un des risques du mariage; ils en sont une récompense. Et pour devenir un bon père ou une bonne mère, il faut commencer quand on est encore célibataire. Dès maintenant, nous pouvons apprendre de l'expérience des anciens et rechercher les qualités que nous aimerons avoir le jour où nous aurons la charge d'élever des enfants.

---

[5] Signifie: «Argent, possessions et éternité». N'existe pas en français. (N.d.E.)

[6] En français, nous recommandons: *Donner selon Dieu*, John MacArthur, Editeurs de Littérature Biblique, 1994; *Mon argent à son service*, Harold Mackay & William MacDonald, Editions La Joie de l'Eternel, 2000. (N.d.E.)

Dieu m'a accordé le privilège d'avoir six jeunes frères et sœurs âgés de 2 à 13 ans. Même si la position de parent est tout à fait différente de celle d'un frère, je peux m'entraîner dès maintenant à la paternité en consacrant du temps à mes petits frères et sœurs, en les encourageant de mon mieux à honorer Dieu et en leur permettant de partager mes activités. J'ai eu mon lot de couches à changer, j'ai donné à manger, j'ai lavé et habillé mes frères et sœurs. C'est ainsi que j'ai pris un peu conscience de la responsabilité qu'implique le fait d'être parent, et la joie que cela procure.

Recherchons dès aujourd'hui des occasions de nous préparer à assumer ce rôle, que nous ayons ou non de jeunes frères et sœurs. Je pense, en disant cela, à Jeanne, une amie de la famille, qui prend cette préparation très au sérieux. Etant la plus jeune, elle n'a jamais eu la chance d'avoir des petits autour d'elle. Pour rattraper le temps perdu, elle s'est engagée bénévolement à aider une famille de sept enfants. Une fois par semaine, elle va chez ces gens et se forme à toutes les tâches domestiques: surveiller les enfants, faire la cuisine, la lessive et le ménage.

Une autre bonne façon de se préparer à devenir père ou mère est d'observer des parents qui assument pleinement leur responsabilité. Si les vôtres ne peuvent vous procurer cet exemple, trouvez des modèles dans votre Eglise. J'ai un ami qui observe les pères auxquels il désire ressembler un jour et qui essaie de passer du temps avec eux. Il se pose les questions suivantes: «Comment ces pères mûrs spirituellement apprennent-ils à leurs enfants à aimer Dieu? Comment exercent-ils la discipline? Comment instruisent-ils leurs enfants?» Même si cela ne lui vaudra aucun diplôme, j'ai le sentiment que son étude portera un jour ses fruits, lorsqu'il sera face au plus grand défi qui soit pour l'homme, celui d'être père.

L'apprentissage des tâches pratiques

De quelles tâches pratiques s'agit-il? Demandons à nos parents de nous laisser prendre en charge la tenue de la maison pendant quelques mois, y compris les courses, l'élaboration des menus et la cuisine, et nous serons vite mis au courant.

L'aptitude à faire ce genre de choses n'a peut-être rien de séduisant, mais elle tient une grande place dans le fonctionnement d'un foyer. Nous n'avons aucune excuse si nous négligeons de nous préparer dans ce domaine. Et la meilleure préparation est justement de pratiquer. Il y a quelques années, ma mère m'a chargé de faire toutes les courses pour la famille. Je devais aussi préparer le dîner une fois par semaine. Au début, je ne préparais pas toujours des repas très appétissants, mais par la suite, j'ai progressé!

Même si j'ai fait des progrès en cuisine, je suis encore terriblement mal préparé pour la tenue de la maison. Je suis certain que vous avez vous aussi vos points faibles. Alors, au travail, cherchons à nous améliorer! Si vous ne savez pas par où commencer, prenez un moment avec les membres de votre famille, ou avec des personnes mûres spirituellement dans votre Eglise, et demandez-leur quelles sont pour eux les compétences essentielles à l'entretien d'une maison. Faites-vous une liste et établissez un programme pour apprendre ce qui est nécessaire dans chacun de ces domaines.

Le mariage n'est pas un but en soi!

Peut-être ai-je touché des points sensibles. Peut-être pensons-nous maintenant à des moyens de «racheter le temps» et de nous assurer ainsi que notre célibat sert à la gloire de Dieu. Que pourrions-nous mettre en pratique dès aujourd'hui?

Nous pouvons trouver divers moyens de nous préparer activement au mariage, si telle est la volonté de Dieu pour notre avenir. Mais n'oublions pas les véritables raisons de notre préparation. S'il est juste de chercher à développer les qualités qui feront de nous de bons époux ou de bonnes épouses, c'est parce que cela fait partie de notre croissance spirituelle: nous sommes appelés à ressembler toujours davantage à Christ. Et si le mariage n'est qu'une éventualité, grandir à l'image de Christ ne l'est pas. Nous sommes appelés à progresser dans l'amour, l'humilité, la patience, le pardon et le sens des responsabilités.

Vivre un célibat qui honore Dieu implique aussi de chercher à développer les qualités qui seront utiles au mariage. Toutefois, le mariage n'est pas un but en soi! Si l'on en croit les statistiques, nous allons, pour la plupart, nous marier un jour. Mais nous devons nous assurer que nous «rachetons le temps» pour glorifier Dieu et non pour «collectionner des bons points» et exiger de sa part qu'il nous donne un conjoint. Cherchons à grandir spirituellement, afin de devenir toujours plus flexibles et utiles dans sa main, quels que soient ses plans pour notre avenir. Nos horloges biologiques peuvent sonner tout ce qu'elles veulent, n'attendons pas pour «racheter le temps»!

Quatrième partie

Regarder en avant

Chapitre 13

Prêt pour le plaisir, mais pas pour le sacrifice

Comment avoir une vision biblique et réaliste du mariage?

Quand j'étais au lycée, j'ai dirigé, pendant une année, une petite société qui filmait les mariages. Ce job était une bonne façon de gagner un peu d'argent, mais c'est là un détail.

Une fois, un couple de fiancés m'a engagé pour filmer le grand jour, car ils désiraient pouvoir s'en rappeler chaque détail. Le moment venu, je suis arrivé à l'église plusieurs heures à l'avance, avec ma caméra, mes lampes, mon trépied et mon matériel de mixage dans une remorque. J'ai passé la journée entière à filmer, pour ne pas dire à «m'immiscer» dans chaque instant mémorable. J'ai réussi à prendre les dames qui s'affairaient à arranger le voile de la mariée. Puis, caché derrière mon objectif, j'ai surpris une conversation quelque peu agitée entre le marié et son témoin. Ensuite, pendant la cérémonie, j'ai enregistré la musique et filmé l'échange des vœux à la lueur des bougies. Et juste au bon moment, j'ai zoomé sur le baiser.

Durant le buffet, j'ai immortalisé des scènes d'invités se goinfrant de biscuits apéritifs et de petits bonbons dont on raffole dans les mariages, et se servant très généreusement de punch. Bien sûr, je ne pouvais pas rater le partage du gâteau, le lancer du bouquet et, pour terminer, la fuite du couple sous une pluie de graines pour oiseaux[1], jusqu'à une voiture qui les attendait pour les embarquer

[1] Fait référence à une tradition américaine. (N.d.E.)

à toute vitesse. (Une fois, un couple m'a même demandé de les accompagner à l'aéroport, pour que je les filme s'envolant pour Hawaï... Elle portait encore sa robe de mariée et lui, son smoking!)

Mais mon véritable travail a commencé *après* le mariage. Pendant que les tourtereaux profitaient de leur lune de miel, je passais mes journées devant l'écran, réduisant plusieurs heures de tournage en une belle séquence de soixante minutes aux transitions bien soignées. J'ai coupé les bourdes et les gaffes pour que tout semble parfait.

Si vous regardiez une de ces vidéos sans savoir toutes les coupures et les collages que j'ai faits, vous pourriez croire à tort que le mariage s'est passé sans aucun incident. Vous ne sauriez pas que la mère et la sœur de la mariée se sont violemment disputées à propos du voile et de la façon de l'accrocher, ou que le smoking du marié a été livré in extremis, ou encore qu'un petit neveu a plongé la main dans le punch. Dans la vidéo, tout se passe «comme sur des roulettes», les mariés ressemblent à des stars qui jouent dans leur propre film, et la douce musique de fond donne à l'ensemble une impression de conte de fées.

C'est beau et romantique, mais ce n'est pas la réalité.

Une vision édulcorée du mariage

Malheureusement, bon nombre de jeunes adultes ont une vision du mariage aussi limitée et irréelle que ces vidéos que je réalisais. Ces gens imaginent la vie de couple comme une succession de moments merveilleux et exaltants... les côtés quotidiens et banals du mariage sont soigneusement gommés du cliché.

Une amie m'a dit un jour que les filles de sa résidence universitaire passaient des heures plongées dans des catalogues de mariage. Elles choisissaient leur robe de mariée et comparaient inlassablement les bagues de fiançailles. Bien qu'il n'y ait rien de mal à tout cela, mon amie se demandait si ces filles ne consacraient pas trop d'énergie et d'attention à ce qui n'est, en fait, qu'un détail dans la vie du couple. «Le mariage est bien plus que la cérémonie, écrivent Gary et Betsy Ricucci dans leur livre *Love that lasts*[2]. La fête est un événement, mais le mariage, un état. Ce n'est pas un acte ponctuel; c'est un engagement pour la vie, qui doit être affermi et entretenu.»[3] Nous ne pouvons qu'espérer que ces filles réfléchiront à ce qui vient *après* la noce. Seront-elles prêtes pour l'affermissement et la constance que demandera la vie à deux?

Les filles ne sont pas les seules à avoir une vision trop limitée du mariage. Nous, les gars, en avons aussi notre conception immature. J'ai honte d'avouer que, naturellement, j'ai tendance à ne voir dans le mariage que l'aspect sexuel. Quand je m'imagine marié, je me vois presque instantanément coucher avec ma femme, comme si c'était la seule chose que faisaient les couples mariés! Oui, maris et femmes ont des relations sexuelles et il n'y a rien de mal à attendre avec impatience ce côté important de la vie conjugale, mais ma vision du mariage ne peut se limiter à cela. Si j'entretiens la pensée que la sexualité est le but principal et la finalité du mariage, je serai mal préparé et je devrai affronter bien des déceptions une fois marié. Je suis peut-être prêt pour l'amour physique, mais suis-je prêt pour le sacrifice de la vie de couple?

Et vous? Votre vision de cette union à vie entre un homme et une femme se limite-t-elle à un seul aspect? Ou bien avez-vous une vision d'ensemble, qui vous permette de vous préparer à tout ce que représente cet engagement?

Une décision mûrement réfléchie

En tant que célibataires, nous sommes responsables de cultiver une vision équilibrée et biblique des plans de Dieu pour le mariage. Pour reprendre les termes d'une ancienne prédication, le mariage ne doit pas être «conclu à la légère et dans l'immoralité pour satisfaire l'appétit et les désirs charnels de l'homme, mais avec révérence, discrétion, engagement, sobriété, et dans la crainte de Dieu et la pleine conscience des raisons pour lesquelles il a été institué».

2 Signifie: «Un amour qui dure». (N.d.T.)

3 Gary & Betsy Ricucci, *Love that Lasts: Making a Magnificent Marriage*, People of Destiny, 1992.

Comment devons-nous voir le mariage? Comme le dit cette prédication, avec révérence, discrétion, engagement et sobriété. Ces mots, riches de sens, nous donnent une image vivante du mariage. Le mot *révérence* signifie «profond respect mêlé d'admiration». La *discrétion* nous conduit à adopter le comportement approprié dans une situation donnée. L'*engagement* implique de réfléchir attentivement à l'alliance que l'on s'apprête à conclure. Et agir avec *sobriété*, c'est être équilibré, dégagé de toute passion, de toute excitation et de tout préjugé.

Ces qualités caractérisent-elles notre vision du mariage? Bien trop souvent, la réponse est non. J'ai entendu des gens approuver l'union de deux êtres juste parce que, à leur avis, ils auraient de beaux bébés. Il peut tout à fait en être ainsi, et il n'y a rien de mal à cela, mais si nous considérons que là est l'importance du mariage, nous n'en avons visiblement pas une très haute opinion. Nous devons abandonner la pensée légère que le mariage est un jeu ou une sorte de bal, où l'essentiel est de former un joli couple.

En fait, nous avons besoin de nous dégriser avec une bonne douche froide de réalisme. Nous devons comprendre les intentions de Dieu, ainsi que notre responsabilité dans le mariage. Heureusement, Dieu, dans sa Parole, nous donne des instructions claires à ce sujet. G. & B. Ricucci écrivent dans *Love that lasts*: «Vous n'avez pas besoin d'aller très loin dans la Bible pour être stupéfaits des projets de Dieu quant à cette relation entre deux êtres qui est la plus sacrée et primordiale qui soit.» Gary et Betsy précisent ensuite quelle est cette perspective biblique du mariage. Ils m'ont autorisé à insérer (et à adapter légèrement pour les célibataires) ce passage qui répond à la question: «Qu'est-ce que le mariage?»:

> *Le mariage est la première institution* (Genèse 2:22-24). Il a été établi avant la famille, avant le gouvernement civil et même avant l'Eglise.
>
> *Le mariage est l'image de l'union surnaturelle entre Christ et l'Eglise* (Ephésiens 5:31-32). C'est une des plus belles images que Dieu utilise pour définir sa relation avec nous. Cela fortifie notre foi, mais, en même temps, nous fait réfléchir. Car en regardant les couples, les gens devraient pouvoir dire: «C'est

donc à ça que ressemble l'Eglise? Voilà ce que veut dire avoir une relation avec Jésus?»

Dieu désire voir se développer, entre un mari et une femme, le même amour abondant et inconditionnel qu'il a lui-même pour nous. Le mariage est un mystère profond et merveilleux, établi par Dieu pour sa gloire.

Le mariage a été choisi par Dieu pour l'accomplissement des temps (Apocalypse 19:7). Pendant plus de 2000 ans, Dieu se sera préparé à faire honneur à son Fils à la fin des temps. Dieu a voulu ce couronnement, ces noces de l'Agneau. Il a décidé que son Fils serait glorifié. Pourquoi les noces? Parce que rien n'évoque plus l'union et l'intimité que le mariage. La plus grande chose que Dieu puisse faire pour son Fils est de le présenter à son Epouse resplendissante. Ne sommes-nous pas profondément émus, le jour d'un mariage, lorsque nous voyons la mariée s'avancer vers l'époux qui l'attend? Le mariage est un don saint et merveilleux. Et un jour, nous serons appelés à rendre des comptes sur ce que nous en avons fait.

Le mariage doit être honoré de tous (Hébreux 13:4). A propos de ce verset, un commentaire d'une Bible d'étude précise que le mariage doit être considéré comme particulièrement précieux, comme un cadeau de très grande valeur. Nous devons donc nous garder de toute pensée qui le déshonore ou le dénigre.

Quand je (Gary) m'arrête à l'épicerie pour acheter du pain ou du lait, j'achète souvent des fleurs pour Betsy. Un jour, le caissier m'a dit en plaisantant: «Qu'est-ce qui se passe? Vous êtes en état de disgrâce auprès de votre femme?» Il aurait été facile de rire un moment avec lui et de blaguer dans ce sens. Mais je voulais qu'il sache que le mariage était important pour moi. C'était l'occasion de l'amener à réfléchir à sa vision faussée des choses et de semer dans son cœur une graine d'espoir quant aux merveilleuses possibilités qu'offre le mariage. Aussi, en me gardant de toute suffisance, j'ai répondu: «Non, c'est simplement que j'aime ma femme.»[4]

---

[4] Ibid.

Notre future épouse a été créée à l'image de Dieu. Notre mariage sera donc une relation sacrée. Les Ricucci ajoutent que nous devrions saisir «toutes les occasions de défendre le caractère sacré et inviolable du mariage». Même si leur livre s'adresse à des couples mariés, je pense que cela concerne aussi les célibataires.

Comment procéder? Un peu plus haut, je parlais de ces voisines de chambre d'une amie étudiante dont la vision du mariage allait à peine plus loin que les discussions sur les bagues de fiançailles et les robes de mariée. Comment mon amie pouvait-elle défendre la juste vision du mariage dans une telle situation? Sans rabattre la joie qu'éprouvaient ces filles à la perspective de leur futur mariage (elles avaient tous les droits d'être excitées en pensant au grand jour), elle pouvait les aider en leur rappelant, avec douceur, d'autres aspects importants de la vie conjugale. Elle pouvait leur poser des questions du type: «Comment allez-vous élever vos enfants? Comment pensez-vous maintenir une bonne communication avec votre mari?» Ce genre de questions peut encourager les projets réalistes et fondés, et équilibrer notre vision du mariage lorsqu'elle est quelque peu limitée.

Pour ma part, la prochaine fois que mes amis se mettront à parler du mariage en le réduisant à l'acte sexuel, je pourrai, maintenant que j'ai revu ma propre attitude, remettre en question leur vision limitée et immature. Même si je suis célibataire, je peux aider les autres, et m'encourager moi-même, à avoir une opinion élevée du mariage en rejetant les attitudes et paroles qui le dénigrent et le privent de la place d'honneur que Dieu lui a donnée.

Comment pouvons-nous aider les autres à tenir le mariage en haute estime?

Le mariage, un processus d'épuration

Les Riccuci terminent leur livre par ce point qui mérite toute notre attention:

> *Le mariage est un processus d'épuration.* Tout mariage connaît un jour ou l'autre des conflits. Quand les problèmes surgiront dans votre couple, il sera facile de rejeter la faute sur l'autre.

> «Si tu n'éteignais pas la climatisation quand il fait si chaud, je serais moins sur les nerfs!» Mais en réalité, votre femme ne vous fera pas pécher. Elle ne fera que révéler ce qui est déjà dans votre cœur. Un des plus beaux cadeaux de mariage que Dieu vous accordera sera un grand miroir... votre épouse. S'il y ajoutait une carte, il y serait écrit: «Voici un cadeau qui t'aidera à découvrir ce que tu es vraiment. Félicitations!»[5]

De loin, les célibataires ne voient que l'éclat, la flamme de la vie conjugale; et ils ne font que penser à la façon dont cette flamme les réchauffera. Et de diverses manières, c'est vrai, elle le fera. Mais, nous oublions que Dieu désire utiliser le feu du mariage non seulement pour nous réconforter, mais encore pour nous épurer et nous purifier de notre égoïsme et de notre péché. Nous venons réchauffer nos mains près de ce feu, cependant, Dieu veut nous y plonger entièrement!

Je ne veux pas dire (ni croire!) que le mariage ne sera que souffrances et difficultés. Mais ce ne sera pas non plus un bonheur et un épanouissement personnel sans fin. Et si nous ne prenons pas conscience de ces réalités, la vie conjugale sera extrêmement désagréable. Nous devons donc rejeter le plus rapidement possible toute conception égoïste qui nous fait penser que le mariage est un moyen de recevoir plutôt qu'un moyen de donner.

Les «clauses restrictives»

Ann Landers[6] qui, pendant de nombreuses années, était chroniqueuse de la rubrique «Infos-Conseils» de plusieurs journaux américains, a fait une fois quelques précieuses remarques au sujet des efforts qu'implique le mariage. Un lecteur, qui se plaignait de ce que les filles avaient souvent une idée irréaliste du mariage, implorait Ann de leur ouvrir les yeux sur la réalité. La chroniqueuse a répondu:

---

[5] Ibid.
[6] (1918-2002)

J'ai averti les filles depuis Anchorage[7] jusqu'à Amarillo[8].
Je leur ai dit que tous les mariages étaient heureux,
Mais que la difficulté, c'était la vie commune qui venait ensuite.
Je leur ai dit qu'une union heureuse n'était pas donnée, qu'elle se travaillait,
Que le mariage n'était pas un jeu d'enfant, qu'il demandait courage et maturité,
Qu'il mettait en évidence la différence entre les hommes et les garçons et entre les femmes et les filles.
Je leur ai dit que le mariage était chaque jour une occasion de prouver notre aptitude à la conciliation,
Que sa survie dépendait de notre capacité à distinguer ce qu'il fallait vraiment défendre,
Ce dont il suffisait de discuter, et ce qu'il fallait simplement évoquer.
Le mariage donne et, surtout, pardonne.
Et c'est presque toujours la femme qui doit faire cela.
Puis, comme si cela ne suffisait pas, elle doit savoir oublier ce qu'elle a pardonné.
C'est souvent ce qu'il y a de plus difficile.
Oh, je n'ai pas pris de gants pour leur expliquer ces choses.
Si elles ne perçoivent pas le message, mon ami,
C'est qu'elles ne veulent pas l'entendre.
Les verres de lunettes roses ne sont jamais à double foyer,
Car personne ne veut lire les clauses restrictives qui figurent au bas des rêves.[9]

Dans nos moments d'illusion, nous oublions trop souvent ce qu'implique le mariage véritablement. Nous lisons les «gros titres captivants», mais négligeons les «précisions écrites en petits caractères». Et que disent ces «clauses restrictives»? Elles nous rappellent qu'un bon mariage exige application, patience, maîtrise de

[7] Ville des Etats-Unis, dans l'Etat de l'Alaska. (N.d.E.)

[8] Ville du Texas. (N.d.E.)

[9] Ann Landers, «All Marriages Are Happy». Reproduit avec l'autorisation d'Ann Landers et de Creators Syndicate.

soi, esprit de sacrifice et soumission; que les unions réussies demandent «courage et maturité» et, devrions-nous ajouter, une compréhension biblique du plan de Dieu. Ce n'est qu'en cultivant ces qualités que nous pourrons assumer nos responsabilités et expérimenter une joie et un épanouissement véritables dans le mariage.

Mériter le cœur d'une femme

J'aimerais clore ce chapitre en lançant un défi aux jeunes gens. Tandis que les conseils d'Ann Landers exhortent les filles à se réveiller de leurs rêves enfantins et à réaliser que le mariage demande des efforts, le poème suivant, intitulé «Question de femme», est particulièrement parlant pour les hommes. Il me donne des frissons à chaque fois que je le lis. Ces vers de Lena Lathrop me montrent à quel point je suis immature; ils m'arrêtent dans ma lancée et me placent devant le défi de devenir assez mûr pour traiter une femme comme il se doit. Ce poème paraîtra peut-être un peu vieux jeu dans sa formulation, mais son message est intemporel:

> Savez-vous que vous avez demandé la chose la plus précieuse
> Jamais façonnée par la Main du Très-Haut?
> Le cœur d'une femme, la vie d'une femme,
> Et le merveilleux amour d'une femme.
>
> Savez-vous que vous avez demandé cette chose sans prix
> Comme un enfant réclamerait un jouet?
> Exigeant avec la précipitation effrontée d'un gamin
> Ce pour quoi d'autres ont laissé leur vie.
>
> Vous avez dressé la liste de mes devoirs,
> De toute votre virilité, vous m'avez questionnée.
> Maintenant, vous qui vous tenez à la barre de mon âme de femme,
> A moi de vous interroger.

Vous exigez que vos repas soient toujours chauds,
Que vos chaussettes et chemises soient impeccables;
J'exige que votre cœur soit vrai comme les étoiles de Dieu,
Et que votre âme soit aussi pure que Son Ciel.

Vous exigez une cuisinière pour vos petits plats mijotés,
J'exige une chose infiniment plus grande;
Vous cherchez quelqu'un qui reprise vos chaussettes
Et raccommode vos chemises,
Je cherche un homme et un roi.

Je cherche un roi pour le merveilleux royaume appelé «foyer»,
Et un homme que son Créateur, Dieu,
Puisse, en le regardant, dire, comme au commencement:
«Voici, cela est très bon.»

Je suis jeune et blonde, mais un jour,
Ma joue rose et douce perdra de son éclat;
M'aimerez-vous alors au milieu des feuilles d'automne,
Comme vous le fîtes au milieu des fleurs de mai?

Votre cœur est-il un océan si fort et vrai,
Que je puisse me plonger tout entière dans ses flots?
Une femme aimante trouve paradis ou enfer
Le jour où un homme la prend pour épouse.

Je réclame toutes choses qui sont grandes et vraies,
Tout ce qu'un homme devrait être;
Si vous me donnez tout cela, à mon tour, je donnerai ma vie
Pour être tout ce que vous attendez de moi.

Si vous n'êtes pas en mesure d'être cela, vous pouvez,
Pour peu d'argent, engager une blanchisseuse et une cuisinière;
Mais le cœur et la vie d'une femme
Ne s'acquièrent pas à petit prix.[10]

---

[10] Lena Lathrop, «A Woman's Question», *The Best Loved Poems of the American People.*

Je prie que ce poème aide les filles qui lisent ce livre à ne pas cesser de placer haut la barre. Exigez «toutes choses qui sont grandes et vraies». Si vous envisagez le mariage, ne baissez pas la barre, même un instant; car tout garçon qui voudrait vous y contraindre ne mérite pas que vous lui consacriez du temps.

Et nous, les garçons, nous avons du pain sur la planche, n'est-ce pas? Mon espoir est que nous sachions vraiment comprendre à quel point l'amour d'une femme est précieux et inestimable. Ce n'est pas une mince affaire, ni un jeu, d'inviter une fille à nous accompagner sur le chemin de la vie. Puissions-nous mériter le droit de faire une telle requête en cherchant à être des hommes intègres, dont le cœur est «un océan fort et vrai». Alors, et seulement alors, nous pourrons nous tenir «à la barre de l'âme d'une femme» et lui demander le droit d'entrer.

Chapitre 14

Qu'est-ce qui compte à 50 ans?

Les qualités à rechercher chez un futur conjoint

Comme nous l'avons vu, le mariage est un engagement à vie. Et quand je pense à cette réalité, une question s'impose à mon esprit: «Quelles qualités dois-je rechercher chez une épouse?» Peut-être, alors que vous envisagez de passer le reste de votre existence avec l'être aimé, vous demandez-vous aussi: Qu'est-ce qui fera de cette personne le parfait conjoint?

Si je réfléchis, je réalise que cette question a des implications profondes. Pourtant, dans la vie de tous les jours, j'ai du mal à ne pas rester superficiel. Une jolie fille entre dans la pièce, et tout mon bon sens part en fumée. Combien de fois la beauté et le charme d'une fille m'ont-ils fait à eux seuls tourner la tête et induit totalement en erreur? Trop souvent.

Pour remédier à cela, j'ai inventé un petit jeu. Quand je rencontre une belle fille et que je suis tenté de me laisser trop impressionner par son apparence physique, j'essaie d'imaginer à quoi elle ressemblera à 50 ans. (Si sa mère l'accompagne, cela ne demande pas beaucoup d'imagination). Cette fille est peut-être jeune et jolie maintenant, mais qu'arrivera-t-il quand la beauté passera? Y a-t-il quelque chose en elle qui m'attire? Est-ce sa nature rayonnante qui la rend si attrayante, ou est-ce sa robe d'été qui met un peu trop en valeur son bronzage? Que dire si sa silhouette féminine me fascine aujourd'hui? Quand les grossesses ajouteront des vergetures et les années des kilos, y aura-t-il quelque chose dans l'âme de cette fille qui continuera à m'attirer?

Les choses qui durent

Quand nous réfléchissons à ce qui est essentiel chez un futur conjoint, nous devons voir au-delà des questions extérieures, telles que le regard, l'habillement et la façon de présenter en société. Car Dieu dit: «L'Eternel ne considère pas ce que l'homme considère; l'homme regarde à ce qui frappe les yeux, mais l'Eternel regarde au cœur» (1 Samuel 16:7). En Proverbes 31:30, nous lisons: «La grâce est trompeuse, et la beauté est vaine; la femme qui craint l'Eternel est celle qui sera louée.»

Nous nous laissons trop facilement impressionner par l'apparence. Or Dieu désire que nous attachions de l'importance à ce qui dure. Pour pouvoir choisir un conjoint avec sagesse, il est nécessaire de redéfinir ce qui fait la véritable valeur d'une personne, tant au niveau de sa maturité spirituelle que de son comportement.

Dans ce chapitre, nous verrons donc les qualités et l'attitude de cœur qui importent chez un conjoint. Par la même occasion, nous nous poserons aussi la question de savoir si nous cultivons nous-mêmes ces choses dans notre vie. Veillons à rester suffisamment humbles pour toujours nous remettre en question. Nous ne devons pas seulement nous appliquer à *trouver* la bonne personne, mais, plus important encore, à *devenir* la bonne personne.

La maturité spirituelle

«La maturité spirituelle, c'est ce que nous sommes dans le noir quand personne d'autre que Dieu ne nous voit, écrit Randy Alcorn. Nous pouvons tous faire bonne figure devant les autres, et même devant nos amis. Mais c'est une tout autre chose que de se tenir 'nu' devant Dieu et d'être perçu tel qu'on est vraiment, au fond du cœur.»[1] Ce n'est pas par l'image qu'une personne cherche à donner d'elle-même ni par la réputation derrière laquelle elle peut se cacher que nous connaissons sa véritable personnalité; c'est par

[1] Randy Alcorn, «O.J. Simpson: What Can We Learn?», *Eternal Perspectives*, été 1994.

les choix qu'elle a faits et les décisions qu'elle a prises ou qu'elle prend chaque jour.

Connaître véritablement quelqu'un, déterminer sa maturité spirituelle, voilà qui demande une réelle sagesse. Cela prend aussi du temps. William Davis écrit: «Les autres découvrent notre réputation en une heure, mais notre véritable personnalité ne leur apparaît qu'au bout d'un an.»[2]

Ce qui fait la véritable valeur d'une personne

Comment déterminer la véritable valeur d'une personne? Comment dépasser l'apparence et la réputation pour tenter de percevoir qui est, réellement, la personne qui nous intéresse?
Si nous cherchons à connaître quelqu'un (ou nous-mêmes) tel qu'il est vraiment, nous devons observer attentivement trois choses: la qualité de sa relation avec Dieu, son attitude à l'égard des autres et la manière dont il ou elle gère sa vie personnelle. Ces choses sont comme de petites fenêtres ouvertes sur la véritable personnalité d'un individu. «Tout comme la lumière du jour peut être perçue par de minuscules trous, de même les choses apparemment insignifiantes de la vie révèlent un caractère, écrit Samuel Smiles. Oui, vraiment, la maturité spirituelle se mesure à de petites choses, accomplies fidèlement et dans la dignité.»[3]

Examinons quelques-unes de ces «petites choses» qui peuvent en dire davantage sur quelqu'un.

Sa relation avec Dieu

La relation de quelqu'un avec Dieu est révélatrice: si cette relation n'est pas bonne, toutes ses autres relations en souffriront. L'Ecriture montre clairement qu'un chrétien ne doit pas même songer à épouser une non-chrétienne. «Ne vous mettez pas avec les infidèles sous un joug étranger», est-il écrit en 2 Corinthiens 6:14. Les futurs conjoints doivent tous deux avoir une relation personnelle et

2 William Davis, «Reputation and Character», *The Treasure Chest: Memorable Words of Wisdom and Inspiration*, Harper Collins, 1995.
3 William Thayer, *Gaining Favor with God and Man*, Mantle Ministries, 1989.

vivante avec Jésus-Christ et désirer que cette relation s'approfondisse. La question n'est pas simplement: «Etes-vous sauvés, vous et votre conjoint potentiel?» mais plutôt: «Aimez-vous Jésus-Christ de tout votre cœur? A-t-il la première place dans votre vie, même au regard de celle ou celui que vous aimez?

«C'est un des plus beaux paradoxes de la vie chrétienne, écrivent David Powlison et John Yenchko. Si nous aimons et désirons notre conjoint plus que tout au monde, nous finirons égoïstes, angoissés, amers ou désillusionnés. Si nous aimons Jésus plus que toute autre chose, nous aimerons et apprécierons vraiment notre conjoint. Nous mériterons qu'on nous épouse!»[4]

Un jour, alors que nous parlions des relations sentimentales, deux jeunes chrétiennes m'ont dit que ce qui les attirait le plus chez un garçon était sa consécration au Seigneur.

– S'il aime vraiment Dieu, m'a dit mon amie Sarah, ça se voit clairement. S'il te parle de son amour pour le Seigneur, tu peux dire que ta présence ne l'en détourne pas.

– Exactement! a confirmé Jayne. C'est drôle, mais les garçons qui font tous leurs efforts pour impressionner les filles ne m'impressionnent pas du tout. Ils me repoussent.

Appliquons-nous à devenir des hommes ou des femmes qui, en tant que célibataires, cherchent Dieu de tout leur cœur, lui donnant la première place dans tous les domaines de leur vie. Ne nous préoccupons pas de la manière dont nous pourrons impressionner les personnes du sexe opposé. Mais au contraire, cherchons à plaire au Seigneur et à le glorifier. C'est ainsi que, le long du chemin, nous attirerons l'attention de celles ou ceux qui partagent les mêmes priorités.

Son comportement à l'égard des autres

La deuxième fenêtre ouverte sur la véritable personnalité de quelqu'un est sa façon de se conduire envers les autres. Observons comment la personne à laquelle nous pensons se comporte à l'égard (il est important de nous examiner aussi nous-mêmes à ce sujet):

---

[4] David Powlison & John Yenchko, «Should We Get Married?» *Journal of Biblical Counseling*, 14, printemps 1996.

Des autorités

Comment réagit-elle face à l'autorité? Respecte-t-elle l'autorité de son patron et de son pasteur, même lorsqu'elle n'est pas d'accord avec eux? Un garçon qui ne peut se soumettre à des ordres légitimes aura du mal à garder un travail ou à recevoir la correction d'un pasteur quand ce sera nécessaire. Une fille qui ne peut respecter l'autorité d'un professeur ou d'un entraîneur aura des difficultés à honorer son époux. Aspirons à devenir des personnes qui respectent l'autorité établie par Dieu.

De ses parents

Vous avez sûrement déjà entendu dire: «A la façon dont un garçon traite sa mère, on peut deviner la manière dont il traitera sa femme.» C'est une constatation sage et réaliste, qui s'applique aussi au comportement d'une fille avec son père. Je ne veux pas dire pour autant que si vous n'aviez pas une bonne relation avec votre père ou votre mère, vous connaîtrez forcément un échec au niveau conjugal. Car par la grâce de Dieu, nous pouvons triompher de notre ancienne manière de vivre. Mais il convient de se demander comment un jeune homme dur envers sa mère pourra être gentil et affectueux envers son épouse; ou comment une jeune femme qui manque de respect envers son père pourra respecter son mari.

N'oublions pas d'examiner notre propre vie. Quelle relation avons-nous avec nos parents? Pouvons-nous progresser dans ce domaine et nous préparer ainsi à honorer notre futur conjoint? Si nous désirons *vraiment* connaître la réponse à ces questions, demandons à nos parents de nous dire ce qu'ils pensent de notre relation avec eux.

Des personnes du sexe opposé

Comme nous l'avons vu, il y a une énorme différence entre l'amitié sincère et le flirt. Apprenons à distinguer ces deux choses. Personne ne veut épouser une fille qui fait du charme à tous les hommes. Les gars, si une fille passe, comme un papillon, d'un garçon à l'autre, et si elle cherche toujours à attirer l'attention de la gente masculine, croyez-vous réellement que le mariage la transformera subitement? Les filles, voulez-vous épouser un gars au regard «baladeur»? Et nous-mêmes? Où en sommes-nous dans ces domaines? Devrions-nous changer d'attitude et de comportement envers les personnes du sexe opposé?

De ses amis

Nos amis nous influencent et nous façonnent. Ainsi, ce n'est pas la façon dont une personne traite ses amis qui importe le plus, mais la *personnalité* de ces amis. Comme le disait A.W. Tozer, «il existe, dans le domaine moral, une loi de l'attraction qui fait que nous sommes tous attirés par la compagnie de ceux qui nous ressemblent le plus. Les endroits dans lesquels nous nous rendons lorsque nous sommes libres d'aller où nous voulons sont très révélateurs de l'état de notre cœur».[5]

Quels sont les amis proches de la personne à laquelle nous pensons? Comment se comportent-ils? A quoi attachent-ils de l'importance?

S'ils ne pensent qu'à la fête et si leur vie est caractérisée par la légèreté, il en sera probablement de même de la personne qui les fréquente. Et qu'en est-il de nos amis? Entretenons-nous des relations avec des gens qui nous encouragent dans notre marche avec Dieu? Ou nos amis nous «tirent-ils vers le bas»? Ne sous-estimons pas la façon dont nos amis proches façonnent notre personnalité.

La discipline personnelle

La troisième chose qui nous permet de connaître véritablement une personne est la manière dont elle gère et conduit sa vie. «L'habitude, écrit Charlotte Mason, est la plus grande part du caractère.»[6] Les choses que nous faisons involontairement, presque sans y penser, révèlent ce que nous sommes.

A ce sujet, il convient de faire la différence entre les habitudes pécheresses et les habitudes simplement agaçantes ou les mau-

[5] A.W. Tozer, *The Best of A.W. Tozer*, Baker Book House, 1978.

[6] Charlotte M. Mason, *The Original Homeschooling Series*, 1, Tyndale House Publishers, 1989.

vaises manières. Chacun a des habitudes que l'autre trouvera bêtes ou irritantes. Par exemple, mon père rend ma mère folle par sa manière de manger les épis de maïs. Sa méthode rappelle le bruit des vieilles machines à écrire: tac, tac, tac, tac, tac, ding, tac, tac, tac, rangée suivante. Ce n'est peut-être pas la meilleure façon de se tenir à table, mais ce n'est pas un péché. Au lieu de nous préoccuper de ce genre de choses, nous devrions plutôt nous demander si notre futur conjoint cultive des habitudes qui révèlent une désobéissance à Dieu ou un profond manque de respect envers autrui. Il est aussi important de nous demander où nous en sommes nous-mêmes dans ces domaines.

Voici quelques exemples d'habitudes qui pourront nous donner un aperçu de la maturité spirituelle d'une personne. Encore une fois, voyons aussi ce qu'il en est dans notre propre vie.

La façon dont elle occupe son temps

Un jour, lors d'une conférence, j'ai entendu Elisabeth Elliot raconter qu'une des premières choses qui l'a attirée chez Jim Elliot était sa manière d'utiliser son temps pendant qu'il faisait la queue à la cafétéria: il en profitait pour apprendre par cœur des versets bibliques. Elle en a conclu qu'il était discipliné et efficace.

La façon dont une personne emploie son temps libre révèle ce qui est important pour elle. Perd-elle des heures devant la télévision? Se cultive-t-elle l'esprit et cherche-t-elle à construire des relations solides ou passe-t-elle d'une distraction à l'autre? Cherchons à rencontrer quelqu'un qui utilise sagement son temps. Et utilisons sagement notre temps nous-mêmes.

La façon dont elle gère son argent

La manière dont une personne gère son argent révèle clairement sa maturité spirituelle. C'est peut-être même l'indicateur le plus sûr. Pour son 19e anniversaire, mon ami Andy a demandé à ses invités de lui apporter de l'argent. Ce n'était pas pour lui-même, mais pour en faire don à une mission chrétienne qui travaillait dans le quartier pauvre de la ville. L'attitude d'Andy envers les choses matérielles a prouvé qu'il était un homme de compassion, d'amour et de générosité. Cela a montré qu'il attachait plus de valeur aux choses éternelles qu'aux choses matérielles.

La personne que nous observons ne pense-t-elle qu'aux habits, aux voitures ou autres biens matériels? Est-elle raisonnable dans ses achats ou dépense-t-elle son argent de façon impulsive, faisant des folies? Et nous-mêmes? La façon dont une personne dépense son argent révèle son sens des responsabilités.

La façon dont elle prend soin de son corps

Nous ne pouvons rendre quelqu'un responsable de choses qu'il ne peut contrôler: sa taille, ses traits et, dans certains cas, son poids. Nous ne devons pas non plus attacher trop d'importance à l'aspect extérieur. Cependant, la façon dont une personne soigne son apparence nous donne un petit aperçu de sa véritable personnalité.

Tout d'abord, comment s'habille-t-elle? Une fille qui s'habille de façon indécente attirera peut-être l'attention des garçons, mais qu'est-ce que cela dévoile quant à l'état de son cœur? Un garçon qui dépense son argent pour être toujours à la dernière mode peut, certes, donner l'impression qu'il est «solidaire» des autres, mais son engouement pour la mode montre qu'il est probablement trop préoccupé par ce que l'on pense de lui (et qu'il utilise mal son argent).

Ensuite, comment cette personne prend-elle soin de son corps? Surveille-t-elle ses habitudes alimentaires? A-t-elle un programme raisonnable et régulier pour rester en forme physiquement? Dieu désire que nous veillions sur notre santé et notre condition physique afin de pouvoir le servir plus efficacement. Néanmoins, cela ne veut pas dire que nous devions être obsédés par le sport. Ne penser qu'à rester svelte et ne faire aucun exercice sont deux attitudes qui manquent d'équilibre.

Sommes-*nous* un bon témoignage dans ce domaine? Y aurait-il des choses à changer dans notre vie?

L'attitude face aux circonstances

Si la maturité spirituelle est le premier critère dans le choix d'un conjoint, son attitude dans la vie de tous les jours est le second. Elle révèle ses points de vue et sa façon de réagir dans les différentes situations de la vie. Pour un chrétien, il ne suffit pas simplement d'avoir une attitude positive et des idées constructives. Honorer Dieu au quotidien, cela implique de lui donner toute la place dans notre cœur et de conformer nos pensées à sa Parole. Cela nous conduit à considérer les autres, les circonstances, et nous-mêmes, selon sa perspective.

Voici quelques indices révélateurs d'une vie qui honore Dieu:

Une soumission sincère

Si nous voulons rencontrer quelqu'un qui honore Dieu, cherchons une personne qui est à son écoute et qui lui obéit sans attendre. David disait à Dieu: «Je me hâte, je ne diffère point d'observer tes commandements» (Psaume 119:60). Recherchons cette même attitude. Le cœur véritablement soumis reconnaît la souveraineté de Jésus-Christ dans tous les domaines de la vie. La personne à laquelle vous vous intéressez désire-t-elle se consacrer toujours davantage au Seigneur? S'efforce-t-elle de vaincre ses mauvaises habitudes? Se conforme-t-elle à l'esprit du temps ou, au contraire, y résiste-t-elle, cherchant à être transformée à l'image de Christ?

Nous efforçons-nous de développer une attitude d'obéissance dans notre vie? Nous ne serons jamais parfaits, et notre conjoint non plus, car nous sommes tous pécheurs. Mais seules les personnes sincèrement soumises à la Parole de Dieu continueront à grandir dans la foi et à mûrir spirituellement tout au long de leur vie.

L'humilité

Le cœur humble est attentif aux besoins des autres. En Philippiens 2:3, il est écrit: «Ne faites rien par esprit de parti ou par vaine gloire, mais que l'humilité vous fasse regarder les autres comme étant au-dessus de vous-mêmes.» La personne à laquelle vous vous intéressez place-t-elle les besoins des autres avant les siens? Observez les petites choses. Par exemple, comment se comporte-t-elle sur un terrain de volley? Est-ce que, même en plein match, elle cherche à servir les autres? Comment réagit-elle quand des conflits surgissent dans sa famille? Est-elle prompte à accuser les autres ou est-elle suffisamment humble pour reconnaître ses torts et chercher la réconciliation? Et nous-mêmes, comment nous comportons-nous dans de telles situations?

Une des choses que j'admire le plus chez mon père, c'est qu'il est toujours prêt à s'humilier devant ma mère et le reste de la famille en reconnaissant son péché. S'il a prononcé une parole dure ou manqué d'égard envers quelqu'un, il n'hésite pas à demander pardon. Tout le monde n'agit pas ainsi.

Nous ne ferons pas perdurer une union en ne commettant jamais d'erreur, mais en restant dans une attitude d'humilité, en étant prompts à reconnaître notre péché, en faisant passer les besoins de l'autre avant les nôtres et en acceptant de lui demander pardon lorsque c'est nécessaire.

L'ardeur au travail

Ne jugeons pas les autres sur leurs choix professionnels, mais observons leur attitude face au travail. Quelqu'un de travailleur est quelqu'un qui est prêt à travailler dur, quelle que soit la tâche qui se présente. Voici ce qu'écrit William Bennett à ce sujet: «Le travail, ... ce n'est pas ce que nous faisons *pour* gagner notre vie, c'est ce que nous faisons *avec* notre vie ... Le contraire du travail, ce n'est pas les loisirs, le jeu ou le divertissement, mais l'oisiveté. Et l'oisiveté, c'est ne s'investir dans rien.»[7]

Dans Proverbes 31:17, la femme vertueuse est décrite comme quelqu'un qui «avec plein d'énergie, se met à l'œuvre et active ses bras»[8]. (Bien entendu, l'application au travail est aussi importante pour les hommes que pour les femmes.) Cherchons quelqu'un qui, d'ores et déjà, s'investit énergiquement dans des choses qui comptent. Et efforçons-nous, nous aussi, d'adopter une telle attitude.

[7] William J. Bennett, *The Book of Virtues.*

[8] Version Semeur 2000.

Le contentement et la confiance

Vivre dans le contentement et la confiance, c'est reconnaître la souveraineté de Dieu dans chaque situation. C'est faire preuve d'un optimisme fondé sur la foi et tourner les regards vers le Seigneur; c'est être davantage conscient des manifestations de sa grâce que des problèmes qui restent à résoudre; c'est être reconnaissant.

Voici quelques questions importantes à nous poser au sujet de la personne que nous cherchons à connaître (et au sujet de nous-mêmes): Cette personne a-t-elle des plaintes ou des louanges à la bouche? Pinaille-t-elle sur les fautes des autres ou cherche-t-elle sans cesse à encourager son prochain? Est-elle facilement découragée par les circonstances ou reste-t-elle confiante dans la fidélité de Dieu?

Au début de leur mariage, le pasteur E.V. Hill et sa femme Jane ont dû faire face à des difficultés financières. Il avait investi de façon peu raisonnable dans un commerce de station-service et l'affaire avait terminé en faillite. L'argent manquait. Le Dr Dobson, qui a entendu le pasteur Hill raconter son histoire à l'enterrement de Jane, la rapporte en ces mots:

> Peu après le fiasco de la station-service, en rentrant chez lui un soir, M. Hill a trouvé la maison dans le noir. Quand il a ouvert la porte, il a vu que Jane avait préparé un repas aux chandelles pour tous les deux.
>
> – Qu'entendez-vous par là, ma Chère? lui a-t-il demandé avec humour.
>
> – Eh bien, a répondu Jane, nous allons dîner aux chandelles ce soir.
>
> M. Hill, trouvant que c'était une merveilleuse idée, est allé à la salle de bains pour se laver les mains. Mais il n'y avait pas de lumière. Il s'est alors avancé à tâtons jusque dans la chambre et a appuyé sur l'interrupteur. Il faisait toujours noir. Puis, le jeune pasteur est retourné dans la salle à manger et a demandé à sa femme pourquoi il n'y avait plus de courant. Elle s'est mise à pleurer.
>
> – Tu travailles beaucoup et nous faisons de notre mieux, a-t-elle dit, mais c'est vraiment dur. Je n'ai pas eu tout à fait

> assez d'argent pour payer la facture d'électricité. Comme je ne voulais pas que tu le saches, j'ai pensé que nous n'avions qu'à dîner aux chandelles.
>
> M. Hill a rapporté les paroles de sa femme avec une profonde émotion: «Elle aurait pu dire: 'Je n'ai jamais été dans une telle situation! Jamais on n'a coupé le courant à la famille du Dr Caruthers.' Elle aurait pu me ravager l'âme, me ruiner; elle aurait pu me démoraliser. Mais au lieu de cela, elle a dit: 'D'une façon ou d'une autre, le courant sera rétabli. Mais ce soir, dînons aux chandelles.'»[9]

J'ai les larmes aux yeux à chaque fois que je lis cette histoire. Mme Hill était prête à se tenir aux côtés de son époux dans les moments durs de la vie. Cet optimisme et cette acceptation des difficultés sont deux qualités que je désire pour moi-même. Et ce sont celles que j'aimerais le plus trouver chez mon épouse. Je prie pour cela. J'espère trouver quelqu'un qui saura allumer des bougies, au lieu de pester contre l'obscurité.

Un saut dans le vide?

Si j'ai évoqué ces différents traits de caractère et attitudes, c'est pour montrer ce qui compte vraiment chez un futur conjoint, ce qu'il faut désirer chez lui, et ce qu'il faut rechercher dans notre propre vie. Mais cela ne doit pas être un prétexte pour critiquer les personnes du sexe opposé ou une excuse pour ne pas se marier. Personne ne peut atteindre la perfection dans tous les domaines que nous avons évoqués. Voici ce que dit Benjamin Tillett à celui qui recherche une épouse parfaite: «Dieu aide l'homme qui ne se mariera pas tant qu'il n'a pas trouvé la femme parfaite, mais il l'aide plus encore s'il la trouve.»[10] C'est une boutade, mais elle est parlante.

Nous ne trouverons jamais le conjoint parfait. Et si nous y arrivions, pourquoi accepterait-il d'épouser quelqu'un d'aussi impar-

---

9 James Dobson, *Focus on the Family Newsletter*, 02.1995.

10 *The Encyclopedia of Religious Quotations*, Fleming H. Revell, 1965.

fait que nous? Benjamin Franklin disait: «Garde tes yeux grands ouverts avant le mariage et à moitié fermés après.»[11] Le mariage implique de se confier dans la grâce de Dieu et d'être prêt à pardonner les imperfections de l'autre. Et pour garder les yeux «mi-clos» sur les défauts d'un conjoint, il faut un cœur indulgent.

Un jour, un jeune homme m'a fait part de ses craintes au sujet du mariage. Voici ce qu'il m'a écrit: «Comment puis-je connaître suffisamment une personne avant le mariage pour savoir si c'est quelqu'un de bien? J'ai l'impression que le mariage, c'est comme un saut dans le vide.» Dans un sens, il avait raison. Le mariage sera toujours une marche de foi. Ce n'est pas une «marche à tâtons», mais c'est juste un pas au-delà de ce que nous pouvons voir clairement aujourd'hui.

Mon pasteur, C.J. Mahaney, raconte cette histoire amusante: juste avant son mariage, il a tendu la main à son futur beau-père en disant: «Merci, Monsieur, de me confier votre fille.» Celui-ci a répondu: «Ce n'est pas à vous que je fais confiance.» Puis, après une longue pause, il a ajouté: «Je fais confiance à Dieu.» Ce père plaçait sa confiance là où il fallait.

Nous ne pouvons nous fier à nous-mêmes, et nous ne pouvons connaître parfaitement la personne que nous avons décidé d'épouser. Mais nous *pouvons* nous confier en Dieu pour qu'il nous guide dans nos choix et nous aide à aller jusqu'au bout de nos engagements.

La véritable beauté

Tant que je suis encore célibataire, je cherche à mûrir dans la foi et à adopter les attitudes justes. Quand j'observe les jeunes filles autour de moi, je garde les yeux grands ouverts. Et je continue mon petit jeu du «Qu'est-ce qui compte à 50 ans?» Cela m'aide à voir au-delà des choses passagères que sont la jeunesse et la beauté, et à m'attacher à l'essentiel: la maturité spirituelle et une vie qui honore Dieu.

---

[11] *Notable Quote*, World Book Encyclopedia, 1984.

Pauvres filles, si elles savaient à quoi je joue... Mais qui sait? Peut-être essaient-elles aussi d'imaginer à quoi je ressemblerai à 50 ans? Quelle pensée effrayante!

Un jour, bientôt – et c'est le moment que j'espère et pour lequel je prie –, je rencontrerai une fille. Et quand je me l'imaginerai à 50 ans, je la verrai encore plus belle qu'aujourd'hui. Les années n'auront rien abîmé; ils l'auront simplement façonnée et fait mûrir. Car le temps ne peut que rendre plus belle encore la femme qui craint l'Eternel et qui puise sa force en lui, le Dieu vivant. Bien sûr, les années finiront par laisser leur marque, mais l'esprit qui illumine ses yeux pétillants restera jeune et plein de vie. Voilà ce que je veux savoir aimer.

Que ferai-je quand je rencontrerai cette jeune femme? Je pense souvent à cela. Je ne sais pas exactement ce que je lui dirai. Peut-être lui demanderai-je, à genoux, de bien vouloir passer le reste de sa vie à vieillir avec moi. Alors, lorsque nos corps se flétriront, ensemble, nous pourrons attendre le jour où le Maître nous en donnera de nouveaux.

Et quand je l'embrasserai, le jour du mariage, je ferai ma joie de la femme de ma jeunesse, mais je murmurerai à son oreille: «J'ai hâte de te voir à 50 ans.»

Chapitre 15

Conseils pour des fréquentations saines

Comment passer de l'amitié au mariage

Que faites-vous quand vous pensez avoir rencontré la femme ou l'homme de votre vie? L'amitié est quelque chose de merveilleux, mais comment procéder ensuite? Comment faire pour mieux connaître cette personne?

Que nous nous posions simplement ces questions au sujet de quelqu'un ou que nous soyons déjà engagés dans une relation sérieuse, il est utile de réfléchir aux étapes qui mènent vers le mariage. Même si, avant tout, ce livre veut nous encourager à apprécier nos années de célibat et à attendre d'être prêts pour le mariage avant de nous lancer dans une histoire sentimentale, j'aimerais expliquer, dans les grandes lignes, comment construire une relation amoureuse qui honore Dieu.

La Bible ne nous donne pas de schéma préétabli qui serait à suivre par tous les couples. Nos vies sont trop différentes, nos circonstances sont trop uniques et notre Dieu est trop créatif pour qu'il n'y ait qu'un seul scénario possible dans ce domaine. Tout comme il n'y a pas un seul flocon de neige identique à l'autre, le Créateur a toutes sortes de manières pour conduire un homme et une femme ensemble. Aucune histoire n'est semblable à l'autre. Cependant, de même que la formation d'un flocon n'est possible qu'à une température bien précise, une relation amoureuse qui honore Dieu ne peut voir le jour que si l'on suit les recommandations de sa Parole.

Comment appellerons-nous cela?

Beaucoup de gens que je rencontre veulent donner un nom au genre de relation que je décris ici. «Si ce n'est pas du flirt, qu'est-ce que c'est?» me demandent-ils. Honnêtement, le nom qu'ils donnent aux relations amoureuses telles que je les conçois devant Dieu m'importe peu. Parfois, quand j'explique comment j'envisage les choses dans ce domaine, je m'entends dire: «C'est ce qu'on appelle flirter!» ou «C'est ce qu'on appelle fréquenter!» Mais ce que j'aimerais faire comprendre, c'est qu'il est bien plus important de désirer obéir à Dieu et prendre sincèrement soin des autres que de déterminer s'il faut utiliser le mot *flirter* ou *fréquenter*.

Il se trouve que j'aime le terme *fréquenter*. Bien sûr, il est un peu démodé, mais il est romantique et galant. Il désigne pour moi non un ensemble de règles, mais la *période* particulière durant laquelle un homme et une femme qui se connaissent réfléchissent sérieusement à la question du mariage. Je pense qu'il est utile de distinguer entre des fréquentations ambiguës et sans but (ce à quoi j'ai tourné le dos) et des fréquentations résolument orientées vers le mariage. Mais le fait d'utiliser le terme *fréquenter* ne me rend pas meilleur que ceux qui ne l'emploient pas.

Nous ne devons surtout pas nous perdre dans des disputes de mots, car cela nous détourne de l'essentiel. *Flirter* ou *fréquenter*, là n'est pas la question. J'ai connu des jeunes qui «fréquentaient en série» en vivant complètement dans le péché, et j'ai aussi connu de «saints flirteurs», guidés par l'intégrité et marchant dans la sainteté. La façon dont ils décrivaient leur relation n'avait aucune importance en soi; l'important, c'était leur manière de vivre. Ce ne sont pas les mots qui définissent notre vie, mais notre vie qui en détermine la véritable signification.

Aujourd'hui, de nombreux chrétiens sont désillusionnés quant aux relations sentimentales. Nous recherchons désespérément quelque chose de mieux. Mais ce n'est pas en mettant un nouveau nom sur de vieux comportements que nous trouverons ce «mieux» auquel nous aspirons tant. C'est en *nous* que doit s'opérer le changement! Nous avons besoin d'adopter de *nouvelles* attitudes, des valeurs qui sont façonnées par l'Ecriture et une vision de l'amour entièrement soumise à Dieu.

Dans ce chapitre, j'aimerais exposer un nouveau schéma relationnel qui peut nous aider à éviter les écueils souvent rencontrés dans les relations aujourd'hui. Les étapes que je propose ne constituent pas une formule magique pour des relations parfaites, ni l'unique façon de procéder. Mais je pense qu'elles peuvent nous aider à honorer Dieu dans le domaine sentimental. Voici ces étapes:

1. L'amitié toute simple
2. L'amitié plus profonde
3. La période des fréquentations
4. Les fiançailles

Examinons ces étapes et certains principes qui peuvent nous y accompagner.

1. L'amitié toute simple

Lorsque nous faisons la connaissance de quelqu'un, il est essentiel de nous rappeler les responsabilités qui nous incombent en matière de relations. Je m'explique: imaginez que vous conduisiez une voiture sur une route déserte. Personne à l'horizon et la chaussée lisse s'étend à perte de vue devant vous... Vous savez que l'engin peut rouler vite, mais vous ne savez pas jusqu'à combien. Vous aimeriez bien le découvrir. Personne ne vous verra. Pourquoi ne pas faire un essai? Vous appuyez sur le champignon et vous foncez.

Maintenant, imaginez que vous êtes à nouveau au volant de cette voiture, mais, cette fois, un ami proche se trouve assis à côté de vous. Et, au lieu d'être sur une route déserte, vous êtes en plein centre d'une ville qui grouille de véhicules et de piétons. Dans votre champ de vision apparaît une voiture de police. Il ne vous vient *même pas à l'idée* d'accélérer. Vous roulez doucement et prudemment.

Quelle différence y a-t-il entre ces deux scénarios? Dans le premier cas, vous êtes seul et vous n'avez qu'à vous occuper de vous-même. Mais dans la deuxième situation, vous êtes avec d'autres personnes. Puisque vous n'êtes pas seul, vous avez des responsabilités. Si vous fracassiez la voiture, vous seriez peut-être responsable de la mort de votre passager. Votre imprudence mettrait aussi en danger les automobilistes et piétons autour de vous. Enfin, la présence du policier vous rappelle les règles de la circulation que vous êtes tenu de respecter. Pour toutes ces raisons, vous roulez doucement.

Il en va de même dans le domaine sentimental. Si nous nous lançons dans une relation en ne pensant qu'à nous-mêmes, nous demandant: *Est-ce que cette personne m'aimera? Est-ce qu'elle fera un bon mari ou une bonne épouse pour moi?* nous précipiterons les choses et «renverserons probablement bien des gens sur la route». Mais si nous nous rappelons que notre comportement peut avoir des conséquences sur les autres, nous trouverons la détermination pour agir avec prudence et réflexion.

A chaque fois que nous sommes attirés par quelqu'un, n'oublions pas que nous sommes engagés dans trois relations différentes, dont chacune comporte des responsabilités: notre relation avec cette personne qui nous intéresse, notre relation avec notre entourage, notamment la famille et les amis, et, la plus importante, notre relation avec Dieu.

Examinons-nous nous-mêmes

J'essaie de rester conscient de mes responsabilités dans ces trois types de relations lorsque je fais la connaissance d'une fille à laquelle je sens que je vais m'intéresser. Dans la première phase d'attirance, je passe par une période difficile où j'ai du mal à garder les idées claires. A ce moment-là, je dois tout de suite me rappeler mes responsabilités. Puis, en général, je finis par avoir une conversation avec moi-même du style:

– Joshua, quelle est ta relation avec cette fille?
– C'est une sœur en Christ que l'on m'a enseigné à traiter avec une pureté absolue.
– Exactement! Elle n'est donc pas simplement un joli minois ou une épouse potentielle?

– Non, c'est une enfant de Dieu. Le Seigneur a un plan pour elle. Il la façonne et la modèle selon sa volonté.
– Alors, quelle est ta responsabilité à son égard?
– Ma responsabilité est de veiller à ne pas être un obstacle au plan de Dieu pour elle. Je dois l'encourager à placer le Seigneur au centre de sa vie et à rester dépendante de lui.
– Très bien. Maintenant, envers qui as-tu encore des responsabilités?
– Envers les personnes qui m'entourent.
– Comme...
– Comme les personnes du groupe de célibataires de mon Eglise, les non-chrétiens qui pourraient nous observer, et même mes petits frères, qui regardent comment je me comporte avec les filles.
– Pourquoi dois-tu faire attention à ce qu'ils pensent?
– Parce que j'ai la responsabilité de veiller sur l'unité de notre groupe à l'église, d'être un témoin de l'amour de Jésus pour ceux du dehors et d'être un exemple pour les autres croyants.
– Et ta plus grande responsabilité est envers Dieu, c'est bien ça?
– Absolument, j'ai le devoir de garder mes voies pures, de servir les autres comme Christ l'a fait et d'aimer mon prochain comme moi-même.

Ce genre de questions peut nous aider à envisager, dès le départ, les choses sous une bonne perspective, et à déterminer si notre relation honorera Dieu ou sera plutôt axée sur la satisfaction de nos désirs. Pour renoncer à nos mauvaises habitudes en matière de relations, nous devons cesser de nous considérer comme le «centre de l'univers» et de voir les autres comme des «satellites de nos désirs». Avant de nous engager dans une relation, revenons à la réalité en reconsidérant nos véritables responsabilités.

2. L'amitié plus profonde

Aujourd'hui, la plupart des gens considèrent que, si vous rencontrez quelqu'un qui vous attire, vous devez vous lancer corps et

âme dans une relation sentimentale: Déclarez-lui vos sentiments, invitez-la à sortir, lancez-vous! Mais ce n'est pas forcément ce qu'il y a de mieux pour la relation à long terme.
Un jour de printemps, ma petite sœur de 4 ans était si excitée de voir les premières fleurs sortir de terre qu'elle en a cueilli une pleine poignée encore en boutons et l'a offerte fièrement à ma mère. Celle-ci, déçue de l'impatience de ma sœur, lui a dit: «Tu les as cueillies trop tôt. Elles sont bien plus belles quand on les laisse éclore.»

Nous faisons souvent preuve de la même impatience dans le domaine sentimental. Au lieu d'attendre qu'une amitié «fleurisse complètement», nous fonçons tête baissée dans une relation amoureuse. Notre impatience ne nous coûte pas seulement la beauté de l'amitié entre célibataires; elle peut aussi nous conduire à un mariage fondé sur des bases chancelantes. Les mariages qui tiennent sont construits sur les bases solides du respect mutuel et de l'amitié véritable.

Quand nous ressentons une attirance pour quelqu'un, nous devons avant tout chercher à construire une amitié plus profonde avec cette personne. Trop souvent, nous croyons qu'une relation amoureuse et exclusive nous rendra automatiquement plus proches et nous permettra de nous connaître mieux. Mais ce n'est pas toujours le cas. Même si les sentiments peuvent rendre la relation plus palpitante, ils peuvent aussi nous maintenir dans l'illusion, nourrir en nous la passion et nous empêcher de découvrir le véritable tempérament de l'autre. Dès que nous laissons libre cours à nos sentiments, ne l'oublions pas, notre objectivité commence à disparaître. C'est pourquoi, nous avons besoin de mieux connaître la personne en question dans une véritable amitié avant de nous engager dans une relation amoureuse.

Ce qui peut approfondir l'amitié

La première priorité est d'apprendre à mieux se connaître en tant que personnes, c'est-à-dire d'avoir une vision précise et authentique du véritable caractère de l'autre. Comment y parvient-on? Tout d'abord, au lieu de passer du temps ensemble dans des activités qui permettent d'échapper à la routine, le garçon et la fille devraient chercher des occasions de se connaître dans la vie quotidienne et de découvrir leur univers à chacun: leur famille, leurs amis, leur travail et leurs activités au service du Seigneur.

Pour ce faire, mon ami Jason, étudiant en espagnol, a invité Shelly, une jeune fille avec laquelle il s'était lié d'amitié, à l'accompagner à l'église espagnole où il traduisait le culte un dimanche par mois. Cela a permis à Shelly d'entrevoir combien Jason aimait la langue espagnole et les gens d'Amérique latine. De son côté, elle a demandé à Jason de l'accompagner une fois à l'école du dimanche. Elle était responsable d'un groupe d'enfants de 10 ans, et ce jour-là, il l'a aidée à donner sa leçon. Même si durant ces deux activités, ils se trouvaient la plupart du temps dans un groupe, Jason et Shelly en ont appris beaucoup l'un sur l'autre, et ils ont approfondi leur amitié.

Les choses à éviter

Quand l'amitié progresse, évitons de dire et de faire des choses qui dévoilent des sentiments amoureux. A ce stade, ce n'est pas le moment de parler d'un éventuel avenir commun. C'est un temps pour apprendre à se connaître, à servir Dieu ensemble dans l'Eglise et à se laisser conduire par Dieu. Ne prenons pas nous-mêmes les choses en main en flirtant ou en faisant des allusions sentimentales. N'encourageons pas nos amis à parler de nous comme si nous formions un couple ou à nous considérer comme tels. Et s'ils le font, pour éviter qu'ils ne s'imaginent des choses qui ne sont pas, invitons simplement d'autres personnes à participer à nos activités.

Il nous faudra beaucoup de patience et de maîtrise de nous-mêmes pour ne pas exprimer prématurément nos sentiments, mais le jeu en vaut la chandelle. «Je vous en conjure, filles de Jérusalem, ne réveillez pas, ne réveillez pas l'amour, avant qu'elle le veuille», dit la fiancée dans le Cantique des cantiques (8:4). Voici ce que dit un commentaire biblique à propos de ce verset: «L'amour ne devrait pas être attisé prématurément, parce qu'une relation amoureuse, si l'on n'est pas assez vigilant, peut causer bien du chagrin au lieu de l'immense joie qu'elle devrait apporter au cœur humain.»[1] Et en Proverbes 29:20, nous lisons: «Si tu vois un homme irréfléchi dans ses paroles, il y a plus à espérer d'un insensé que de lui.» Ne soyons pas insensés dans nos relations en parlant trop vite. Si nous cherchons à approfondir l'amitié, l'autre personne se doutera déjà bien que nous nous intéressons à elle; c'est inévitable. Mais en exprimant ces sentiments verbalement, nous risquons fort de «réveiller l'amour» avant le temps.

Si l'on y réfléchit bien, ce besoin de dévoiler nos sentiments est généralement motivé par l'égoïsme et non par le désir de faire du bien à l'autre. Nous voulons savoir s'ils sont réciproques et nous ne pouvons supporter de ne pas savoir ce que l'autre ressent. Ce genre d'égoïsme peut non seulement détruire les délicates prémices d'une relation amoureuse, mais encore nous faire paraître idiots à nos propres yeux si nos sentiments changent par la suite. Nous ne regretterons jamais d'avoir attendu pour les exprimer.

Observer, attendre et prier avant d'aller au-delà de l'amitié

Il arrive un jour où tant le garçon que la fille se demandent s'il est temps de dépasser le stade de l'amitié. C'est un des moments les plus troublants. Le bon moment pour aller plus loin dans la relation dépend des couples, mais une chose est sûre, nous pouvons tous tirer profit d'une attitude patiente. Il est toujours sage de prendre le temps d'apprendre à connaître l'autre en tant qu'ami et de rechercher la volonté de Dieu.

Lorsque nous souhaitons approfondir la relation, attendons, en priant, que Dieu nous le montre clairement. Recherchons le conseil de quelques personnes de confiance, de chrétiens mûrs. Demandons-leur de prier pour nous à ce sujet. Tenons-les au courant de l'évolution de la relation, et demandons-leur de nous avertir quand nous ne voyons plus les choses objectivement.

---

[1] Charles F. Pfeiffer, ed. *Wycliffe Bible Commentary*, Moody Press, 1962.

Les questions à poser

Durant ce temps d'observation et d'attente, l'un comme l'autre devraient se poser les questions suivantes: «A partir de ce que j'ai pu constater de son tempérament au cours de notre amitié, ai-je l'intention d'épouser cette personne? Suis-je prêt à aller au-delà de l'amitié en vue du mariage?»

De toute évidence, ce sont là des questions très sérieuses. La plupart des problèmes que nous observons dans les relations de flirt résultent du fait que les gens prennent ces choses trop à la légère. En conséquence, ils sortent avec des personnes qu'ils n'ont aucune intention d'épouser. Ils entretiennent des relations amoureuses juste pour leur plaisir et non parce qu'ils sont prêts à s'engager. Si nous voulons échapper à ces problèmes qui découlent de la «mentalité flirt», nous devons attendre l'heure de Dieu et refuser de nous engager dans une relation amoureuse tant que nous n'avons pas reçu clairement de lui le feu vert. C'est le seul moyen. En réalité, il y a quatre «feux verts»:

Feu vert n° 1: la Parole de Dieu

A la lumière de l'Ecriture, le mariage est-il une bonne chose pour nous et pour la personne à laquelle nous nous intéressons? Dieu a établi le mariage, mais il y a aussi mis des limites. Par exemple, si la personne à laquelle nous pensons n'est pas chrétienne ou si sa foi n'est pas conséquente, n'allons pas plus loin. L'Ecriture montre aussi que certains ministères sont mieux remplis par des célibataires; peut-être est-ce là le plan de Dieu pour notre vie. Avant de nous engager dans une relation amoureuse, cherchons la volonté du Seigneur à travers sa Parole.

Feu vert n° 2: nous sommes prêts pour le mariage

Avons-nous cette vision équilibrée et réaliste du mariage, dont nous avons parlé au chapitre 13? Sommes-nous conscients des responsabilités qui incombent à un conjoint, et sommes-nous prêts à les assumer? Sommes-nous, aujourd'hui, en tant que célibataires, suffisamment mûrs spirituellement et stables émotionnellement pour nous engager à vie avec une personne? Sommes-nous prêts financièrement? Il est important que nous répondions honnêtement à ce genre de questions avant de nous lancer dans une relation.

Feu vert n° 3: l'approbation et le soutien de nos parents (ou de nos conseillers spirituels et de nos amis en Christ)

Si nous pensons être prêts pour le mariage, mais que ceux qui nous connaissent et nous aiment ne nous approuvent pas dans ce chemin, il convient de revoir notre décision. Nous avons besoin de la sagesse et du conseil de ceux qui prennent soin de nous et qui ont une vision objective des choses. Je ne prétends pas que nos parents et conseillers ne puissent jamais se tromper, mais nous devrions éviter d'agir sans leur soutien et leur bénédiction.

Feu vert n° 4: la paix de Dieu

Enfin, rien ne peut remplacer la paix qui remplit le cœur lorsqu'on marche selon la volonté de Dieu. Quand nous prions ou quand nous parlons avec nos parents et d'autres chrétiens, sommes-nous sereins à l'idée du mariage, ou sommes-nous tendus, saisis par un sentiment d'appréhension? Je ne veux pas dire qu'il faille prendre cette décision importante en nous basant sur nos sentiments, mais ils peuvent être une indication supplémentaire quant à la voie à suivre. En général, on ne ressent la paix de Dieu que lorsque les trois premiers «feux» sont verts.

3. La période des fréquentations: une intimité réfléchie, empreinte d'intégrité

Si nous avons reçu ces quatre feux verts, nous arrivons au moment où il convient de préciser clairement le but et la direction que nous voulons donner à notre relation avec la personne en question.

Nous souvenons-nous du principal problème des relations amoureuses aujourd'hui, dont nous avons parlé au chapitre 2? Souvent, le flirt conduit à l'intimité, mais pas nécessairement à l'engagement. Nombre de relations, même sérieuses, n'ont aucune direction précise. Elles se trouvent enlisées dans la zone floue située entre flirt et engagement véritable. Aucun des deux ne sait exactement ce que l'autre pense. «Flirtons-nous juste comme ça, ou est-ce sérieux? Quel est notre engagement?» Veillons à éviter cet état d'incertitude. Cela nécessite honnêteté et courage de notre part et de la part de la personne que nous aimons.

Pendant la période des fréquentations, l'intimité doit croître en proportion de l'engagement. Cela implique de clairement définir le but de la relation. Et ce but devrait être le mariage.

Ceci s'applique tout particulièrement aux garçons, car c'est, à mon avis, à eux de «faire le premier pas». Je vous en prie, ne prenez pas ceci pour une attitude machiste. Les hommes n'ont pas à regarder les femmes de haut; c'est exactement à l'opposé de ce que montre l'Ecriture. Car Dieu, dans sa Parole, exhorte les maris à manifester envers leur épouse une attitude de serviteurs, comme Christ. Cependant, la Bible montre clairement que l'homme doit être le conducteur spirituel du couple (Ephésiens 5:23-25). C'est très important. Et je crois que cela commence déjà dans cette phase de la relation. Les filles à qui j'ai pu parler, chrétiennes ou non, sont aussi de cet avis. Elles souhaitent que ce soit l'homme qui prenne la direction des choses et donne l'orientation à la relation.

Comment cela devrait-il se passer concrètement? Je crois que l'homme devrait dire quelque chose comme: «Notre amitié grandit et il faut que je sois clair sur mes intentions. Avec la permission de tes parents, j'aimerais réfléchir à l'éventualité de t'épouser. Le flirt ne m'intéresse pas. Je suis prêt à te prouver, ainsi qu'à ta famille et à ceux qui sont spirituellement responsables de toi, que tu peux me faire confiance. Mon désir est de gagner ton cœur.»

Mais, pensez-vous peut-être, *ça fait vraiment trop solennel!*

Eh bien oui, ça l'est! Le cœur d'une femme et son avenir ne sont pas des jouets. C'est pourquoi le flou et l'hésitation que manifestent les hommes, au moment où il s'agit de savoir si on s'engage ou si on se retire, sont si répréhensibles. Il arrive un moment, messieurs, où nous devons être clairs, et je regrette de devoir dire que, bien souvent, cette loyauté nous fait défaut. Nous causons vraiment du tort aux filles en entretenant une relation amoureuse sans réel désir d'engagement, puis en hésitant au moment de franchir le pas. Il faut arrêter ça! Il est temps de mûrir!

Les filles ont aussi leur responsabilité à ce stade-là. Mesdemoiselles, soyez vraiment honnêtes dans votre réponse, lorsqu'un homme vous déclare ses intentions. Dans certains cas, cette honnêteté peut impliquer de décliner l'invitation à rechercher plus que l'amitié. Mais si, de votre côté, vous avez reçu les mêmes «feux verts», l'honnêteté peut être de répondre: «Je suis prête à te mettre à l'épreuve et à être mise à l'épreuve moi-même.» C'est comme une rue à double sens: le garçon s'attache à gagner votre affection, mais vous êtes aussi au banc d'essai. Etes-vous prêtes à ouvrir votre cœur à ce jeune homme que vous appréciez? Etes-vous prêtes à accepter de faire connaissance de sa famille?

Ce sont des questions quelque peu difficiles, n'est-ce pas? Mais il est important de se les poser et d'y répondre honnêtement si l'on veut éviter le chaos de relations amoureuses floues et dénuées de tout engagement.

Honorer ses parents

Dans le cas de Jason, Shelly n'a pas été la première personne à être mise au courant de ses intentions de mariage. Après une longue période au cours de laquelle il a prié et cherché à mieux la connaître, Jason a reçu la certitude que le moment était venu d'aller plus loin. Mais, avant d'agir, il a décidé de témoigner à ses parents le respect qui leur était dû, en leur demandant la permission de fréquenter leur fille pour pouvoir envisager le mariage.

Personnellement, j'ai l'intention de procéder ainsi. C'est, à mon avis, la meilleure façon de commencer une relation avec mes futurs beaux-parents. Mais je sais que ce n'est pas toujours possible. Certains garçons que je connais ont d'abord fait part de leurs intentions à la fille avant d'en parler à ses parents. Il arrive aussi que le père, ou la mère, se trouve trop loin géographiquement ou ne désire pas s'impliquer dans ces questions. Quel que soit le cas de figure, ce principe est essentiel: un jeune homme se doit d'agir avec respect envers la personne responsable de la jeune fille qu'il aime. Si cela implique de rencontrer le grand-père ou le pasteur, faites-le. S'il faut écrire, téléphoner ou envoyer un e-mail à l'autre bout du monde, n'hésitez pas. Parcourez le chemin nécessaire pour témoigner à cette personne le respect que vous lui devez.

Accepter d'être mis à l'épreuve

A ce stade, permettez aux parents de la jeune fille de vous poser des questions précises, comme: «Comment penses-tu subvenir aux besoins de notre fille, lorsque vous serez mariés? Comment penses-tu essayer de gagner son cœur en attendant? Quelles activités penses-tu faire avec elle dans ce but?» Les questions des parents varieront en fonction du contact qu'ils ont avec leur fille et de leurs propres convictions. Malheureusement, plusieurs ne se sentiront pas vraiment concernés. Peut-être vous trouveront-ils un côté mélodramatique ou penseront-ils que vous prenez les choses trop au sérieux. Peut-être diront-ils simplement: «Ecoute, si tu veux sortir avec notre fille, vas-y!» Mais beaucoup seront enthousiastes à l'idée de vous conseiller et vous entourer durant cette période palpitante de votre relation.

Certains parents auront peut-être des exigences particulières pour leur fille en matière de fréquentations. Peut-être auront-ils une idée précise du moment adéquat. Un père que je connais se posait des questions sur la maturité spirituelle du jeune homme intéressé à sa fille. Ce garçon n'était revenu au Seigneur que peu de temps auparavant, et quatre mois plus tôt, il avait rompu ses fiançailles avec une autre jeune fille. Le père lui a demandé d'attendre et de faire ses preuves pendant les mois suivants. Ce jeune homme a fait ses preuves, mais pas de la bonne manière. Il n'a pas respecté la demande du père et n'a cessé de chercher à voir la fille en cachette. Finalement, celle-ci lui a dit qu'elle ne souhaitait pas poursuivre leur relation.

Quelle que soit la réponse que vous recevez des parents, soyez suffisamment humble pour les écouter et les respecter. Dieu bénira cette attitude. N'oubliez pas qu'ils ont consacré une grande partie de leur vie à leur fille. Et Dieu les a placés à ses côtés pour la protéger. N'essayez pas de contourner leur autorité. Au contraire respectez-la et profitez de leurs sages conseils.

Tester la qualité de la relation dans les situations de la vie quotidienne

A ce stade, la relation entre dans une phase formidable, que l'on ne trouve plus dans les relations sentimentales aujourd'hui. La période des fréquentations est le moment où le jeune homme peut gagner le cœur de sa bien-aimée. Ce temps leur permet à tous les deux de voir si leur relation repose sur des bases solides et sages, indispensables pour envisager le mariage. C'est une période d'intimité croissante, mais contrairement à l'intimité du flirt, cette intimité a un objectif.

Comme je l'ai déjà dit, la période des fréquentations ne se limite pas à un ensemble de règles. Elle reflète notre besoin d'une étape transitoire entre l'amitié plus profonde et les fiançailles. C'est une relation amoureuse qui se développe dans un cadre délimité par des principes sains. Son but n'est pas seulement le plaisir romantique, mais, avant tout, le mariage. Ses principes sains la gardent de la tentation sexuelle, et en font une relation vécue dans la lumière par rapport aux parents et aux autres chrétiens.

Cette phase a des objectifs et des responsabilités précis. Pendant cette période de mise à l'épreuve des sentiments, mes amis Jeff et Danielle Myers ont recherché des activités qui leur permettaient de servir et d'apprendre ensemble. Il leur arrivait de faire aussi des choses à deux, mais, la plupart du temps, ils étaient en famille ou entre amis. Ils se voyaient avec les parents ou invitaient à manger plusieurs couples mariés de l'Eglise.

Ramener la relation au cadre familial

Pendant la période des fréquentations, il est important et naturel de faire des choses ensemble. Cela permet d'apprendre à mieux se connaître. Prendre le temps d'être ensemble n'a donc rien de mal. Mais ce qui est particulièrement triste dans les relations amoureuses telles qu'elles sont vécues aujourd'hui, c'est qu'elles ont quitté le cadre chaleureux de la famille. Tant de flirts séparent les amoureux de ceux qui les connaissent et les aiment le plus, au lieu d'unir leurs deux familles. Plus tard, dans le mariage, le couple appréciera le soutien et l'engagement de la famille et de la belle-famille. Mais c'est maintenant qu'il faut construire ces relations.

Le soutien et le conseil des parents, s'ils sont possibles, sont inestimables à cette période. Une famille que je connais a mis au point la ligne de conduite suivante pour aider sa fille et son futur gendre à se repérer. Même si elle a été rédigée pour un couple précis dans des circonstances particulières, je pense qu'elle nous permettra de mieux saisir l'objectif de cette étape:

1. Winston doit gagner la confiance de Melody.
2. Cherchez d'abord à vous connaître en profondeur. Abordez de nombreux sujets. Parlez de vos sentiments, de vos préoccupations, de vos projets, de vos espoirs et de vos rêves. Découvrez vos convictions réciproques.
3. Essayez de vous comprendre l'un l'autre: les différences entre hommes et femmes, les objectifs et les rôles de chacun, votre manière de penser, de voir la vie et de réagir aux circonstances.
4. Essayez de comprendre ce que chacun de vous apprécie ou déteste.
5. Commencez à vous engager en priant l'un pour l'autre, en étant au service l'un de l'autre et en vous faisant des cadeaux (lettres, coups de téléphone, fleurs...)
6. Passez du temps ensemble, surtout dans le cadre familial, mais aussi lors de courts moments à deux: allez marcher ensemble ou asseyez-vous tranquillement dans la balancelle du jardin. Evitez la «mentalité flirt». Considérez ce temps des fréquentations comme l'occasion de faire connaissance et de communiquer.[2]

Même si vos parents ne se sentent pas concernés par la question de vos fréquentations, les repères de ce genre pourront vous aider à vivre une relation amoureuse qui se développe dans un cadre délimité par des principes sains. L'amour pourra ainsi se développer avec sagesse et de façon naturelle. Trouvez des moyens de

[2] Kenneth and Julie McKinn, *Family Heritage Newsletter*, 09.1994.

garder les yeux fixés sur le but: apprendre à vous connaître, vous mettre à l'épreuve mutuellement et grandir ensemble dans la relation. Ne pensez pas qu'à laisser libre cours à vos sentiments. Cela vous permettra de vous connaître véritablement l'un l'autre et de faire le choix le plus sage possible quant au mariage.

4. Les fiançailles

Cette phase de test durant laquelle le garçon s'attache à gagner le cœur et la confiance de la fille ne doit durer que le temps qu'il faut à chacun pour se sentir prêt à se marier. Il arrive un moment où, après s'être bien observés, après avoir prié, réfléchi et discuté, le garçon et la fille doivent passer à l'étape suivante, qui est «la demande en mariage». A ce stade, cela ne devrait pas être une surprise, mais il convient d'en faire un moment spécial.

De toute évidence, si, pendant la période de test, des problèmes ou des questions surgissent quant à l'opportunité de l'union, il vaut mieux cesser temporairement de se fréquenter, ou même mettre clairement fin à la relation. Mais si l'un comme l'autre peuvent envisager l'avenir avec confiance, et si leurs parents respectifs approuvent leur relation, ils n'ont aucune raison de retarder leurs fiançailles et la préparation de leur mariage.

Réserver la passion pour le mariage

Enfin, si nous voulons honorer Dieu en tous points dans nos fréquentations, nous devons nous fixer des limites claires en ce qui concerne l'expression physique de notre amour. Je ne peux ici que répéter ce que j'ai dit au chapitre 7: la pureté est un chemin à suivre et non une frontière que l'on dépasse subitement «en allant trop loin». L'ennemi de notre âme aimerait tant entacher la beauté de notre amour florissant en nous entraînant dans la voie de l'impureté et du compromis sexuel. Surtout, ne lui ouvrons pas la brèche!

J'aime ce conseil qu'Elisabeth Elliot donne aux couples: «Laissez vos mains à leur place et vos habits aussi.»[3] Tant que nous ne

[3] Elisabeth Elliott, *Quest for Love*, Baker Book House, 1996.

sommes pas mariés, ne faisons pas comme si le corps de l'autre nous appartenait, même si nous sommes fiancés. Les baisers, les caresses et autres contacts physiques, qui caractérisent les relations sentimentales d'aujourd'hui, mènent souvent à la confusion et au compromis. Ces comportements, souvent motivés par l'égoïsme, éveillent des désirs que nous ne pouvons légitimement satisfaire que dans le cadre du mariage. Protégeons-nous mutuellement et réservons notre passion pour le mariage en refusant «d'enclencher le processus».

Personnellement, je me suis engagé à attendre, même pour un baiser, tant que je ne suis pas marié. J'aimerais réserver mon premier baiser pour le jour du mariage. Je sais que cela doit sembler dépassé pour beaucoup et, franchement, j'en aurais ri moi-même il y a quatre ans. Mais j'ai réalisé combien l'intimité physique en dehors de l'engagement et de la pureté du mariage est une attitude pécheresse et vaine.

Je me range à l'opinion de Bethany Torode (Patchin de son nom de jeune fille) qui, dans un article intitulé: «(Ne m') Embrasse (pas)», écrivait: «Dieu ne demande pas la même chose à chacun. Je ne pense pas que tous les couples doivent s'interdire de s'embrasser avant le mariage. Mais j'aimerais que cette génération de chrétiens prenne plus au sérieux une chose que nous traitons avec trop de légèreté. Prenons l'initiative de réserver cette chose si précieuse pour la bonne personne et le bon moment. Demandons à Dieu de nous aider à saisir ces paroles de Salomon: 'Il y a un temps pour embrasser et un temps pour s'éloigner des embrassements.'[4]»[5]

Attacher de l'importance à la profondeur de la relation

Le fait de remettre à plus tard l'aspect physique, même si c'est difficile, nous aidera à nous attacher à ce qui fait la profondeur

[4] Ecclésiaste 3:5.

[5] Bethany Patchin, «(Don't) Kiss Me», *Boundless webzine.*

d'une relation. Un couple m'a dit un jour que leur devise était: «Quand l'aspect physique progresse, la relation devient plus superficielle.» En d'autres termes, dès qu'ils se concentraient sur l'aspect physique de leur relation, celle-ci cessait de s'approfondir dans les domaines spirituel et affectif.

Engageons-nous devant Dieu, nos parents, nos conseillers spirituels, nos amis et notre futur conjoint à laisser dormir notre passion et conserver notre désir pour le lit conjugal. Il se réveillera avec joie au moment approprié.

Pour pouvoir respecter ce genre d'engagement, nous devons notamment éviter les situations de tentation. Cela ne veut pas dire que nous n'avons droit à aucune intimité. Mais il est possible d'avoir des moments d'intimité à deux sans pour autant s'isoler complètement des parents et amis. Quand nous faisons des choses à deux, assurons-nous que nous organisons bien notre temps. Ne recherchons pas ce qui suscite les désirs sensuels (pensées, atmosphère...). Prévenons quelqu'un de l'endroit où nous nous trouvons et de l'heure à laquelle nous pensons rentrer.

N'oublions pas qu'en remettant à plus tard l'aspect sexuel, nous réservons la passion pour le mariage, et l'acte conjugal n'en aura que davantage de sens. Ne permettons pas à l'impatience de nous voler la joie d'une sexualité vécue comme l'expression d'un amour profond et pur au sein du mariage.

Conduits par l'Esprit

Les schémas exposés dans ce chapitre ne sont que des idées générales. Et comme pour tout, il est possible d'en faire un mauvais usage en pensant qu'il ne suffit que d'appliquer quelques règles minimales. Mais je crois qu'agir ainsi nous priverait du meilleur que Dieu a en réserve pour nous. En Galates 5:22-23, nous lisons: «Mais le fruit de l'Esprit, c'est l'amour, la joie, la paix, la patience, la bonté, la bienveillance, la foi, la douceur, la maîtrise de soi.» Si c'est le Saint-Esprit qui nous conduit au mariage, telles seront les qualités de notre relation.

Ce n'est pas parce qu'on accepte de ne pas griller les différentes étapes et de passer de *l'amitié toute simple* à *l'amitié pro-*

fonde, puis de la période des *fréquentations* à celle des *fiançailles*, que tous les problèmes seront résolus dans ce domaine. (Tant que des pécheurs comme vous et moi seront impliqués, il y aura toujours un moyen de gâcher bien des choses!) Mais cela peut nous donner une vision plus saine et plus sage du mariage. Et j'espère que cette manière de voir les choses renouvellera ceux qui désirent vraiment plaire à Dieu et aimer les autres dans le désir ferme et conséquent de rester purs. J'espère qu'ainsi qu'ils pourront vivre des relations sentimentales caractérisées par un amour authentique et profond. Créons nous-mêmes notre histoire d'amour unique en respectant, dans nos relations, des principes qui honorent Dieu. Nous ne regretterons jamais d'avoir recherché ce qu'il avait de meilleur en réserve, pour nous et notre futur conjoint.

Chapitre 16

Un jour, j'aurai une histoire à raconter

Ecrivons une histoire d'amour que nous aurons plaisir à raconter

Rien n'est plus romantique que d'écouter un couple vous raconter son histoire d'amour avec honnêteté et dans tous les détails. Et lorsque nous pouvons entendre celle de nos parents, nous sommes particulièrement privilégiés.

Assez tôt, j'ai eu ce privilège d'apprendre comment mes parents se sont rencontrés et mariés. Grâce aux photos collées dans les albums de famille, j'ai pu voir comment ils étaient lorsqu'ils se sont trouvés attirés l'un vers l'autre. Mentalement, j'ai pu remonter le temps et observer silencieusement cette scène de leur vie, ce moment qui allait déterminer leur destinée...

Dayton, dans l'Ohio, n'est pas un endroit particulièrement romantique. Mon père aime dire que cette ville est le lieu de naissance de l'avion et du Delco[1], machines, précise-t-il en riant, qui vous permettent de la quitter au plus vite. Pourtant, malgré la description amusante qu'en fait mon père, cette ville a été, en 1973, le théâtre de l'histoire d'amour de mes parents. Puisque je «voyage dans le temps» et me retrouve en 1973, je vais en profiter pour me rendre dans l'Eglise qu'ils fréquentaient à l'époque. Dans cette Eglise baptiste, située au coin de la

[1] Dispositif d'allumage des moteurs à explosion (N.d.E.)

Maple and Ridgeway Street, les anciennes traditions se mélangent aux conceptions plus modernes d'un groupe de jeunes parfois indisciplinés, les «Jesus People»[2], dont mes parents font partie. Je trouve un siège dans le coffee bar[3] situé au rez-de-chaussée d'une vieille maison voisine. «The Rock»[4], comme ils l'appellent, est rempli d'étudiants et de lycéens. Un jeune homme portant un tee-shirt et un jean délavé est assis dans un coin. Il joue de la guitare et chante. C'est mon père. Il a les cheveux longs et en désordre. Je ne peux m'empêcher de sourire en voyant combien il est maigre. Bien sûr, il a déjà sa moustache. *Il y a des choses qui ne changent jamais*, me dis-je. La chanson qu'il joue est simple, mais passionnée. Plus tard, il l'appellera «Three cords and the truth»[5]. Je l'ai déjà entendue, mais chantée par un vieux monsieur nostalgique, qui s'interrompait régulièrement pour demander: «Comment c'est ensuite?» Mais cette fois, interprétée par quelqu'un de mon âge, elle m'étreint.

Bientôt viendra le temps,
Où nous aurons tous quitté cette terre.
Quand, alors, nous serons réunis devant
le grand trône blanc,
Certains ne comprendront pas ce qui se passe.[6]

J'ai oublié que, dans sa jeunesse, mon père a aussi dû affronter un monde inconnu et déroutant. A cette époque, il vient de revenir au Seigneur et, depuis peu, se trouve à nouveau à Dayton, sa ville natale. Les dernières années, il est passé d'une station de vacances à l'autre (Laguna Beach[7], Lake

[2] Mouvement évangélique né aux Etats-Unis dans les années 60, marqué par la culture hippie. (N.d.E.)
[3] Genre d'établissement où l'on sert du café, du thé, etc., utilisé comme lieu d'accueil et d'évangélisation par certaines Eglises. (N.d.E.)
[4] Signifie: «Le Roc». (N.d.E.)
[5] Signifie: «Trois accords et la vérité». (N.d.E.)
[6] Traduction libre. Gregg Harris, «It's a Shame», © 1972.
[7] Ville côtière de Californie. (N.d.E.)

Tahoe[8], Vail[9]), grattant sa guitare pour quelques pièces dans les restaurants. Et maintenant, c'est pour Jésus que ce routard d'hier joue de la guitare. Beaucoup se demandent s'il arrivera un jour à quelque chose. (Mais il y arrivera!)
Ma mère est là aussi ce soir. Comme c'est drôle de la voir en ravissante jeune fille! Je ne peux détourner mon regard. Elle a déjà toutes les manières que je lui connais. Elle est si différente et, pourtant, tout à fait la même qu'aujourd'hui. Pas étonnant que mon père en soit tombé amoureux... Je la vois lui jeter un coup d'œil furtif, tandis qu'il joue. Elle essaye de ne pas paraître trop impressionnée.
A cette époque, Maman n'est chrétienne que depuis un an. Elle est encore assez têtue et indépendante. A 19 ans, cette brillante danseuse de ballet, en se convertissant à Christ, a renoncé à une carrière prometteuse. N'y voyant pas encore très clair quant à son avenir, elle réfléchit à la possibilité de partir à l'étranger sur le champ missionnaire. Elle n'est sûre que de deux choses: elle ne veut surtout pas se marier et encore moins avoir des enfants. Je me demande comment elle réagirait si je me présentais comme l'aîné de ses sept gamins...
Je m'avance doucement plus près de sa table, lorsque je vois mon père s'approcher. Je ne veux pas rater la conversation. Lui fait semblant de passer là par hasard, mais, de toute évidence, il aimerait lui parler.
– Décidément, il n'a jamais été très fin, dis-je tout bas. Je suis assez près pour l'entendre aborder ma mère et la saluer.
– Dis, Sono, je me demandais si ta sœur et toi vouliez que je vous raccompagne?
C'est donc *ce fameux soir*! Ils m'ont raconté cette conversation un nombre de fois incalculable. Je me penche pour écouter la réponse de ma mère.
– Non, merci. C'est Newton Tucker qui nous ramène.

---

8 Un des lacs les plus profonds des Etats-Unis, situé dans la Sierra Nevada, à la frontière entre le Nevada et la Californie. (N.d.E.)

9 Station de sports d'hiver américaine située dans le Colorado. (N.d.E.)

Ma mère peut être cassante si elle veut et, ce soir, elle est «en pleine forme». Complètement indifférente, elle s'efforce à peine d'être polie.
– Bon... Je pourrais peut-être t'appeler un de ces jours? dit mon père.
Heureusement pour lui, il est complètement «à côté de la plaque». N'importe quel gars aurait compris et laissé tomber. Mais pas mon père. Non! Et c'est tant mieux, après tout. Car, sans ce tempérament obstiné des Harris, je ne serais pas là.
Ma mère lui accorde à nouveau un regard, accompagné d'un «Hmmh» évasif. Manifestement, il la dérange.
– Euh, c'est quoi ton numéro? demande-t-il, alors qu'elle se lève pour partir.
Elle le regarde et, après un bref silence, répond:
– Il est dans la liste de l'Eglise.
Ouille, ouille, ouille! dis-je à voix haute. *Maman peut être tellement froide! «Il est dans la liste de l'Eglise.» C'est pas tendre, comme réponse!*
Mon père se lève en silence, tandis qu'elle s'éloigne. Il soupire en la voyant disparaître en haut des marches. C'est vraiment mal parti...
Mais je connais la fin de l'histoire, et c'est la partie que je préfère. C'est là où Dieu intervient.
La nuit qui a suivi ce «Il est dans la liste de l'Eglise», ma mère et mon père ont prié l'un pour l'autre chacun dans l'intimité de sa chambre.
La froideur extrême de ma mère envers ce joueur de guitare n'était pas sans motif. Elle avait apprécié sa musique et remarqué avec quel sérieux il considérait les choses de Dieu. Mais, depuis sa conversion, elle avait été traquée par des jeunes chrétiens qui ne pensaient qu'aux filles et dont la foi ne semblait pas pouvoir réfréner les désirs charnels. Plus d'un lui avait assuré que Dieu lui avait parlé et montré qu'il l'épouserait elle. Mais ma mère avait vite compris qu'ils utilisaient des arguments religieux juste pour entrer en matière et gagner le cœur des filles. Elle était lasse et dégoûtée. «Seigneur, a-t-elle prié, si ce gars

est différent de tous les autres, si vraiment il t'écoute, alors dis-lui de ne pas me téléphoner.» Elle a éteint la lumière et s'est endormie.

De l'autre côté de la ville, mon père priait aussi. A cause de plusieurs expériences négatives, il était devenu hésitant et ne savait plus vraiment ce qu'il devait faire. «Mon Dieu, je te prie, montre-moi si je dois appeler cette fille.» Sa prière était plus une prière de principe qu'une véritable demande; Dieu n'était jamais intervenu dans ses histoires d'amour et mon père ne s'attendait pas à ce qu'il le fasse cette fois-ci. En réalité, il était déjà décidé à téléphoner, et il préparait même le discours qui, il l'espérait, rendrait ma mère folle amoureuse.

Mais cette nuit-là, mon père a vécu quelque chose de différent. Il a clairement senti que Dieu lui disait: «Gregg, ne l'appelle pas.»

Dieu a parlé. Mon père a obéi.

Le reste, comme ils disent, «c'est de l'histoire».

Déroutant et confus

Même si c'est difficile à imaginer, un jour je raconterai à mes enfants l'histoire de ma vie, celle que j'écris aujourd'hui. Mais cela ne change pas grand-chose au curieux labyrinthe que je traverse à présent. «L'histoire ne ressemble jamais à de l'histoire quand c'est vous-même qui la vivez, dit John Gardner[10]. Cela semble toujours déroutant et confus et vous met inévitablement mal à l'aise.»[11]

Alors que je me tiens du côté des célibataires, sans aucune «épouse potentielle» en vue, je me trouve en plein milieu de cette confusion. J'ai encore tellement de questions. Vais-je réaliser ce qui se passe, au moment où j'entrerai dans mon histoire? Vais-je reconnaître l'événement qui introduira les chapitres de mon roman d'amour? Le temps s'arrêtera-t-il un instant pour me dire que *cette*

[10] Ecrivain britannique né en 1926. (N.d.E.)

[11] *Notable Quotables.*

personne, unique parmi les milliards qui peuplent la terre, est *la bonne*? Me rendrai-je compte de ce qui se passe à ce moment-là? Ou n'en serai-je aucunement conscient?

Il y a certaines questions qu'il vaut peut-être mieux ne pas se poser. Je sais que je dois mettre de côté les miennes et attendre que la vie dévoile ses mystères. Un jour, quand je serai plus vieux et plus sage, je m'installerai confortablement dans mon fauteuil pour raconter mon histoire à quelqu'un qui m'écoutera. Me souviendrai-je alors de mes doutes et de mes questions posées au Seigneur aujourd'hui? Ou aurai-je oublié l'attente silencieuse? Aura-t-elle été balayée comme des traces de pas sur la plage? Je raconterai probablement à un jeune un peu fou ce que je suis aujourd'hui moi-même si fatigué d'entendre. Je l'encouragerai à attendre l'heure de Dieu, car «les choses finissent toujours pas s'arranger». Et, bien sûr, je lui dirai aussi qu'«il ne faut pas précipiter les choses dans ce domaine».

Un jour, j'aurai une histoire à raconter. Et vous aussi. Quelle sera notre réaction, lorsque nous repenserons à notre histoire d'amour? Cela fera-t-il jaillir des larmes de joie ou des larmes de remords? Nous rappellerons-nous la bonté de Dieu ou notre manque de foi en cette bonté? Aurons-nous un souvenir de pureté, de foi et d'amour désintéressé ou d'impatience, d'égoïsme et de compromis? A nous de choisir, aujourd'hui.

Cherchons à écrire, avec notre vie, une histoire d'amour que nous aurons un jour plaisir à raconter.

Epilogue

Jeune homme rencontre jeune fille

17 h 05. Shannon avait enfin terminé sa journée. Elle aimait beaucoup son travail dans l'Eglise, mais elle était bien contente de retourner chez elle pour se relaxer.

Elle commença donc sa routine de fin de journée: elle rangea son bureau, éteignit son ordinateur, redressa une photo sur l'étagère, attrapa son manteau. «Au revoir Nicole, dit-elle à la fille du bureau voisin. A demain Hélène», lança-t-elle à la réceptionniste.

Elle traversa ensuite le silencieux vestibule et poussa une des grandes portes vitrées menant à l'extérieur de l'immeuble. Le vent fort et froid de l'hiver lui cinglait le visage. Elle pressa le pas pour se mettre à l'abri dans sa voiture, une vieille Honda Accord bleu marine. Le parking était presque désert.

Elle mit le contact, puis s'arrêta. Là, seule avec elle-même, elle sentit les émotions qu'elle avait refoulées toute la journée lui serrer la gorge. Des larmes perlèrent dans ses yeux. Elle se pencha sur le volant et se mit à pleurer.

«Pourquoi, Seigneur, murmura-t-elle, pourquoi est-ce si difficile? Que faut-il faire de ces sentiments? Enlève-les-moi s'ils ne viennent pas de toi!»

J'avais l'habitude d'observer Shannon regagner sa voiture chaque soir. La fenêtre de mon bureau donnait sur le parking. Je réfléchis: «Mais à quoi pense-t-elle?» Je désirais tant en savoir plus sur elle, aller plus loin que ces échanges de politesses entre collègues, et faire réellement sa connaissance.

Mais était-ce le bon moment? Mon cœur m'avait déjà si souvent trompé. Pouvais-je vraiment faire confiance à mes sentiments? Eprouvait-elle les mêmes envers moi?

Selon ce que j'avais pu observer, Shannon Hendrickson me paraissait joyeuse, confiante à mon égard, et elle ne semblait pas s'intéresser particulièrement à moi. J'étais certain qu'elle aimait un autre gars. En la regardant partir ce soir-là, je murmurai: «Dieu, quelle est ta volonté? Est-ce bien elle? Aide-moi à être patient. Montre-moi quand agir. Aide-moi à te faire confiance.»

Comment aurais-je pu savoir que cette jeune femme qui quittait le parking dans sa Honda bleu marine était en larmes, et que j'étais la cause de son chagrin?

Trois mois plus tard…

J'avais 23 ans, mais mes mains réagissaient comme si elles n'avaient jamais composé un numéro. J'agrippai mon téléphone sans fil comme s'il était un animal sauvage qui tentait de s'enfuir, puis j'essayai à nouveau.

«Tu vas y arriver», me dis-je pour me rassurer.

Le téléphone sonna trois fois, puis le répondeur se déclencha. Elle n'était pas à la maison. Je serrai les dents. «Devais-je laisser un message?» J'entendis le signal sonore et je me jetai à l'eau.

«Salut Shannon! C'est Josh… euh, Harris.»

J'étais convaincu qu'elle devinerait que j'étais nerveux au timbre de ma voix. Je ne lui avais jamais téléphoné auparavant et je n'avais aucun prétexte lié au travail ou à l'Eglise pour le faire à ce moment. «Euh… pourrais-tu me rappeler quand tu en auras l'occasion? Merci.» Puis je raccrochai, me sentant complètement idiot.

Je passai soixante-quatre minutes agonisantes à analyser les faits, à me demander si le message que j'avais laissé sonnait cool ou semblait ridicule. Puis la sonnerie retentit. Je pris une grande respiration et décrochai.

C'était Shannon.

«Hé! Merci de me rappeler. Comment vas-tu?»

Nous passâmes quelques minutes à parler de sa journée en nous efforçant d'être naturels, même si nous savions très bien tous les deux qu'il était vraiment anormal que je l'appelle. J'en vins finalement au but et je lui demandai si elle était d'accord de me retrouver le lendemain après le travail au *Einstein*, un petit snack du coin. Elle répondit: «Oui.»

Avant de raccrocher, je lui expliquai de façon ambiguë la raison de notre rendez-vous: «Il faut que je te parle... d'un gars que je connais qui s'intéresse à toi.»

Bonnes questions

La plupart penseront que le fait d'avoir téléphoné à Shannon est banal et qu'il n'y a pas de quoi en faire un plat, mais pour moi, c'était quelque chose d'une grande importance.

Pourquoi? Parce que cinq ans auparavant, j'avais décidé de cesser de sortir avec les filles. Je sais que cela peut vous paraître bien étrange, mais laissez-moi vous expliquer. Un jour, j'ai réalisé que le flirt m'empêchait de bien servir le Seigneur en tant que célibataire. Ainsi, tout en continuant à avoir une vie sociale, des amies et le désir de me marier, j'ai cessé de sortir avec les filles.

Cette nouvelle perspective ne m'était absolument pas naturelle. Par le passé, j'avais toujours été flirteur et je ne vivais que pour mes histoires sentimentales. Rejeter ce jeu fut pour moi un changement radical.

Cela se produisit après que j'eus mis fin à une relation amoureuse qui durait depuis deux ans. Cette relation avait été un domaine de ma vie que j'avais refusé de céder à Dieu. Après coup, Dieu m'avait montré à quel point j'étais égoïste. Je m'étais servi de cette fille pour satisfaire mes désirs charnels. Même si nous n'étions jamais allés jusqu'à coucher ensemble, par ma faute, notre relation était devenue très physique. Je l'avais blessée. J'avais enfreint bien des promesses.

Je commençai alors à me demander dans quelle mesure ma foi devait conditionner ma vie sentimentale. Les consignes: «N'ayez pas de relations sexuelles» et «Ne fréquentez que des chrétiens», ne me semblaient pas suffisantes. Que signifiait réellement «aimer une fille?» A quoi être pur de corps *et* de cœur ressemblait-il? Et comment Dieu voulait-il que j'utilise mes années de célibat? Etait-ce simplement un temps pour sortir avec différentes filles et faire des expériences sentimentales?

Petit à petit, malgré ma résistance, Dieu me débarrassa de mes mauvaises façons de penser, de mes mauvaises valeurs et de mes mauvais désirs. Il changea mon cœur. Et au fur et à mesure que mon cœur changea, je réalisai que mon style de vie devait aussi changer.

A l'âge de 21 ans, je partageai mes expériences dans le livre *J'ai tourné le dos au flirt*. Je voulais encourager d'autres célibataires à réexaminer leur façon de rechercher l'amour, et ce, à la lumière de la Parole de Dieu. «Si nous ne sommes pas prêts à nous engager, à quoi bon entretenir des relations intimes et sentimentales? Pourquoi ne pas apprécier une simple amitié avec le sexe opposé et ainsi conserver notre énergie de célibataires pour servir le Seigneur?»

A mon grand étonnement, Dieu a permis qu'un éditeur accepte de publier mon livre au titre étrange. A la grande surprise de tous, ce livre s'est bien vendu. Il s'est avéré que je n'étais pas seul à reconsidérer ma conception de l'amour romantique. J'ai reçu des milliers d'e-mails, de cartes postales et de lettres de célibataires de tous les âges et de tous les coins du monde qui me racontaient leur histoire, me posaient des questions et me demandaient des conseils.

Au fur et à mesure que les lettres affluaient, je réalisai que ce livre avait non seulement été utilisé par Dieu pour aider d'autres célibataires, mais qu'il avait aussi suscité bien des questions.

Par exemple, on me demandait: Comment peux-tu finir par te marier si tu ne sors avec personne? Une fille m'écrivait: «J'aimerais éviter les pièges de notre société concernant la vie sentimentale, mais comment puis-je devenir suffisamment proche d'un gars pour pouvoir décider si je veux me marier avec ou non? Qu'y a-t-il entre l'amitié et le mariage?»

La pensée centrale de *J'ai tourné le dos au flirt* est: «Si tu n'es pas prêt à te marier, remets ta vie sentimentale à plus tard.» Toutefois, mes amis célibataires se posaient la question suivante: «Comment peut-on savoir si l'on *est* prêt à se marier? Et une fois prêt, que doit-on faire?»

Honnêtement, je n'avais pas encore trouvé de réponse à ces questions. Je n'ai d'ailleurs jamais eu l'intention de devenir un expert dans le domaine des fréquentations. J'avais exactement les mêmes interrogations que mes lecteurs.

Voilà pourquoi le fait de téléphoner à Shannon était d'une grande importance pour moi. J'en étais au point où je me sentais prêt pour le mariage et où j'étais grandement attiré vers elle. Mais que faire à présent? Je venais de passer cinq ans à expérimenter la fidélité de Dieu alors que j'avais *mis de côté* ma vie sentimentale; je me trouvais maintenant devant l'inconnu, mais j'étais convaincu qu'il continuerait à me soutenir dans cette nouvelle phase de ma vie.

Le gars qui avait dit «au revoir» aux liaisons sentimentales était sur le point de dire «bonjour» aux fréquentations en vue du mariage.

La suite de l'histoire...

Nous espérons que vous avez apprécié ce bref extrait du deuxième livre de Josh, *Jeune homme rencontre jeune fille.* Cette suite de *J'ai tourné le dos au flirt* aborde plus particulièrement le sujet des fréquentations en vue du mariage. C'est un ouvrage à lire par ceux qui sont prêts à s'engager dans une relation sérieuse et qui désirent le faire d'une manière qui honore Dieu.

Jeune homme rencontre jeune fille est un précieux guide pour ceux qui fréquentent et prévoient de se fiancer prochainement. Voici quelques-uns des sujets qui y sont traités:

- Comment savoir si vous êtes prêt à passer de la simple amitié aux fréquentations
- Comment approfondir la relation avec la personne que vous fréquentez tout en vous protégeant mutuellement
- Que faire de vos lèvres (conseils pratiques pour une communication claire)
- Comment être profondément amoureux et rester sexuellement pur
- Comment faire face à un péché sexuel que l'on a commis dans le passé et expérimenter le pardon de Dieu
- Dix questions à se poser *avant* les fiançailles

Si vous êtes seul, *Jeune homme rencontre jeune fille* vous aidera à comprendre comment vivre la période des fréquentations pour la gloire de Dieu. Et si vous êtes déjà engagé dans une relation, ce livre est exactement celui que vous pourrez lire à deux.
Voici les remarques de deux lecteurs:

> La lecture de *Jeune homme rencontre jeune fille* m'a énormément stimulé dans ma croissance spirituelle. Ce livre m'a rempli de joie à la perspective d'entrer un jour dans l'histoire d'amour que Dieu aura préparée pour moi. Il m'a aussi encouragé à vivre pour sa gloire en tant que célibataire et à me laisser transformer par lui afin d'être prêt pour le mariage. Conformément à ton désir, Josh, cette lecture m'a montré le chemin d'une plus grande consécration au Seigneur. Un grand merci pour ce message véritablement stimulant et encourageant!
>
> *Jesse*

> Après avoir lu votre premier livre, j'ai appris que vous aviez écrit une suite, et je me la suis immédiatement procurée. Ce deuxième livre m'a vraiment aidée! Il m'a permis de comprendre la différence entre le flirt et les fréquentations. Par ces

lectures, Dieu, je le sais, me prépare pour l'avenir. J'aimerais particulièrement remercier Shannon. Car moi aussi, j'ai perdu ma virginité à un âge relativement jeune. Maintenant, j'ai 32 ans, et quand je repense à ces hommes auxquels je me suis donnée autrefois, je me dis que, comme Shannon, il me faudra un jour en parler sérieusement avec l'homme que je fréquenterai. Merci pour ce livre et l'aide qu'il m'a apportée!

Lisa

Si vous avez apprécié *J'ai tourné le dos au flirt*, passez à l'étape suivante, et lisez *Jeune homme rencontre jeune fille*!

Un mot de l'auteur

Quand le désir devient trop fort

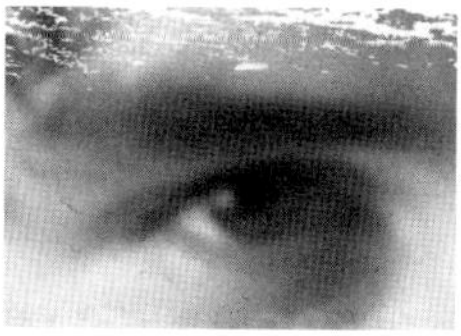

Les magazines, les journaux, les programmes télévisés et les films qui passent au cinéma sont, aujourd'hui, truffés d'images qui suscitent en nous des désirs malsains. L'impureté sexuelle est un mal extrêmement répandu dans notre société, mais la plupart des gens, au lieu d'en être conscients, semblent même vouloir en faire la promotion.

Il y a deux ans, lorsque je préparais un message sur le thème de l'impureté et de la convoitise, j'ai réalisé que l'ouvrage que j'aurais aimé consulter n'existait pas: un livre montrant que seul Christ peut délivrer ceux qui (et ils sont nombreux) ploient sous le fardeau de la honte et de la culpabilité après être tombés, malgré leurs bonnes résolutions, dans l'impureté; un livre pour adultes et adolescents, qui communiquerait au lecteur un amour pour la sainteté et une haine de la convoitise; un livre qui s'adresserait tant aux hommes qu'aux femmes, puisque, selon ce que j'ai compris, l'impureté n'est pas seulement un problème d'homme, mais un problème humain.

Finalement, j'ai essayé d'écrire cet ouvrage. J'espère qu'il pourra vous être utile. Même si je suis marié (et heureux de l'être), une grande partie de ce que vous allez lire dans ces pages s'adresse aux célibataires. En effet, c'est souvent pendant ces années où l'on vit seul que la convoitise vient s'installer dans le cœur. Toutefois, les principes développés ici ne sont pas réservés aux célibataires ou à une certaine tranche d'âge. Au contraire, j'espère que beaucoup, parmi ceux qui sont mariés, pourront en bénéficier.

J'ai besoin de ce livre autant ou même plus que ceux qui le liront. Si je l'ai écrit, ce n'est pas parce que j'ai «vaincu» l'impureté et que j'ai une méthode infaillible à vous proposer; c'est parce que j'ai expérimenté l'intervention de Dieu: par sa puissance, il a transformé mon cœur. Et il désire le faire pour vous aussi.

Ce livre se veut un appel à retourner à la volonté de Dieu pour nos vies. Il montre comment la convoitise se manifeste dans nos cœurs et comment nous pouvons résister à ses suggestions.

Ma prière, c'est que ce petit livre vous conduise sur le chemin d'une vie davantage agréable à Dieu, d'une vie caractérisée par une véritable pureté intérieure, d'une vie qui connaît la joie et la liberté que procure la sainteté.

Joshua Harris

Aux éditions
La Maison de la Bible

Dans la même collection

Jeune homme rencontre jeune fille
Joshua Harris

Comment faire pour savoir si une relation est sérieuse, et comment conduire cette relation? Lui-même jeune marié au moment de la rédaction de cet ouvrage, Joshua Harris livre des conseils pleins de bon sens, en partie tirés de sa propre expérience et propres à aider les jeunes d'aujourd'hui. Ceux-ci ont de quoi être perturbés par les nombreux contre-exemples qu'ils ont sous les yeux! Un ouvrage très concret, mais aussi profond et qui suscite la réflexion. Pour tous les jeunes concernés par la question des fréquentations et du mariage, ainsi que ceux qui voudraient les conseiller! 224 pages – ISBN 2-8260-3459-6

Quand le désir devient trop fort
Joshua Harris

Cet ouvrage s'adresse aux femmes comme aux hommes, aux filles comme aux garçons. Pourquoi? Parce que la convoitise sexuelle n'est pas un problème exclusivement masculin. C'est un problème humain, qui dé-truit nos relations et paralyse notre vie spirituelle... On en parle rarement, mais on la vit souvent. Nos yeux sont très sollicités par les journaux, les magazines, les films, les catalogues, et notre cœur est prompt à se laisser aller.

Joshua Harris aborde ce sujet actuel d'une façon claire, réaliste et concrète, et nous encourage à soumettre toute notre vie à la seigneurie de Jésus-Christ. 144 pages – ISBN 978-2-8260-3468-1

Autres ouvrages aux Editions La Maison de la Bible

Union libre ou mariage
Pierre Wheeler

Qu'est-ce que ça change de passer devant Monsieur le maire? La remarque est fréquente aujourd'hui. Mais d'un point de vue biblique, y a-t-il équivalence entre l'union libre et le mariage? Ce livre propose une réflexion pleine de sensibilité qui évite les réponses toutes faites. Stimulant pour responsables d'Eglise et chrétiens ordinaires. 72 pages – ISBN 2-8260-3361-1

Célibataire et heureux dans un monde de couples
Harold J. Sala

Il est difficile, parfois, de vivre son célibat lorsque l'on vit dans un monde dominé par les couples. On se prend à rêver à la vie à deux, on lui prête tous les attraits. L'auteur invite les lecteurs à vivre pleinement épanouis et satisfaits aujourd'hui et montre comment marcher dans tous les domaines de la vie selon la volonté de Dieu, que l'on soit seul ou à deux.
216 pages – ISBN 2-8260-3417-0

Et si je vivais à 100%...
Sean Dunn

Est-ce que ça t'est déjà arrivé? Tu rentres d'un camp ou d'une rencontre de jeunes plein d'enthousiasme, fermement décidé à vivre une foi sans compromis, puis les jours passent et, le quotidien aidant, la flamme commence à vaciller...
As-tu l'impression de ne pas avancer dans ta marche avec Dieu? Aimerais-tu qu'il en soit autrement? Désires-tu quitter la

médiocrité pour t'engager dans une vie qui vaut la peine d'être vécue, une vie à 100%? Si c'est le cas, alors ce livre, écrit dans un style direct et agréable, est pour toi!
160 pages – ISBN 2-8260-3471-5

Et si je n'étais pas le centre du monde...
Max Lucado

Tout, dans la société d'aujourd'hui, tourne autour de l'homme. Cependant, en réalité, l'important, ce n'est pas nous-mêmes, mais Dieu. Notre mission est de refléter sa gloire à travers notre vie. Voilà ce qui donne la plénitude au cœur de l'homme. Même à travers nos faiblesses et nos problèmes, nous pouvons glorifier Dieu. C'est pourquoi il est essentiel de le connaître réellement. Nous avons besoin qu'il se révèle à nous, comme il s'est révélé à Moïse. Alors nous pourrons glorifier son nom. Si Dieu est le centre de notre vie, nous connaîtrons le véritable sens de notre existence et elle en sera transformée!
176 pages – ISBN 978-2-8260-3484-1

Et si je ne gâchais pas ma vie...
John Piper

Parvenir au terme de sa vie et se rendre compte qu'il l'a gâchée, qui le souhaite? Probablement personne, mais encore faut-il définir ce qu'est une vie gâchée et comment y échapper! Lui-même turlupiné par cette question pendant ses études, John Piper a développé une vision de la vie qui l'a amené à se désigner lui-même comme un «hédoniste chrétien». Connaissez-vous beaucoup de personnes capables de dire, en découvrant qu'elles sont atteintes d'un cancer: «Cela a été une bonne nouvelle pour moi»? Lui en est capable.
Quel que soit votre âge, découvrez sa perspective sur la vie, une vie où les mots passion, joie, croix et gloire de Dieu s'entremêlent, pour ne pas avoir de regrets à nourrir quand il sera trop tard! 328 pages – ISBN 978-2-8260-3485-8

Questionnaire de qualité

Vous venez de lire un ouvrage des éditions *La Maison de la Bible*. Votre avis a de l'importance pour nous! Nous serons donc très reconnaissants à celles et ceux qui prendront la peine de nous faire parvenir leurs réponses au questionnaire ci-dessous (à renvoyer à *La Maison de la Bible*, Comité d'édition, CP 151, CH-1032 Romanel-sur-Lausanne, Suisse, ou à compléter sur notre site Internet: www.maisonbible.net/questionnaire).

J'ai tourné le dos au flirt
Joshua Harris

Vous habitez...

- ❒ en Belgique
- ❒ en France
- ❒ en Suisse
- ❒ au Canada
- ❒ autre:

Questions portant sur le contenu

Le contenu du livre est

- ❒ édifiant / intéressant
- ❒ moyen
- ❒ sans intérêt

Le titre est

- ❒ accrocheur
- ❒ moyen
- ❒ mauvais

La formulation française est

- ❒ bonne
- ❒ passable
- ❒ mauvaise